憲法の可能性

憲法理論研究会編

敬文堂

〈目次〉

第一部　憲法裁判の現在

ドイツの連邦憲法裁判所の固有性と一般性　畑尻　剛　3

アメリカにおける憲法裁判の現在　福嶋　敏明　21

フランス憲法院の事後的違憲審査（ＱＰＣ）九年間の動向　池田　晴奈　35

民主化三〇年と韓国の憲法裁判　水島　玲央　55

第二部　人権論の可能性

「価値決定」としての学問の自由　栗島　智明　71

ヨーロッパの放送の自由の比較法的特質
——ドイツ、フランス、イタリアを素材として——　波多江悟史　85

人権としての国籍の可能性　館田　晶子　99

ハンセン病隔離政策と日本国憲法　徳田　靖之　115

憲法判例を通して家族を考える
——女性の再婚禁止期間、嫡出否認制度、新しい夫婦別姓に関して——　作花　知志　127

アメリカ連邦最高裁の判例法理における
「宗教に対する敵意」の位相
――大統領による入国禁止令をめぐる裁判例を素材に――　根田　恵多　141
信教の自由の保護領域と制約の正当化
――カナダ憲法判例からの示唆――　山本　健人　155

第三部　生存権・社会権の現在とこれから

社会保険における『脆弱』な人々の排除と包摂
――公的年金におけるジェンダー問題――　嵩　さやか　171
「脆弱さ」と貧困・排除
――憲法学における認識論的障害物――　笹沼　弘志　185
児童虐待についての権利論からの検討　岩元　惠　199
枠組的権利としての生存権　石塚壮太郎　213

第四部　立法と財政をめぐる理論的挑戦

立法不作為事案と国家賠償法「一」条の理論的な親和性　青木　誠弘　229

スコットランド地域自治保障から見た
憲法的制定法の法的意義　本庄　未佳　243
ドイツにおける予算概念の変遷　鎌塚　有貴　259

書　評

上田宏和『「自己決定権」の構造』
（成文堂、二〇一八年）　大野　友也　275
手塚崇聡『司法権の国際化と憲法解釈
「参照」を支える理論とその限界』
（法律文化社、二〇一八年）　河北　洋介　281

活動記録　斎藤　一久　287
編集後記　志田　陽子　298

第一部　憲法裁判の現在

ドイツの連邦憲法裁判所の固有性と一般性

畑尻　剛
（中央大学）

序　憲法裁判における比較憲法研究の意味とその手法

（一）憲法裁判をデザインするための素材の提供

二〇一八年五月一三日の憲法理論研究会春季研究集会の報告「司法権＝違憲審査制のデザイン」（宍戸四五頁以下）において、宍戸常寿会員は、安全保障関連法や臨時国会の召集の問題に関連して、「違憲審査制の存在感の希薄さが現在の憲法状況を裏側から特徴づけるものである」とした。そして、「法の支配、司法審査の正統性は盛んに議論され、また司法権概念、憲法訴訟論も豊富な業績の蓄積が見られる反面で、司法権・違憲審査制の制度の実効性を検証したり、新しい制度を提案したりすることは例外的である。」として、司法権・違憲審査制をめぐる憲法学説における『『理念』論・『運用』論の過剰と『制度』論の過少」に警鐘を鳴らした。宍戸会員は、ここから進んで、憲法裁判における「デザイン思考」を提唱するが、本研究集会ではその問題提起に対する比較憲法的応答の一つとして、ドイツ、アメリカ、フランス、韓国の憲法裁判の制度・理論とその運用を具体的に検討する。これによって、憲法裁判をデザインするための豊富な材料が提供される。

(二) 基本モデルの制約性

比較憲法研究には類型化が不可避である。また類型化には当然にその基準・観点の選択が伴う。たとえば、一国の憲法裁判制度は、歴史・伝統、成立史、主体、組織、権限、判決の効力、政治部門との関係、裁判制度における位置づけ、正統性の根拠、国民の意識などさまざまな観点から検討することが可能である。比較憲法研究においては、これら諸点を総花的に比較するのではなく、そのうちのいくつかを選択して、基本モデルを作り、これを基軸に比較対照するという形が多い。

しかし基準・観点と基本モデル自体、その時々の問題状況によって選択され形成されている。この類型化と基本モデルの時代制約性を確認することは、より柔軟かつ事実に即した議論を展開するためには必要なことである。たとえば、憲法裁判の主体という基準による憲法裁判所型と司法裁判所型という基本モデルが、わが国においては憲法七六条一項と八一条の違憲審査の「性格」論をめぐる初期の議論において用いられた。そしてこれによって、憲法裁判（所）型、主要問題型、ドイツ・オーストリア型対司法審査（司法裁判所）型、付随問題型、アメリカ型という形で、憲法裁判の入口（違憲審査の主体：憲法裁判所か司法裁判所か）から出口（判決の効力：個別的効力説か一般的効力説か）に至るまで様々な点において両者の違いが過度に強調されてきた。なぜなら、この段階における最大の争点は、日本国憲法の採用する違憲審査権の主体が「憲法裁判所」か「司法裁判所」かであり、その選択が憲法裁判のあらゆる面において影響を与えると考えられていたからである。しかし、同じドイツ・オーストリア型として一括して扱われる両者は、たしかに主体が憲法裁判所であるという点においては共通するものの、その他の基本的な点においてはさまざまな違いがある。したがってこの点をしっかり認識したうえでこの基本モデルを用いなければならない（畑尻［ライン］一〇四頁、一一二頁参照）。

ドイツとフランスの憲法裁判を比較法的に考察したイェシュテットによれば、類型的検討のためには、「より多くのそして異なるパラメーターと観点」が必要である。その際には、機関、権限、手続、判決の拘束力といった、実定法上の基礎に関する解釈論上の観点だけでなく、「憲法現実」をとらえる、「機能上の比較法、制度理論および制度社会学ならびに統計上の結果による強化が必要である」。以上の問題意識からイェシュテットは独仏の比較検討において、具体的には、①制憲者の意思と裁判所の自己認識の変化、②憲法の重要性、③法律中心主義・憲法中心主義、④基本権の役割、⑤事前審査と事後審査、⑥手続（件数）、⑦構成員、⑧判決と審理のスタイル、⑨憲法学との関係などさまざまな観点から、独仏の憲法裁判を論じている（畑尻［ライン］一〇四頁以下、Jestaedt, S. 474f.）。

（三）本研究会での各報告

本研究集会での各報告については、あらかじめ選択した比較分析の基準に基づいて各国の憲法裁判の制度・理論・運用を比較検討するという方法はとらない。むしろ、各報告で示されたさまざまな視点をもとに、そのうちの何が、「憲法裁判の現在《いま》」を分析するうえでの共通の視点として、また基本モデルとして有用であるかを検討する。

その際にはいくつかの点について留意したい。第一は、国民が憲法裁判に何を期待し、憲法裁判は国民の期待にいかに応えているかという点である。当然のことではあるが、各国の憲法裁判の基礎には国民の期待や意識がある。国民の期待や意識が、憲法裁判の制度やその運用にどのような影響をもたらしているのかを検討することは、現在のポピュリズムにおける憲法裁判のあり方を考える上でも重要な示唆を与えてくれるように思われる。

第二は、憲法裁判の準拠国と受容国との関係である。受容国は、準拠国の制度と理論のうち何を受け入れ何を受け入れなかったのか、またその理由は何かを検討することによって、多様な形で受容され、受容国で発展・変化し、それがまた他の国に受容されるという、日々新たに生成される「憲法裁判の世界共同体」のダイナミズムが明らかになる。

第三は、制度・理論・運用の「固有性」と「一般性」をしっかり認識することである。制度・理論・運用の比較憲法研究にとって、その国の制度・理論・運用を支える「固有の論理」＝政治、社会、文化の「固有性」を無視することはできない。たしかに比較憲法研究においては、一方ではその固有性に光をあて、その拠って立つ歴史的、文化的そして法的諸基盤を解明することが不可欠であり、その諸基盤がどのような形で制度・理論・運用に反映しているのかを明らかにすることは重要である。しかし、このような観点が強調されると、その「一般性・共通性」を見失ってしまうことにもなる。したがって、「憲法裁判の世界共同体」という一般性・共通性の中に各国の固有性を見出しながら、同時に、各国の固有性の中に、「世界共同体」を日々新たに変化させる一般性・共通性を見出す努力もまた必要であろう。

はじめに

二〇一九年五月で古希を迎えたドイツの基本法（一九四九年五月二三日公布）は、その二年後の一九五一年九月二三日に活動を開始した連邦憲法裁判所と手を携えてドイツの基本秩序を形成してきた。まさに、「基本法は連邦憲法裁判所が『これが基本法である』というものにほかならない」（宇都宮六八頁参照）[(1)]。

以下ではまず、連邦憲法裁判所の制度・手続・組織の特徴を、「フォーラムとしての憲法裁判（所）」、「専門裁判所に対する優位」、「国法学者裁判所」という言葉によって明らかにする。次に、違憲政党禁止、同性婚・生活パートナーシップそしてヨーロッパ（ＥＵ）化に関する一連の判例を分析することによって、最近の判例の傾向を把握する。さらには、これも連邦憲法裁判所に特徴的な、国民の信頼の高さとその要因について論をすすめる。本稿ではこのような形で、ドイツの連邦憲法裁判所の固有性を示し、これによってその中に憲法裁判をデザインするうえで参考となる一般性を見出すための前提作業が行われる。

一　制度・手続・組織の固有性

第一にドイツの連邦憲法裁判所を特徴づけるのは、その手続の多様性である。その手続は、憲法異議を中心に、抽象的規範統制、具体的規範統制、連邦機関争訟、連邦国家的争訟のほか、憲法保障手続（大統領訴追・裁判官弾劾・基本権喪失手続・政党禁止手続）および選挙訴訟など非常に広範かつ多様なものである。そしてこの手続の多様性において、憲法裁判所は「憲法裁判の世界共同体」における一つの「手本」としての性格を維持し続けている。

そして、この多様な手続によって、これが対象とする憲法問題の多様性とともに、憲法裁判への参加者の多様性が確保される。憲法裁判所には、手続の直接の当事者として、市民はもとより、連邦議会、連邦参議会、その議員、政党（会派）、連邦政府、州議会、州政府、ゲマインデそして憲法裁判所以外の裁判所（「専門裁判所」）の裁判官などさまざまなアクターがキャスチングを変えて登場する。また、いわゆる訴訟当事者のほか、国家機関、私的・公的専門機関（専門家集団）などが意見表明を行い、さらには、人的交流や判例の引用などを通して、欧州人権裁判所、EU司法裁判所との「対話」が行われ、全体として「フォーラムとしての憲法裁判（所）」が形成されている（畑尻［運用］三頁参照）。第二の特徴は、専門裁判所に優越する地位である。ドイツでは、たしかに専門裁判権と憲法裁判権は分離され、それぞれ専門裁判所と憲法裁判所に属する。しかしその関係は並立ではない。基本権規定の照射効、客観的規範などの「基本権ドグマーティク（解釈論）」—理論—と、専門裁判所の判決に対する憲法異議—手続—によって、専門裁判所の判決を憲法裁判所が審査し—「判決憲法異議裁判所」（イェシュテット九三頁）—、これによって憲法裁判所は、実質的に他の裁判所に対して優位に立つことになる（畑尻［ライン］一〇四頁以下参照）。

第三の特徴は、国法学と連邦憲法裁判所の密接な関係（学説と実務の距離の近さ）である。二つの法廷の一六名の裁判官のうち半数の八名が現職の公法学の大学教授である。これにより、憲法学説が憲法裁判所の個々の判決において具体化され、逆に個々の判例理論が憲法学説の重要な部分を構成している。「連邦憲法裁判所と国法学のほとんど共生的な結合」（イェシュテット一〇〇頁）による「連邦憲法裁判所における国法学の決定的な影響力」は、判断形式に如実に表れる。連邦憲法裁判所の判決においては、包摂（事件事実）よりも、基準設定（理論）に重点が置かれ、学術論文を思わせる判決文によって、憲法実務と憲法学の両者に共通するコミュニケーション空間である「憲法ドグマーティク」を形成し、その汎用性によって、連邦憲法裁判所とその判決は、ベンツと並ぶ輸出の花形商品となっている。またこのことは、国民の連邦憲法裁判所の裁判官に対する信頼の要因の一つとなる。しかし、また同時に、個別の事案から離れることによって、判決の正統性に対して疑念が示されている（畑尻［制度］四〇三頁以下、［運用］一一頁以下参照）。

二　最新判例からみた連邦憲法裁判所の現在《いま》

（一）ドイツ国民民主党（NPD）禁止訴訟判決

①ドイツにおける民主主義の成熟と欧州人権裁判所判決との「対話」を示すのが、二〇一七年一月一七日のドイツ国民民主党（NPD）禁止訴訟第二法廷判決である。

②基本法二一条二項によれば、「政党のうちで、その目標又は支持者の行動からして、自由で民主的な基本秩序を侵害し若しくは除去し、又はドイツ連邦共和国の存立を危うくすることを目指すものは、違憲である」。この違憲政党の禁止手続によって、過去二件の解散命令―社会主義ライヒ党（SRP）違憲訴訟一九五二年一〇月二三日第一法廷判決（BVerfGE 2, 1）とドイツ共産党（KPD）違憲訴訟一九五六年八月一七日第一法廷判決（BVerfGE 5, 86［Ⅰ65：樋口陽一］）[2]―が下されている。特に後者は、わが国の憲法学界でも、「たたかう民主主義」あるいは連邦憲法裁判所の「負のイメージ」を示すものとして、広く知られている（畑尻［機構改革］一一三頁参照）。

本件では、初の請求棄却判断によって、NPDは違憲とはされなかった。連邦憲法裁判所によれば、政治的意思形成プロセスの開放性、意見表明の自由（基本法五条一項）と政党の自由（基本法二一条一項）の重要性そして政党禁止の例外性を顧慮すれば、二一条二項は、「民主主義を縮減する例外規範」として抑制的に適用されなければならず、政党の違憲性に関する個々の実体要件については限定解釈が必要である。そして、この限定解釈は欧州人権裁判所の判決とも適合する。たとえば、政党の違憲性の要件である自由で民主的な基本秩序の侵害・除去等を「目指す」に該当するといえるためには、保護法益に対する具体的危険までは必要ないが、自由で民主的な基本秩序またはドイツ連邦共和国の存続に反対する行為の成功を少なくとも可能と思わせるような重要な具体的な手掛かりが必要である。このように判示して、政党が違憲の意図を予測可能な将来において確実に実現しうることにつき展望がない場合でも政党は禁止されうるとしていたKPD判決を否定した。そのうえで、NPDは、戦略的なコンセプトに基づいて計画的に憲法敵対的目標の実行に向けて努力しているが、その行為は、「目指す」の意味での自由で民主的な基本秩序の克服という性質をもたらすものではなく、憲法敵対的目標の実施を可能と思わせるような十分な根拠に欠けると結論づけた（土屋一三七頁以下参照）。

③このように、従来のKPD判決の定式では欧州人権裁判所の判例における「危険の切迫性」の要求と対立するところを、政党の違憲性の実体要件を限定解釈することによって、これを回避した。その前提には、政党禁止条項が実際に用いられた当時の政治状況とは大きく変化して、政党禁止の必要性が低下したことが挙げられている（土屋一四六頁参照）。

（二）生活パートナーシップ判決

①憲法事実の大きな変化への対応とヨーロッパ法との「対話」を示すのが、同性婚、生活パートナーシップに関する一連の判決である。

二〇一七年六月、「同性婚」を認める法律が、賛成三九三、反対二二六、棄権四で連邦議会を通過した（渡邉一頁以下）。基本法の下で同性婚が認められるか否かについては、基本法六条一項が「婚姻及び家族は、国家秩序の特別の保護を受ける」としているだけに、議論があった。

②連邦憲法裁判所によれば、基本法六条一項の「婚姻」は、生活共同体としての男性と女性の結びつきであり、この基本権規範から同性のパートナーによる婚姻締結の権利を導き出すことはできない。また、婚姻の理解が根本から変化し婚姻を特徴づける異性性がもはや意味をもたなくなったともい

えない。したがって、同性婚は憲法上認められない（一九九三年一〇月四日第一法廷第三部会決定（1 BvR 640/93: NJW 1993, 3085））。また、「生活パートナーシップ」を合憲とした判決では、「婚姻」とは、「平等な権利を持つ一対の男女の間での自由な決定に基づき形成される継続的な生活共同体」である。同性ペアによる生活パートナーシップは「婚姻」にはあたらず、非婚のペアと同じように基本法六条一項による保護は享受し得ないとした。そしてその上で、次のような注目すべき判断が示された。

生活パートナーシップ法が「婚姻」類似の制度の利用可能性を同性ペアに開いたとしても、これによって、婚姻を侵害しないこと（侵害禁止）と婚姻を促進すること（促進要請）を国家の任務とする基本法の価値決定が侵されるものではない。生活パートナーシップ法は、これにより婚姻がそれ以外の生活形式より不利に扱われたり、婚姻に認められた従来の促進策が廃止されたりするものではないので、「婚姻」に対する侵害措置にも促進妨害措置にもならない。この促進要請は、婚姻以外の生活形式を婚姻より劣位に取扱うこと（距離要請）を意味するものでない。基本法六条一項の「婚姻」に該当しない生活共同体を法的に承認してはならないと命じているわけではない。したがって、生活パートナーシップ制度が「婚姻」と類似の内容を持つとしても、憲法上問題はない（二〇〇二年七月一七日第一法廷判決（BVerfGE 105, 313［Ⅲ32：三宅雄彦］））。

この判決後、連邦憲法裁判所は、婚姻と生活パートナーシップの法律上の異なった取扱いに関する一連の判決において、平等原則（基本法三条一項）の厳格な適用によって婚姻と生活パートナーシップの平準化を図った[3]。

③このような連邦憲法裁判所の対応は、以下のようにまとめることができる。

第一に、基本法六条一項の「特別の保護」を根拠に主張される、婚姻以外の生活形式を婚姻制度から距離を置かなければならないとする「距離要請」が認められず、婚姻を他の法的共同体よりも特権的に扱うべきであるとする考えが否定された。

第二に、EU基本権憲章や欧州人権裁判所の判例が援用され、基本法六条一項の「家族」と「婚姻」を分離し、「婚姻」を「異性パートナー」と「同性パートナー」の問題とした。

第三に、基本法三条によれば、婚姻と生活パートナーシップの区別は「性を志向した人格と関連するメルクマール」に基づくものであるが故に厳格な基準に服し、「重大な理由」が正当化理由として要請されるとした。

このように、政治部門では合意形成が難しい同性婚の問題に関して、連邦憲法裁判所は基本法三条一項を媒介として外堀は埋め、それ以上の判断は政治部門に委ねた形となった。このような連邦憲法裁判所の対応については、一連の判決によって憲法解釈の変更が行われ、それによって「婚姻」の意味変化が生じているとされ、また「憲法の変遷とその限界」、「動態的憲法解釈とその限界」などさまざまな指摘がなされている（井上六七三頁以下、松原二四頁以下、村山五頁以下参照）。

（三）OMT訴訟判決

①二〇一六年六月二一日のOMT訴訟第二法廷判決は、市民の憲法異議の提起を広く認めることによって「フォーラムとしての憲法裁判（所）」が形成されることを示すとともに、グローバル（ヨーロッパ）化に対する国内裁判所としての連邦憲法裁判所の立ち位置を表している。

二〇一二年九月六日に欧州中央銀行（EZB）理事会はOMT（ユーロ構成国のうち一定の国の国債を、買入対象国債発行国が財政再建プログラムを受け入れる限りで、無制限買入するプログラム）を決定し公表した。これに対して、OMTとそれが将来実施されることによって欧州中央銀行が権限を踰越する可能性があるにもかかわらず、連邦政府はこれに対して適切な措置を講じていないために基本法二〇条一項・二項と結びついた三八条一項一文および七九条三項に基づく自らの権利が侵害された等を主張する憲法異議が提起された（片桐一五〇頁以下参照）。

②この訴訟では、欧州中央銀行理事会の権限行使に関する連邦政府の不作為に対して市民がどのような形で連邦憲法裁判所に訴えを提起することができるかという、憲法異議の適法性が問題となる。

この点、欧州連合の発足に関わるマーストリヒト条約が問題になった一九九三年一〇月一二日の第二法廷判決においてすでに、連邦憲法裁判所は次のような形で、ＥＵ条約関連の同意法律の合憲性審査に関す憲法異議の適法性を認めている。

基本法三八条一項（連邦議会議員の選挙権）は、主権者たる国民が、「選挙によって国家権力の正統化に参加し、国家権力の行使に影響を及ぼす権利」を保障する。基本法二三条の適用領域（統合されたヨーロッパの実現義務に基づく法律による高権の欧州連合への移譲）において連邦議会の任務と権能を他に移した結果、基本法七九条三項（憲法改正の限界）によって不可侵と宣言された民主主義の原理（基本法二〇条一・二項（民主国家性・国民主権））が侵害されることは認められない。ゆえにこの権利が空洞化され、ＥＵ条約同意法律が基本法三八条一項の基本権を侵害すると主張する憲法異議は適法である（BVerfGE 89, 155［Ｉ71川添利幸：Ⅱ62西原博史］）。

そしてその後の一連の判決においても同様の判断が示されている。[4][5] 本判決でも、同様の論理から、選挙権によってＥＵ諸機関が基本法二三条一項により移譲された権限のみを行使することを求める権利が国民に保障されることを通して、連邦政府（憲法機関）に対しては、ＥＵ諸機関の権限逸脱に対抗することを求める請求権が導かれている。

③アレンスバッハ世論調査研究所の連邦憲法裁判所に関する世論調査（二〇一二年八月）によれば、このような連邦憲法裁判所の姿勢に対して、国民の多くはこれを支持している。たとえば、ユーロ危機の際の高債務国救済措置にドイツが参加することの基本法適合性について、「これを判断すべきは政治か連邦憲法裁判所か」という問いに対して、前者が一七％であるのに対して、後者は六八％である。また、この判断は「十分に時間をかけるべきである」が、五九％であるのに対して、「迅速に判断を下すべきである」が、二六％である。この背景には、EU統合の過程において基本法が空洞化されるという国民の懸念がある。したがって、「連邦憲法裁判所はユーロ救済の措置について判断すべきか」という問いに対しては、六二％が「判断すべきである」と答えている。すなわち、多くのドイツ国民にとって「連邦憲法裁判所は国益と基本法において確定されたドイツの政治的・社会的秩序の防波堤（das Bollwerk）と映っている」（ケッヒャー）のである（畑尻［規範力］七四二頁以下参照）。

三　国民は憲法裁判（所）に何を求めるか

（一）国民の高い信頼

先に紹介した世論調査によれば、「以下について何をどの程度信頼しますか」という問いに対して、「（非常に）強く信頼する」と答えた割合は、基本法（七八％）、連邦憲法裁判所（七五％）、連邦大統領（六二％）、連邦参議院（四一％）、連邦議会（三九％）、連邦政府（三八％）、欧州理事会（二二％）、政党（一七％）という順になる。また連邦憲法裁判所は市民の意識と広範に一致していると感じている国民は、大きな亀裂があるとする一九％に対して四三％である。その結果、連邦憲法裁判所を「（非常に）高く評価する」は六四％で、「低く評価する」の六％とは大きな差がある。ここには、基本法（憲法）と憲法裁判所に対する高い信頼をみることができる（畑尻［規範力］七四六頁以下参照）。

このような、連邦憲法裁判所に対する高い信頼にはさまざまな要因が考えられる。たとえば、（ア）国民にとって支持できる判決を多く下していること、（イ）少数者保護の機能を果たしていること、（ウ）連邦憲法裁判所の存在とその憲法解釈の重要性に対する広範な基本的コンセンサスが存在すること、（エ）連邦憲法裁判所の裁判官の公正性に対する信頼があること、（オ）国民に法治国家を重視する姿勢がみられることなどが指摘されている。(6)

（二）判決に対する信頼

イェシュテットによれば、国民は連邦憲法裁判所が下す個々の判決の具体的内容を熟知しているわけではない。しかし、多くの国民には裁判所が次のような二つの種類の判決を下していることは知られており、両者は国民の広範な層において歓迎されている。第一の判決は、連邦憲法裁判所が立法者に対して基本権上の自由を守ったものであり、いくつかの象徴的な基本権判決によって、その時々の政策に左右される国家権力に対して少数者の権利を擁護するという機関として現れる。たとえば、憲法異議の当事者適格の拡大（（二）（三）注5）に関してあげた、航空安全法ほか二つの判決の対象となったのはいずれも国際テロリズムに対抗するための立法である。「連邦憲法裁判所は、これらの判決において、社会の安全を確保するための対策の必要性を認めながら、立法者が選択した具体的措置の一部を違憲とすることにより、基本権の番人としての役割を果たした。」（鈴木ⅶ頁）と評されている。また、第二の判決は、二（三）③で示したように、ヨーロッパ統合の枠内において基本法の理念を確認するものである。ここで連邦憲法裁判所は、国民にとって、「法と自由」と「統合」の見張り番である。

(三) 憲法異議

連邦憲法裁判所の諸手続のうち、憲法異議が国民の憲法裁判所への信頼を高めているという指摘は多く聞かれる。憲法異議は、受理・処理件数の多さ(約二三万件(全件数の約九七%)二〇一八年末現在)[7]だけではなく、国民にとっての意義そして国民の意識においても、憲法裁判所制度の中核にある(畑尻[運用]四頁以下参照)。すなわち、連邦憲法裁判所の周知の成功は、憲法異議によってすべての基本権主体に憲法裁判所への出訴の途を開いたことによる。憲法異議によって憲法裁判所は市民の個々の願望と直接的に関わることになり、諸個人の権利の擁護者としての信望を得てきた。そして、前述の憲法異議の当事者適格の扱いにみられるように、「訴訟法上の広範な自由裁量によって、比較的早い訴訟段階においても事案を引き受け、判決を下すことができる。すなわち、市民によって直接的に呼び出されうる終審機関としてのみならず、事実上唯一の審級としても決定を下すことができるのである」(メラース二五九頁以下)。

(四) 裁判官に対する信頼

流動的で不確実な現代社会において連邦憲法裁判所は、政治、国民そしてメディアの認識において、将来を見据えた非常に確固たる存在感を示し、信頼にたる存在に映っている。

憲法裁判所の裁判官は、先に述べたような教授裁判官としての特質、すなわち「法に基づく合理的な思考、国法学的思考」の体現者として、理性、公正さそして正しさの守護者として認められている。そしてこれによって、競争、意見の相違、争いそして(しばしば信頼できないものとみなされる)妥協が支配する政治的営為とははっきりとした対照をなしている[8]。

（五）法治国家

以上のようなさまざまな要因の根底には、ドイツ人のメンタリティーがあるという。イェシュテットによれば、ドイツ人は、法治国家か民主主義かという選択を迫られた場合、つねに法治国家を選択する。その最上級の番人が連邦憲法裁判所である。「法治国家」ドイツと、「民主主義国家」フランスでは、憲法の重要性に違いがある。ドイツでは、憲法（基本法）は当初から、国内の最高法規として、その他の法を厳格に方向づける特別の法（「基本的価値秩序」）として機能し、特に、憲法の基本権規定は広範に国家権力などの行為を規律するように運用された。そしてこのような憲法の実効性を高めるために憲法裁判所が中心的な役割を担った（畑尻［ライン］一〇五頁以下参照）。また、憲法裁判所（裁判官）に対する信頼の根底には、裁判所（裁判官）がドイツ市民の間で歴史的に享受してきた高い評価がある。と同時に、そこには、政治の忘却、対立なき政治的決定手法への憧憬といった、代表民主制による自己決定の労力に巻き込まれたくないというドイツ人固有の精神構造をみることができる。憲法裁判所には、非政治的な、しかし「賢明な代替君主としてのオーラ」（メラース二五九頁参照）が与えられているのである。

おわりに

ドイツにおいては、国民の連邦憲法裁判所への信頼の高さと基本法（憲法）に対する信頼の高さが密接に結びついている。すなわち、基本法への信頼の高さが、基本法を基準として国のあり方をきめるという行動様式への信頼と結びつき、このことがまた、その任務を託された憲法裁判所への信頼につながっていることをみてとることができる。言葉を換えれば、憲法裁判所に対する国民の信頼と受容は、その判決に対する国民の信頼と受容に依拠し、判決に対する国民の信頼と受容は、判決で基準となる憲法に対する国民の信頼と受容に依拠している。このような憲法―憲法裁判所―憲法判例という信頼と受容の連鎖が現在のドイツの基本的秩序を構築している。

たしかに、すでに述べたように、憲法・裁判所・判例に対する国民の信頼と受容の連鎖にドイツの「固有性」を見出すことは容易である。しかし同時にそこには、「憲法裁判の世界共同体」としての「一般性」、「共通性」をみることができるように思われる。「世界共同体」の一員としての日本にとっても、ドイツの憲法・裁判所・判例に対する国民の信頼と受容の連鎖からいかなる具体的な「一般性」、「共通性」を見出すことができるか。これを検討することは、憲法裁判をデザインするためには不可欠の前提作業である（畑尻［二つの機能］三八一頁以下参照）。

（1）このことを象徴するのが、第一ドイツテレビの基本法70周年記念番組である。ここでは、スタジオに集まった多くの市民の基本法に関する質問―たとえば、「環境は大切なのになぜ基本法は環境を権利としては保障していないのですか」―にゲストである連邦憲法裁判所のフォスクーレ長官が次々に答えるという形で番組が進行した。

（2）以下、連邦憲法裁判所の判決のうち、ドイツ憲法判例研究会編『ドイツの憲法判例（第二版）』（信山社、二〇〇三）、『ドイツの憲法判例Ⅱ（第二版）』（二〇〇六）、『ドイツの憲法判例Ⅲ』（二〇〇八）、『ドイツの憲法判例Ⅳ』（二〇一八）で解説されているものについては、巻数・項目番号・執筆者をこのように表記する。

（3）たとえば、遺族扶助（二〇〇九年七月七日第一法廷決定 BVerfGE 124, 199［Ⅳ23井上典之］）、相続税・贈与税（二〇一〇年七月二一日第一法廷決定（BVerfGE 126, 400））、公務員の家族手当（二〇一二年六月一九日第二法廷決定（BVerfGE 131, 239））、土地取得税（二〇一二年七月一八日第一法廷決定（BVerfGE 132, 179））、継養子（二〇一三年二月一九日第一法廷判決（BVerfGE 133, 59［Ⅳ24春名麻季］）、配偶者分割課税（二〇一三年五月七日第二法廷決定（BVerfGE 133, 377［Ⅳ25松原光宏］）を挙げることができる。

（4）リスボン条約事件二〇〇九年六月三〇日第二法廷判決（BVerfGE 123, 267［Ⅳ61門田孝］）、「救済の傘」訴訟二〇一一年九月七日第二法廷判決（BVerfGE 129, 124）、欧州安定メカニズム（ＥＳＭ）訴訟二〇一二年九月一二日第二法廷判決（BVerfGE 132, 195［Ⅳ64カール＝フリードリッヒ・レンツ］）、欧州中央銀行（ＥＺＢ）訴訟二〇一四年三月一八日第二法廷判決（BVerfGE 135, 317）など欧州連合およびユーロをめぐる問題の多くが、憲法異議によって憲法裁判所の判断の対象となった（畑尻［制度］三九五頁以下参照）。

（5）憲法異議の「当事者適格」としては、異議申立人が「自分自身」、「現在」かつ「直接に」、基本権を侵害されていることが必要である。欧州中央銀行理事会によって決定されたがいまだ実施されていないＯＭＴに対する連邦政府の不作為については、このような適格性が認められるか否かも問題となる。これについても、航空安全法事件二〇〇六年二月一五日第一法廷判決（BVerfGE 115, 118［Ⅳ16嶋崎健太郎］）、ドイツ版「Ｎシステム」事件二〇〇八年三月一一日第一法廷判決（BVerfGE 120, 378［Ⅳ7實原隆志］）、対テロデータファイル法事件二〇一三年四月二四日第一法廷判決（BVerfGE 133, 277［Ⅳ8入井凡乃］）と同様に、上記三要件は緩やかに解釈され、適格性が認められている（畑尻［制度］三九三頁以下参照）。

（6）イェシュテット Matthias Jestaedt 教授（フライブルク大学）とペーターゼン Niels Petersen 教授（ミュンスター大学）は、時期は異なるが二〇一八年の来日の際に、著者の質問に対してそれぞれこのような要因を挙げている。以下の論述もこれらに拠っている。

（7）勝訴件数五、一八六件の多さに国民に対する意義をみるか、勝訴率の低さ（二・三％）に連邦憲法裁判所の加重負担問題をみるかによって、当然、憲法異議の評価は異なったものとなる。

（8）また、連邦憲法裁判所への信頼の高さは政治への信頼の喪失が増大したことにも関係がある。ペーターゼンによれば、人々が政治への信頼を失えば失うだけ、人々の目は、一見すると非政治的でもっぱら専門的な論証にしたがって判決を下している連邦憲法裁判所に注がれることになる。

参照文献

井上典之「平等保障による憲法規範の変容？」松井茂記他編『自由の法理』（成文堂、二〇一五）六六五頁以下
宇都宮純一「憲法裁判権の諸相」ドイツ憲法判例研究会編『講座 憲法の規範力〈第2巻〉憲法の規範力と憲法裁判』（信山社、二〇一三）三九頁以下
片桐直人「OMT合憲判決」自治研究九三巻六号（二〇一七）一四七頁以下
宍戸常寿「司法権＝違憲審査制のデザイン」憲法理論研究会編『岐路に立つ立憲主義〈憲法理論叢書26〉』（敬文堂、二〇一八）四五頁以下
鈴木秀美「はしがき」ドイツ憲法判例研究会編前掲書（Ⅳ）v頁以下
土屋武「NPD政党禁止確認訴訟」自治研究九五巻一号（二〇一九）一三七頁以下
畑尻剛「憲法裁判所設置問題も含めた機構改革の問題」公法研究六三号（二〇〇一）一一〇頁以下、「最高裁の近時の諸判決と違憲審査制の二つの機能」法学新報一二〇巻一・二号（二〇一三）三五七頁以下、「憲法の規範力と憲法裁判」法学新報一二三巻五・六号（二〇一六）七三一頁以下、「憲法裁判における『制度』とその『運用』」工藤達朗他編『憲法学の創造的展開』（信山社、二〇一七）三九一頁以下、「制度とその運用」ドイツ憲法判例研究会編前掲書（Ⅳ）三頁以下、「ラインの右岸と左岸の憲法裁判所」藤野美都子・佐藤信行編『憲法理論の再構築』（敬文堂、二〇一九）一〇三頁以下
松原光宏「公法による将来形成」自治研究九〇巻七号（二〇一四）一八頁以下
村山美樹「同性婚をめぐる憲法上の議論」中央大学大学院研究年報四六号（二〇一七）三頁以下
渡邉泰彦「ドイツにおける同性婚導入」京都産業大学総合学術研究所所報一三号（二〇一八）一頁以下
マティアス・イェシュテット、高田篤訳「連邦憲法裁判所という現象」イェシュテット他、鈴木秀美他監訳『越境する司法』（風行社、二〇一四）六五頁以下
クリストフ・メラース、松本和彦訳「連邦憲法裁判所の合法性・正統性・正統化」イェシュテット他前掲書二四七頁以下
Matthias Jestaedt, Verfassungsgericht ist nicht gleich Verfassungsgericht, JZ 2019 Heft 10, S. 473ff.

アメリカにおける憲法裁判の現在

福嶋敏明
（神戸学院大学）

はじめに

「憲法裁判の現在」を全体テーマとする二〇一九年五月の春季研究総会において報告者はアメリカに関する報告を担当することになったが、アメリカにおける憲法裁判の現在を総合的に論じることは報告者の能力を遥かに超える。そこで本報告では、限られた視点からではあるが、最近のアメリカ連邦最高裁判所の一つの特徴としてよく指摘される「分極化」を取り上げた上で、具体的な問題領域として信教の自由をめぐる動向とトランプ政権をめぐる動向を検討することで、現在のロバーツ・コートのもとでの憲法裁判の動向の一端を示すことを試みたい。

一　分極化と最高裁

（一）ロバーツ・コート

現在のアメリカ連邦最高裁は、ジョン・ロバーツが首席裁判官を務めることから、一般にロバーツ・

コートと呼ばれる。[1] 二〇〇五年に発足した同コートにおいては、二〇〇六年以降、保守派五名・リベラル派四名のイデオロギー・バランスのもと、保守派の中でも中道寄りとされたケネディ裁判官がキャスティング・ボートを握る状況が長らく続いてきた。これまでもロバーツ・コートは保守的な傾向にあるとされてきたが、二〇一八年七月にケネディ裁判官が引退し、その後任に保守派と目されるカヴァノー裁判官が就任したことから、今後ますます保守的な傾向が強まる可能性も否定できない。

（二）分極化した最高裁（Polarized Court）

近年アメリカの政治においては、民主党・共和党の二大政党間のイデオロギーの差が拡大し、党派的対立が激化しているが、こうした分極化の影響は最高裁にも及んでいることが指摘されている。[2]

その影響が顕著に表れているのが、最高裁裁判官の指名・承認手続である。かつてはそこまで政治性・党派性を帯びていなかったこの手続きが、特に一九八〇年代以降最高裁人事のイデオロギー化が進み、次第に強い政治性・党派性を帯びるようになったとされる。とりわけ最近では二〇一六年二月のスカリーア裁判官の急逝を契機にその傾向に一層の拍車がかかり、スカリーア裁判官の後任であるゴーサッチ裁判官、ケネディ裁判官の後任であるカヴァノー裁判官の指名・承認をめぐっては激しい党派的対立が生じた。いずれの場合も連邦議会上院における承認投票の結果は僅差での承認となり、トランプ大統領による候補者指名に対し民主党議員のほとんどが反対票を投じることとなった。

こうした最高裁人事の政治化の結果、二〇一〇年八月以降の最高裁は、保守派の裁判官が全て共和党大統領に任命された裁判官、リベラル派の裁判官が全て民主党大統領に任命された裁判官という構成となった。それ以前は、共和党大統領の任命でもリベラル派、民主党大統領の任命でも保守派という裁判官が存在したが、二〇一〇年にスティーヴンズ裁判官が引退し、その後任にケイガン裁判官が就任したことにより、最高裁における保守派・リベラル派のイデオロギー上の対立が共和党・民主党の党派的対立と符合する状況を迎えることとなった。

もちろん、最高裁が下す判決が常にこうした対立に左右されるわけではない。二〇一〇年度から二〇一七年度開廷期までの動向を見ると、一票差で決した判決の割合は全体の約二〇％であり、約半分の判決は全員一致で決せられている(3)。しかし、銃規制や人工妊娠中絶などのような政治的・社会的に対立の大きい問題ほど裁判官の意見がイデオロギー・ラインで分かれる傾向にあり、保守派とリベラル派が分裂し、そのいずれかにケネディ裁判官がつく構成となっている判決が目立つのも事実である(4)。

最高裁の正統性はそれが党派的な制度ではないとの公衆の受容に依存することがつとに指摘されるが、近年の最高裁裁判官の指名・承認手続の過度の政治化を受けて、最高裁の正統性の危機を指摘する声もあがり、事態を改善するために様々な制度改革論が提唱されてもいる(5)。

二　信教の自由をめぐる動向

(一)　憲法上の権利をめぐる動向

近年、憲法上の権利をめぐる動向の一つの特徴として、伝統的にリベラル派が手厚い保護を求めてきた言論の自由や信教の自由が保守派の「武器」として用いられる傾向がしばしば指摘される。例えば、二〇一八年のJanus判決(6)で、最高裁は、保守派五名対リベラル派四名の僅差で、州の公共部門労働組合におけるエージェンシー・ショップ制度について、非組合員の言論の自由を侵害するとの理由から、合衆国憲法第一修正に反すると判断したが、これに対しケイガン裁判官反対意見が「第一修正を武器化するものだ（weaponizing the First Amendment）」との激しい批判を行い、注目を集めた。ここでは言論の自由の「武器化」が問題とされたが、同様の問題は信教の自由についても生じていると言える。そこで本報告では、報告者の研究関心も踏まえて、信教の自由をめぐる動向を取り上げる。

（二）信教の自由に関する二つの判決

ロバーツ・コートが下した信教の自由に関する判決のうち、本報告では次の二つに注目したい。

一つ目が、二〇一四年の Hobby Lobby 判決[7]である。この判決はオバマケアと人工妊娠中絶に関わる事案であり、企業が従業員に提供する医療保険の適用範囲に避妊方法の利用を含めることを義務付ける連邦の規則に対し、非公開の営利企業の経営者が自らのキリスト教信仰に反する避妊方法を含めることを命じるものであると主張し、その適用の違法性を「信教の自由回復法（ＲＦＲＡ）[8]」の下で争ったものである。最高裁は、五対四で、本件規則の適用をＲＦＲＡ違反と判断した。その際、アリート裁判官法廷意見は、営利企業にもＲＦＲＡによる「信教の自由」の保障が及ぶことを認め、ＲＦＲＡの定める「厳格審査」基準に基づき本件規則の適用を違法と判断した。これに対し、ギンズバーグ裁判官反対意見は、ＲＦＲＡの立法目的の理解がそもそも誤っているなどと法廷意見の判断を厳しく批判した。

二つ目が、二〇一八年の Masterpiece Cakeshop 判決[9]である。この判決は同性婚に関わる事案であり、ケーキ・ショップのオーナーが自らのキリスト教信仰を理由に同性婚カップルのためのウェディング・ケーキの作製を拒否したところ、州人権委員会から州差別禁止法違反を理由に是正措置を命じられたため、当該命令が言論の自由や信教の自由の侵害であるとして争ったものである。最高裁は、七対二で、州人権委員会の命令を信教の自由を保障する第一修正に反すると判断した。もっとも、その判断の射程は限定的なものであり、ケネディ裁判官法廷意見は、委員会の委員から宗教に対する敵意に満ちた発言があったことなどを指摘し、本件における州人権委員会の命令が宗教的中立性の要請に反することを第一修正違反の理由とした。本件の中心的な争点は、はたしてこうした場合に信仰を理由に州差別禁止法の適用を免れうるかというものであったが、この点の判断は回避されたことになる。

(三)　特徴

これら二つの事案には、いくつかの共通点がある。まず、これらの事案にはいわゆる「文化戦争」における保守派の抵抗という側面がある。すなわち、保守的なキリスト教信仰を持つ原告が人工妊娠中絶や同性婚カップルを保護する法や施策に対し信教の自由に基づき異議申立てを行うという側面である。その背景には、人工妊娠中絶や同性婚をめぐる文化戦争で保守派の側が一定の敗北を喫したという経過があると言える。したがって、ここでの信教の自由の主張は、従来は多数派として伝統的価値の維持を掲げて人工妊娠中絶や同性婚に反対していた側が、文化戦争における敗北を契機に、今度は少数派として信教の自由に依拠して人工妊娠中絶や同性婚に抵抗しているものと捉えることができる。この点、Douglas NeJaime と Reva Siegel によれば、こうした信教の自由の主張には次のような特徴がある。[10] 第一に、こうした信教の自由の主張は自らの信仰と相容れない第三者の行為に対する異議申立てという形をとるため、こうした主張を認めると当該行為を行う第三者に害が生じる可能性がある。第二に、こうした異議申立ては文化戦争に関わるものであるため、同様の申立てが社会的に広く主張されることになり、第三者に対する害も社会的に広がる危険性がある。NeJaime と Siegel によれば、以上の点から、近年の文化戦争における信教の自由の主張は、従来想定されていた信教の自由の典型的な主張、すなわち社会から異端視されている宗教的少数者が法規制からの免除を求めるものとは異質なものである。そして文化戦争における保守派の抵抗という構図は言論の自由の領域でも見られるが、[11] こうした文化戦争が司法の場に持ち込まれているという状況も最高裁における分極化を促す一因と言えよう。

他方、これらの事案には社会経済立法に対するリバタリアン的攻撃という側面もある。いずれの事案で問題となった法や施策も被用者や消費者を保護する性格を有し、いずれの事案の原告も企業経営者や事業主といった経済的主体である。つまり、これら二つの事案には経済的主体が被用者や消費者を保護する規制に対し信教の自由に基づき異議申立てを行うという側面があり、ここでは信教の自由が経済活動に対する規制緩和の道具として用いられていると言える。この点、Elizabeth Sepper は、近年「信教の自由ロックナー主義（Free Exercise Lochnerism）」とでも呼ぶべき事態が生じているとの指摘を行っている。(12) いわゆるロックナー期に最高裁は「契約の自由」の侵害を理由に社会経済立法を次々に違憲としたが、Sepper は、信教の自由がロックナー期における「契約の自由」のような役割を果たしつつあることを指摘し、Hobby Lobby 判決がそうした役割に一定のお墨付きを与えたことを批判している。そして同様の傾向は言論の自由についても特にロバーツ・コートのもとで顕著になっているとの指摘もみられ、(13) 実際、二〇一七年度開廷期にはリベラル派の裁判官からこの点に関する懸念が相次いで示された。先述の Janus 判決ケイガン裁判官反対意見もその一つである。(14) こうした状況は、Frederick Schauer の表現を借りれば、(15) 社会経済立法に異を唱えるために第一修正が「便宜的」に用いられている状況とも言えようが、その結果「二重の基準」論にある種のゆらぎが生じているようにも見える。

以上のように、これらの事案では文化戦争と社会経済立法という対立の生じやすい問題が同時に争われていたと見ることができる。Hobby Lobby 判決では、裁判官の意見が保守派五名対リベラル派四名のイデオロギー・ラインで分裂し、激しい応酬が繰り広げられたが、これも最高裁における分極化の一つの現れと言えよう。これに対し、Masterpiece Cakeshop 判決では、イデオロギー・ラインでの分裂が生じなかったが、これは中心的な争点に関する判断が回避されたことが影響している可能性もある。

もっとも、同種の事案が続発している現状からすれば、その中心的な争点に最高裁が正面から向き合わなければならなくなる日もそう遠くないように思われる。その時に最高裁がいかなる判断を示すのか。分極化した最高裁の行方を占う上でも注目に値しよう。

三　トランプ政権と司法

（一）トランプ政権の政策

二〇一六年の大統領選挙で勝利したドナルド・トランプは、二〇一七年一月の大統領就任以降、イスラム圏からの入国停止、トランスジェンダーの個人の入隊制限、いわゆる聖域都市に対する補助金交付停止、国勢調査における市民権に関する質問項目の追加、幼少期不法入国者に対する救済措置（ＤＡＣＡ）の撤廃、メキシコ国境からの入国者の亡命申請の制限、メキシコ国境沿い壁建設費の捻出のための非常事態宣言など、数多くの物議を醸す政策を打ち出し、これに対しその違憲性・違法性などを争う訴訟が相次いで起こされてきた。このうち本報告では、いわゆる入国禁止令をめぐる動向を取り上げる。[16]

（二）入国禁止令をめぐる動向

大統領選挙中にイスラム教徒の入国停止を公約として宣言したトランプは、大統領就任からわずか一週間後の一月二七日、イスラム圏七カ国からの合衆国への入国を停止する大統領令を発令し、国内外に混乱と衝撃をもたらした。その後、この入国禁止令は第三次まで改訂がなされたが、いずれの入国禁止令についても、その違憲性や違法性を理由に、連邦下級審で執行差止めが命じられてきた。

これに対し、二〇一八年六月、最高裁は、Trump v. Hawaii[17] において、五対四で、第三次入国禁止令に対する地裁の暫定的差止命令を維持した控訴裁の判断を破棄し、差し戻す判決を下した。入国禁止令の合憲性・合法性をめぐっては、それがイスラム教に対する敵意に基づくものであり、第一修正の国教樹立禁止条項に反するのではないかが争点の一つとして争われてきたが、ロバーツ首席裁判官法廷意見は、本件が伝統的に政治部門の判断に司法の敬譲が払われてきた外国人の入国規制に関する事案であることを強調し、非常に緩やかな「合理的根拠」の基準を適用した上で、宗教に対する敵意とは別に、正当な安全保障上の根拠に関する証拠があるとの理由から、第三次入国禁止令はこの審査基準をクリアすると判断した。これに対し、ソトマヨール裁判官反対意見は、国教樹立禁止条項の領域で展開されてきた「合理的観察者」の視点に基づく審査を行った上で、トランプ大統領の発言などを証拠に、第三次入国禁止令は、政権側が主張する安全保障上の懸念ではなく、イスラム教に対する敵意を主たる動機としているとの理由から、国教樹立禁止条項に反すると判断した。

入国禁止令をめぐる訴訟は、大統領権限や信教の自由などに関わる多くの重要な憲法上の論点を提起したが、ここで問われていた一つの大きな問題は、制度としての大統領と個人としての大統領との関係をいかに捉えるかであったように思われる。入国禁止令をめぐる重要な争点の一つは、トランプ大統領は司法の敬譲に値するかという点にあった。司法の敬譲という法理の前提には、入国規制などの領域については情報収集能力等の点で裁判所よりも大統領の方が適正な判断をなしうる立場にあるとの想定があると言える。しかし、入国禁止令の発令に関しては、そもそもイスラム教に対する敵意の証拠が存在する上に、様々な場面で従来の規範や手続きを無視してきたトランプ大統領ないし政権の実態などからも、司法の敬譲の前提を疑う議論が示されてきた。この点、口頭弁論直前のワシントン・ポスト紙は、本件の主たる争点を「大統領（the President）」と「この大統領（this President）」との区別にあると指摘したが(18)、この区別に従えば、ロバーツ法廷意見は、前者の「大統領」に焦点を合わせたと言える。その結果、入国禁止令は、トランプ大統領個人の言動の産物というよりも、複数の行政機関による見直し作業の成果と捉えられ、司法の敬譲の対象と位置付けられることになる。これに対し、ソトマヨール反対意見は、後者の「この大統領」に焦点を合わせたと言える。ソトマヨール反対意見の分析では、イスラム教に敵対的なトランプ大統領の言動が詳細に取り上げられ、入国禁止令はトランプ大統領の言動の産物であることが強調され、宗教差別の問題として厳格な審査の対象と位置付けられることになる。これは一種のフォーマリズムとリアリズムの対立と言えるが、問題はトランプ大統領ないし政権との関係で形式主義的なアプローチを採用することの適否であろう。例えば、トランプ政権のもとでは敵意に訴える政策を開始した後に行政的な手直しを図ることで正当化を試みる「敵意ロンダリング（animus laundering）」とも呼ばれる手法が繰り返されているとの指摘があるが、(19) 法廷意見のような形式主義的なアプローチはこうしたトランプ政権の狡猾な手法にお墨付きを与えかねないものと言える。個々の事案において裁判所がトランプ大統領ないし政権の実態にどこまで目を向けることができるのか。トランプ政権の政策をめぐる訴訟では引き続きこの点が重要な鍵を握ることになるように思われる。

(三) トランプ政権と司法の正統性の危機

最高裁は、Trump v. Hawaii において、第三次入国禁止令の合憲性・合法性を認めたが、その際に裁判官の意見が保守派五名対リベラル派四名で分裂したことは、この判決が大きな物議を醸した大統領の政策にお墨付きを与えることを意味するだけに、最高裁の正統性に深刻な影響を及ぼす恐れもある。分極化した最高裁という状況のもとでは、この判決は共和党大統領任命の裁判官が共和党大統領の政策を支持し、民主党大統領任命の裁判官がこれに反対したものとも受け止められかねないからである。

そして分極化の状況にも乗じて司法の正統性を掘り崩す言動を繰り返してきたのが、トランプ大統領である。特に注目を集めた最近の動向としてロバーツ首席裁判官との応酬を挙げることができる。二〇一八年一一月、トランプ大統領は、メキシコ国境からの入国者の亡命申請を制限するトランプ政権の政策（いわゆる亡命禁止令）の執行差止めを命じた連邦地裁の裁判官（オバマ大統領任命）を「オバマの裁判官」と呼んで批判した。これに対し、ロバーツ首席裁判官は「ここにはオバマの裁判官もトランプの裁判官もいない」、「独立した司法こそ我々が感謝すべきものである」とする異例の声明を発表し、注目を集めた。かねてより司法の正統性の問題に留意してきたロバーツ首席裁判官らしい声明とも言えるが、問題はロバーツ首席裁判官率いる現在の最高裁がトランプ政権との関係で「感謝」に値する「独立した司法」の役割を果たしうるかであろう。

この点で注目されるのは、二〇一九年四月に最高裁で口頭弁論が開かれたDepartment of Commerce v. New York[20]の行方である。この事案では二〇二〇年の国勢調査において市民権の有無を問う質問項目を追加するトランプ政権の方針が争われているが、この事案が注目を集める一つの理由は、この方針が共和党を利するためのものではないかと疑われているからである。こうした党派性を帯びざるをえない問題について最高裁がいかなる判断を示すのか。分極化した最高裁という状況を踏まえると、最高裁の正統性の問題がより一層シビアな形で問われることになるように思われる。

むすびにかえて

近年、最高裁裁判官の指名・承認手続の過度の政治化を背景に、最高裁は「政治的」な機関に過ぎないとの見方の広まりが懸念され、最高裁の正統性の危機が叫ばれている。実際、政治的・社会的に重要な問題がしばしばリベラル派と保守派の見解が分裂する仕方で処理されており、最高裁の判断に裁判官のイデオロギーが影響していることは否定しがたい。しかし、最高裁の判断に対するイデオロギーの影響はなお限定的であるとも言える。最高裁が下す判決の中には全員一致のものも少なからずあり、イデオロギー・ラインで分裂する場合であっても先例拘束性のもとで先例や判例法理に依拠した判断がなされるのが通常である。第三次入国禁止令に関するTrump v. Hawaiiにおける法廷意見の判断も、見方によっては大統領権限に関する先例の考えに忠実に従った結果と見ることができるのかもしれない。

もっとも、同じ判例法理が用いられているように見えても、その用いられ方や担い手等の変化によりその内実に一定の変容が生じている可能性も否定できない。信教の自由や言論の自由が保守派の「武器」として用いられる状況の中、「二重の基準」論にある種のゆらぎが生じているようにも見えるが、そうしたゆらぎが本当に生じているのだとすれば、こうした動向に日本の憲法学も無関心ではいられないであろう。そして判例法理の変容の有無等を見極めるためには、その時々の政治・社会状況の中での憲法裁判における争点形成のあり方や訴訟戦術等の変化も含めた、アメリカ憲法裁判の動向の総体的な把握が求められるであろうが、こうした作業は今後の研究課題とせざるをえない。分極化という状況にある今だからこそアメリカ憲法裁判の動向に対するより深い洞察が求められているように思われる。

（1）発足から一〇年間のロバーツ・コートの動向を分析した邦語文献として、大林啓吾・溜箭将之編『ロバーツコートの立憲主義』（成文堂、二〇一七年）参照。

（2）*See, e.g.*, Neal Devins & Lawrence Baum, The Company They Keep: How Partisan Divisions Came to the Supreme Court (2019); Richard L. Hasen, *Polarization and the Judiciary*, 22 Annu. Rev. Political Sci. 261 (2019).

（3）*See* Kedar S. Bhatia, *Stat Pack for October Term 2017*, SCOTUSblog（June 29, 2018）, http://www.scotusblog.com/wp-content/uploads/2018/06/SB_Stat_Pack_2018.06.29.pdf.

（4）ケネディ裁判官が保守派についた判決として、*see, e.g.*, District of Columbia v. Heller, 554 U.S. 570（2008）（銃規制）; Citizens United v. FEC, 558 U.S. 310（2010）（選挙資金規制）; Shelby County v. Holder, 570 U.S. 529（2013）（投票権法）. ケネディ裁判官がリベラル派についた判決として、*see, e.g.*, Obergefell v. Hodges, 135 S. Ct. 2584（2015）（同性婚）; Fisher v. University of Texas, 136 S. Ct. 2198（2016）（アファーマティヴ・アクション［四対三］）; Whole Woman's Health v. Hellerstedt, 136 S. Ct. 2292（2016）（人工妊娠中絶［五対三］）. なお、自身にとって最後の開廷期となった二〇一七年度開廷期において、ケネディ裁判官は保守派四名とリベラル派四名が分裂した全ての判決で保守派についた。

（5）*See, e.g.*, Daniel Epps & Ganesh Sitaraman, *How to Save the Supreme Court*, 129 Yale L.J.（forthcoming 2019）, available at https://ssrn.com/abstract=3288958.

（6）Janus v. AFSCME, 138 S. Ct. 2448（2018）.

（7）Burwell v. Hobby Lobby Stores, Inc., 573 U.S. 682（2014）.

（8）「信教の自由回復法」については、拙稿「アメリカ憲法判例の最前線［第六回］Holt v. Hobbs, 135 S. Ct. 853（2015）判決」法学セミナー七五九号八一頁（二〇一八年）参照。

（9）Masterpiece Cakeshop, Ltd. v. Colorado Civil Rights Commission, 138 S. Ct. 1719（2018）.

（10）Douglas NeJaime & Reva B. Siegel, *Conscience Wars: Complicity-Based Conscience Claims in Religion and Politics*, 124 Yale L.J. 2516（2015）.

（11）*See, e.g.*, NIFLA v. Becerra, 138 S. Ct. 2361（2018）（クリニックへの中絶情報掲示義務付けを違憲と判断）.

（12）Elizabeth Sepper, *Free Exercise Lochnerism*, 115 Colum. L. Rev. 1453（2015）.

（13）*See, e.g.*, Jeremy K. Kessler & David E. Pozen, *The Search for an Egalitarian First Amendment*, 118 Colum. L. Rev. 1953, 1959-60（2018）.

(14) *Janus*, 138 S. Ct. at 2501 (Kagan, J., dissenting)（「最も憂慮すべきことは、多数意見が第一修正を剣とし、ありふれた経済的・規制的政策を攻撃するために用いることで勝者を選んだことかもしれない。」）. *See also NIFLA*, 138 S. Ct. at 2382 (Breyer, J., dissenting)（「本日多数意見は、第一修正の名のもとに、当法廷がニュー・ディール以後だけでなくニュー・ディール以前であっても進むことを拒んできた領域に足を踏み入れた。」）.

(15) Frederick Schauer, *First Amendment Opportunism*, *in* ETERNALLY VIGILANT: FREE SPEECH IN THE MODERN ERA 175 (Lee C. Bollinger & Geoffrey R. Stone eds., 2002).

(16) 以下の内容について詳しくは、拙稿「トランプ大統領による入国禁止令と司法（五・完）」法学セミナー七七三号三頁（二〇一九年）参照。

(17) Trump v. Hawaii, 138 S. Ct. 2392 (2018).

(18) Robert Barnes, *In Travel Ban Case, Supreme Court Considers 'the President' vs. 'this President,'* WASH. POST (Apr. 22, 2018), https://www.washingtonpost.com/politics/courts_law/in-travel-ban-case-supreme-court-considers-the-president-vs-this-president/2018/04/22/f33f1edc-44cb-11e8-8569-26fda6b404c7_story.html.

(19) *See* Joshua Matz, *Trump's Despicable Decisions Look Awfully Alike*, WASH. POST (Mar. 27, 2018), https://www.washingtonpost.com/opinions/getting-deja-vu-on-trumps-transgender-ban-youre-not-alone/2018/03/27/4e78091e-312e-11e8-8bdd-cdb33a5eef83_story.html.

(20) Department of Commerce v. New York, No. 18-966 (argued Apr. 23, 2019). 本稿脱稿後の二〇一九年六月二七日、最高裁は、ロバーツ首席裁判官の法廷意見により、当該方針に関する商務長官の説明は不自然であるとの理由から、商務長官に問題を差し戻すとした地裁の判断を維持した。その結果、当該方針の実施はひとまず阻止されることとなった。裁判官の意見は複雑に分かれたが、上記地裁の判断を維持した部分についてはロバーツ首席裁判官にリベラル派四名の裁判官が同調し、イデオロギー・ラインでの完全な分裂は回避される格好となった。

［附記］本研究の一部はJSPS科研費JP19K01291の助成を受けたものである。

フランス憲法院の事後的違憲審査（QPC）九年間の動向

池田晴奈
（近畿大学）

はじめに

本稿では、今回の学会のテーマである「憲法裁判の現在《いま》」について対象国として選ばれたドイツ、アメリカ、フランス、韓国の憲法裁判制度の比較を目的に、違憲審査制について独自の路線を貫いてきたフランスの動向を提示し、ひいては日本に示唆を与えたい。

日本では憲法改正の議論が行われて以来、憲法裁判所の設置の是非が論点の一つとなってきた。このことは、衆議院及び参議院の憲法調査会の報告書[1]や各政党の憲法改正草案の議論[2]からも読み取れるところである。

そのような中、君塚正臣教授は二〇一八年に刊行された『司法権・憲法訴訟論（上）（下）』の補遺として書かれた「日本における憲法院的機関の憲法上の可能性——内閣法制局・再考」において、「違憲の法令を野放しにしないためには、司法裁判所の違憲審査の活性化も必要であろうが、それとは別に、事前の抽象的違憲判断・宣言を行う機関の活性化も必要だということではないか。」「可能な例を比較憲法対象国から探せば、フランスの憲法院には参考にできる面がある。(3)」と述べている。

日本では一九四七年施行の日本国憲法下でアメリカ型の違憲審査制が採り入れられてから七〇年を超えるが、諸外国を参考に今後どのような制度構築が望ましいのだろうか。

フランスでは一九五八年憲法制定後、憲法六一条に基づく独自の事前的違憲審査（ＤＣ：Contrôle des constitutionnalité des lois ordinaires, lois organiques, des traités, des règlements des Assemblées, 以下では「事前審査」という）、すなわち法律の効力発生前の違憲審査を憲法院が一九五九年に初めて行使してから六〇年が経つ。さらに、二〇〇八年の憲法改正により、憲法院は、憲法六一条の一に基づく事後的違憲審査（ＱＰＣ：Question prioritaire des constitutionnalité, 以下では「事後審査」という）も合わせて行うこととなった。今年は事後審査制が二〇一〇年に施行されてから九年が経つ。フランスでは、このように事前と事後とで二重の違憲審査機能を置くことにより、法治国家としてできる限り違憲の法律が世の中に出回らないシステムを構築したのである。

一　フランス憲法院の組織・権限と新たに導入された事後審査

（一）憲法院の組織・権限と事前審査の問題点

①憲法院の組織

まず、憲法院の構成員は、事後審査導入後も変化はない。構成員は九年の任期付きの九名である。その構成員の任命は、大統領、国民議会議長、元老院議長がそれぞれ三名ずつ行う。諸外国の憲法裁判所では年齢や法曹等の任命資格を必要とするのに対して、フランスでは任命資格を必要としない。

これまでに就任した全八一名の構成員は、弁護士、大学教授、コンセイユ・デタ評定官、高級官僚、裁判官などの法律専門家または政治家などの経験者が多数を占める(4)。

女性はこれまで九名が任命されている。ミッテラン政権下の一九九二年に国民議会議長から任命されたルノワール（N. Lenoir）が最初である。オランド政権下で新たに四名が任命され、二〇一九年五月一日現在も職に就く。

そのほかに当然に終身の構成員として元大統領が就く。

これまでオリオール（V. Auriol, 在職：一九五九年三月五日～一九六〇年五月二五日）、コティ（R. Coty, 在職：一九五九年三月五日～一九六二年十一月二二日）、ジスカール・デスタン（V. Giscard d'Estaing, 在職：一九八一年～）、シラク（J. Chirac, 在職：二〇〇七年～。二〇一一年三月からは席を離れる）、サルコジ（N. Sarkozy, 在職：二〇一二年～。二〇一三年一月からは席を離れる）が就いてきた。

女性の構成員について現在、ドイツの連邦憲法裁判所では二つの法廷はそれぞれ八名で構成されるが、第一法廷で女性は三名、第二法廷で女性は四名占めている(5)。アメリカの最高裁判所では史上初めて九名のうち三名女性が占めている(6)。韓国の憲法裁判所でも二〇一九年四月十九日に文在寅（ムン・ジェイン）大統領が女性の李美善（イ・ミソン）裁判官を任命したため、憲法裁判所裁判官全九名のうち女性裁判官が初めて三名となった(7)。

日本の最高裁判所では二〇一九年二月に退官となった鬼丸かおる元裁判官の二〇一三年就任時には十五名のうち三名が女性となり、三つの小法廷にそれぞれ一名ずつ女性裁判官が所属していた。二〇一五年十二月十六日の夫婦同氏制合憲判決の際には、女性裁判官三名がみな夫婦同氏制を違憲として三名同調の個別意見を出すことで注目を浴びたが(8)、その後新たに任命された十名の裁判官のうち女性裁判官は宮崎裕子裁判官一名のみであり、現在十五名の裁判官のうち女性はその宮崎裁判官一名のみである。割合で考えると、諸外国と比べて日本の最高裁判所は、これまで全一八〇名の最高裁判所裁判官のうち女性が六名しか就いていないことからも、女性裁判官の少なさが際立つ。

②憲法院の権限

次に、憲法院の権限について、一九五八年憲法において二〇〇八年の憲法改正で事後審査（六一条の一）が導入されるまで、憲法院には、違憲審査権が法律の効力発生前という事前においてのみ与えられた。六一条に基づく違憲審査権として、組織法律及び議院規則については義務的審査、通常の法律及び国際協定については任意的審査を行う。

そのほか、憲法院は合憲性の統制のために、法律の審査権のみならず、一九五八年憲法上、様々な権限を持つ。憲法院は、立法事項及び命令事項を判定するために、(1)議員提出法律案の不受理訴訟の審査（四一条二項）、(2)立法事項と命令事項の確定（三七条二項）を行う。また、(3)大統領選挙争訟に関する審査（五八条）、(4)国民議会議員及び元老院議員の選挙争訟に関する審査（五九条）、(5)国民投票に関する争訟の審査（六〇条）、さらには、(6)大統領の非常事態措置権発動の際には事前に諮問を受ける権限（十六条）、(7)大統領の職務遂行の障害事由発生を認定する権限（七条）、などがある。

③事前審査の問題点

フランス独自の事前審査のみによる違憲審査制は、長らく次の二点の問題を抱えていた。[9]

(1)政治家にのみ限定された提訴権と事後審査の不可能性

長年、「一般意思の表明」を重視してきたフランスにおいて、一九五八年憲法の憲法院は当初、議会と政府の権限の境界を監視するだけの目的で創設されたのであり、提訴権者が一九五八年憲法制定当時には大統領、首相、国民議会議長又は元老院議長に限定されていたことからも、真の憲法裁判所として基本的諸権利を擁護することが目的ではなかったことは明らかである。(10)

一九七四年憲法改正において提訴権者が六〇名の国民議会議員又は六〇名の元老院議員に拡大されるが、依然、市民は取り残されており、イニシアチブは政治家に委ねられていた。既に公にされている法律に対して疑いをかけることができない状態が存在していたのである。政治家が政治的な理由により憲法院に提訴しなかった通常法律は審査されないままとなり、その問題性が指摘されていた。

(2)法的安定性の弱まり

憲法五五条が国内法よりも条約が優越することを規定しているが、憲法院が法律の条約適合性を審査する権限を有しないと判断すると(11)、破毀院及びコンセイユ・デタは法律の条約適合性を審査するようになる。(12)

前述の一九七四年憲法改正以後には憲法院の事前審査件数は飛躍するが、一九七四年以前に制定され、又、一九七四年以後に憲法院に審査を受けなかった法律が存在するため、通常裁判所の条約適合性審査の可能性により憲法院の憲法適合性審査の弱点が明らかとなったのである。

条約の原則は憲法の原則に近いところもあり、市民は訴訟において適用される法律の問題性の根拠を条約に求めた。(13) その結果、同じ法律が憲法院と通常裁判所とで二度審査を受ける問題が生じたのである。(14)

(二)二〇〇八年事後審査導入の背景

ドイツ及びアメリカのそれぞれの違憲審査制の型をモデルとするなら、フランスは「ドイツとアメリカから何を受容し何を受容しなかったのか」が問題となる。(15)

ドイツの制度は市民が連邦憲法裁判所に直接提訴できる憲法異議のほか、具体的規範統制と抽象的規範統制が存在する。フランスで市民に憲法問題の提訴権を解放したことはドイツの憲法異議と近いが、フランスではドイツ市民による連邦憲法裁判所への無益な訴えが裁判所の混乱を招いたと問題視する。このことは、フランスの事後審査制において二重のフィルターをかける要因となっていよう。

アメリカでは様々な機関が憲法適合性審査を行うため複雑であり、法的安定性が損なわれる危険性が指摘される。また、裁判官政治の恐れがあり、そのことは権力分立との関係で制度的不均衡が生じているという。しかし、アメリカの最高裁判所が社会に大きな効果をもたらし、卓越した役割を担っていることも評価する。

（三）事後審査の手続と効果

憲法院への憲法問題の付託は、通常裁判所により二重のフィルターをかけて行われる。(16)

事後審査の手続的要件として、まず第一審裁判所又は控訴審裁判所からコンセイユ・デタ又は破毀院へ直ちに移送する場合、次の三要件を全て満たすことが必要となる。

(1)異議を申し立てられた規定が訴訟若しくは訴訟手続に適用されるか、又は提訴理由を構成すること、(2)事情の変更があるときを除いて、異議を申し立てられた規定が、以前に憲法院判決の理由及び主文において合憲であると宣言されていないこと、(3)問題が重大な性質を欠いていないこと。

次に、コンセイユ・デタ又は破毀院から憲法院へ三か月以内に移送する場合には、(1)異議を申し立てられた規定が訴訟若しくは訴訟手続に適用されるか、又は提訴理由を構成すること及び(2)事情の変更があるときを除いて、異議を申し立てられた規定が、以前に憲法院判決の理由及び主文において合憲であると宣言されていないことの要件に、次のいずれか一要件を満たすことが必要である。(a)問題が新たな性質を帯びる、(b)問題が重大な性質を帯びる。

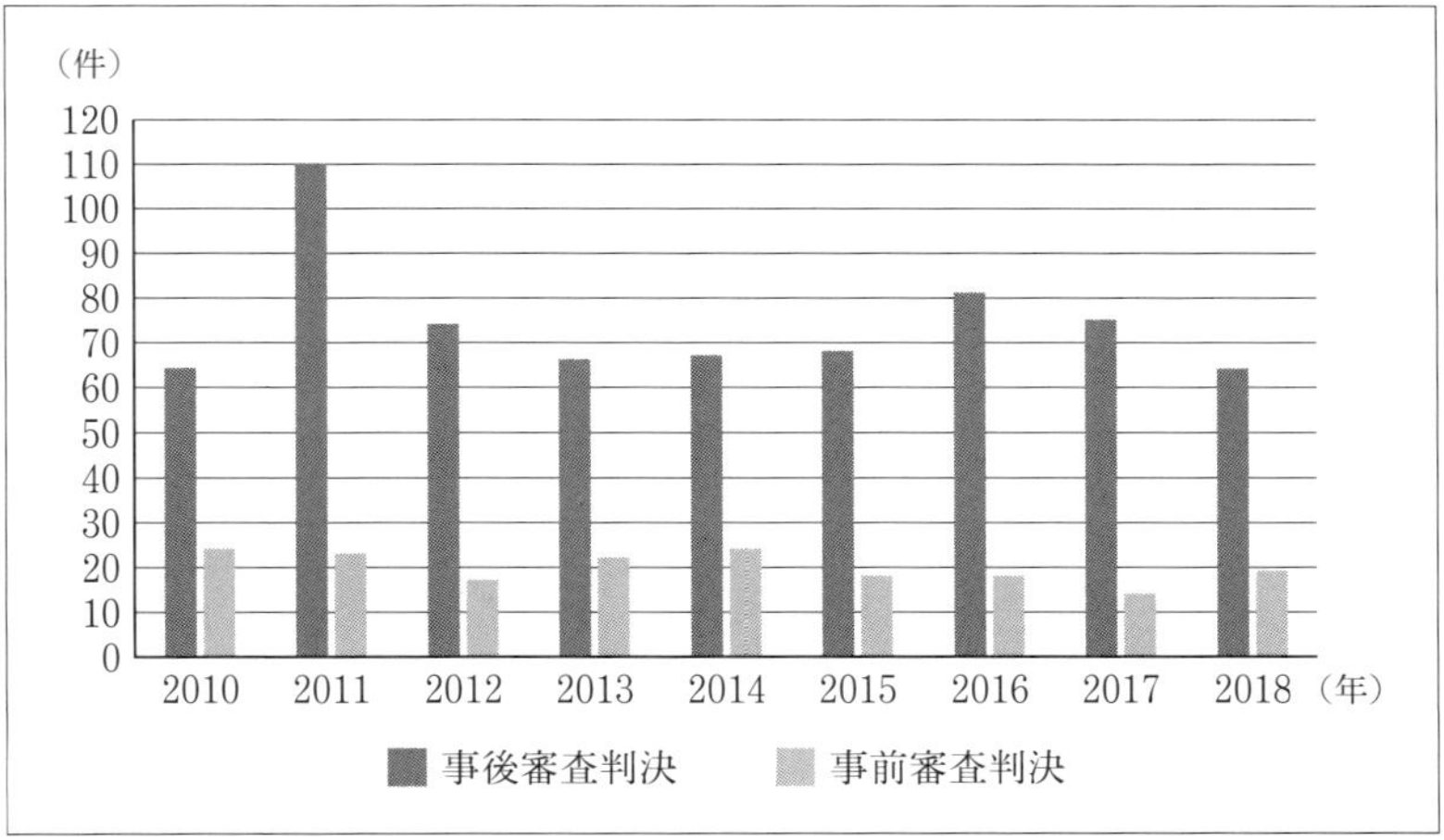

2010年以降の事前審査判決及び事後審査判決の件数（出典：Conseil constitutionnel, Bilan statistique - mise à jour du 31 décembre 2018）

最後に、憲法院の審査において、違憲と判断された規定は、憲法院の判決が公布された日又は判決が定める期日以降に廃止となる効果が発生する。

二　事後審査の九年間の動向

（一）二〇一〇年〜二〇一八年の事後審査の運用

①判決の件数

事後審査の大きな特徴としては、事前審査とは異なり、一年間に多くの判決が下されていることである。二〇一〇年三月一日に事後審査制が施行され、同年五月二八日に初めての事後審査判決が下されて以来、二〇一八年十二月三一日までの約九年間で六六九件の判決が出されている[17]。このことは、事前審査判決が同日までの六〇年間で七七三件の判決（うち、通常法律に対する審査は五二一件）であったことに比べると、グラフの通り、その差は歴然である。

事後審査判決は初年の二〇一〇年が六か月で六四件、二年目の二〇一一年が一年で一一〇件と、一か月間に約一〇件判決が下されているが、初年と二年目に突出している。その理由は、事後審査制が二〇〇八年憲法改正により導入されてからその手続法である組織法律が二〇一〇年三月一日に施行されるまでの間に、それまで訴えられなかった憲法問題を抱える訴訟当事者達が準備を重ね、制度が施行されると満を持して一斉に訴えたことによるものであろう。

②審査の付託（saisine）

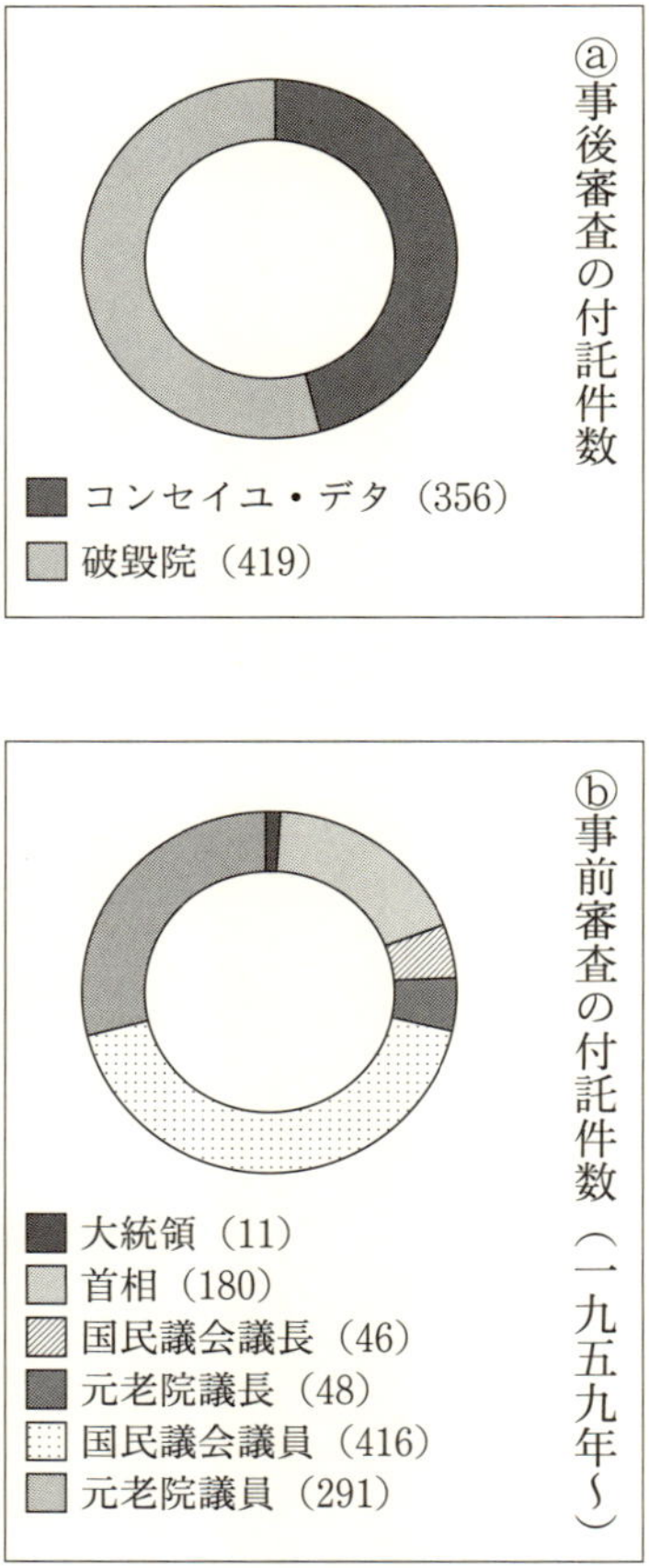

（出典：Conseil constitutionnel, Bilan statistique - mise à jour du 31 décembre 2018）

事後審査は、前述の通り二重のフィルターをかけられており、最終的にはコンセイユ・デタ又は破毀院で審査を受けることになるが、二〇一八年末までに、コンセイユ・デタからは三五六件、破毀院からは四一九件が憲法院に付託されている。(18)

破毀院については、二〇一〇年からデータが公表されているが、(19)民事事件では合計で一四六五件が審査され、刑事事件では合計で一四七一件が審査されている。そのうち、民事事件では、憲法院への移送（renvoi）は二三一件、移送されなかったのは一〇一八件、その他は二一六件である。また、刑事事件では、憲法院への移送は二一七件、移送されなかったのは九四二件、その他は三一二件である。[20]

憲法院への移送については、民事事件も刑事事件も十五％しか認められていない。その点、移送されなかったのは民事事件で七〇％、刑事事件で六四％もあるため、破毀院がフィルターとしての役割を果たしているといえよう。

他方、事前審査は、一九七四年の憲法改正により提訴権者が六〇名の国民議会議員又は六〇名の元老院議員にまで拡大されてからは、その両者の提訴に基づく事案が多数を占めている。特に、政治的に注目される法律に対しては、国民議会議員及び元老院議員ともに野党が提訴することも多い。そのため、政治的に注目されない事案について市民が憲法違反であると考えても提訴することができなかったので、そのことが二〇〇八年憲法改正による事後審査導入に至った要因といえる。

③判決の結論

ⓐ事後審査判決の結論の各件数

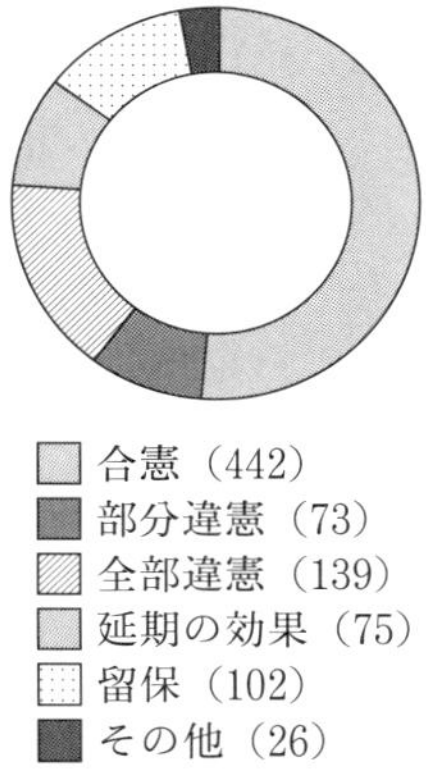

ⓑ事前審査判決の結論の各件数（一九五九年～）

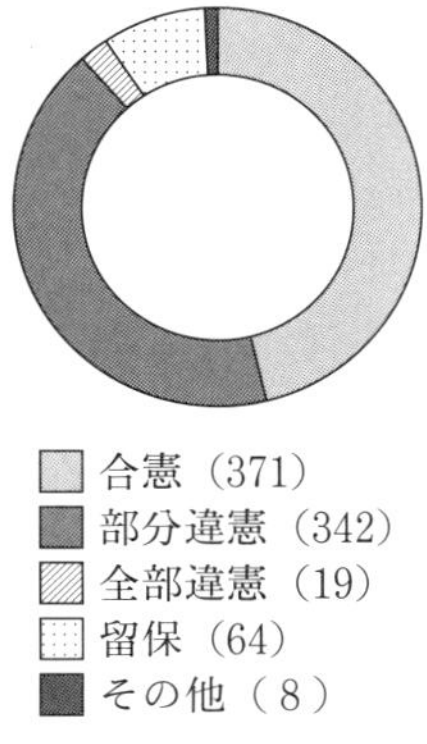

（出典：Conseil constitutionnel, Bilan statistique - mise à jour du 31 décembre 2018）

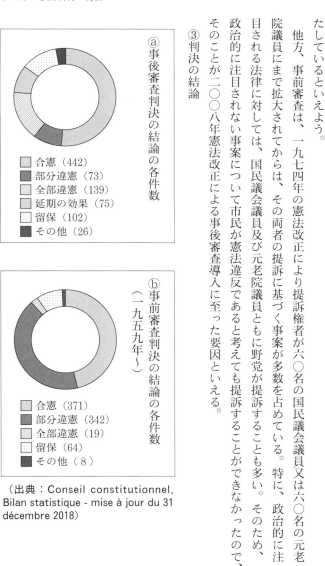

事後審査の結論については図の通り、主に五種類が存在する。延期の効果（effet différé）は、憲法院の判決が当該法律を違憲とした場合に当該法律の廃止の効力が生じるが、当該判決の公示と同時に法律を廃止にするのではなく、憲法院が判決の中で期日を定め、その期日を経過すると当該規定が廃止となるものである。つまり、憲法院が違憲判決の効力発生時期を決定することができるのである。延期の効果は、全部違憲判決又は一部違憲判決とともに下される。事前審査にはなく、憲法六二条二項において新たに設けられたものである。件数としては多いが、訴訟当事者にとっては効力を先延ばしされることは望ましいことではなく、この問題点については指摘されるところである。[21]

また、留保（réserve）は解釈留保と呼ばれるもので、当該法律の解釈に憲法院の解する条件を付けて合憲と判断するものである。これは事前審査でも初期のころから用いられてきた判決手法の一つである。日本の最高裁判所が用いる合憲限定解釈と比較される。しかし、この解釈留保についても、判決後の通常裁判所での扱いについて問題点が指摘されている。[22]

④付託から判決までの平均期間

事後審査の審理期間は、一九五八年一一月七日第五八—一〇六七号オルドナンス二三条の一〇において三か月以内と定められている。それに対して、平均審理期間は七三日である。

事前審査の審理期間は、憲法六一条三項において一か月以内と定められている。それに対して、平均審理期間は十六日である。[23]

憲法院裁判官を補助するのは調査局及び資料・図書・インターネット局である。[24] 日本の最高裁判所のように特定の裁判官に調査官が就くことはなく、三名の調査官を中心に、約二〇名の両局員全員がその都度、一名の報告担当裁判官を補助している。

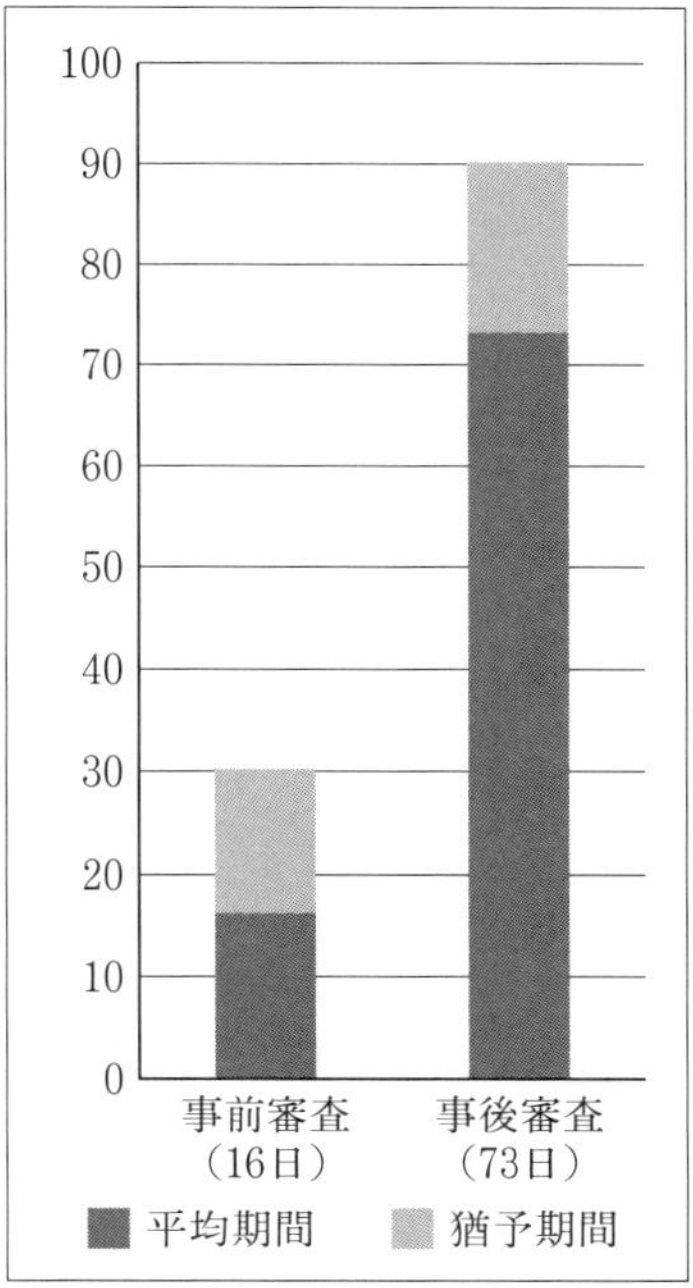

憲法院への付託から判決までの平均期間（2000年以降）（出典：Conseil constitutionnel, Bilan statistique - mise à jour du 31 décembre 2018）

短い審理期間の制約がある上に、補助機関が小規模であると捉えられるものの、事後審査であれば期日までの八割、事前審査であれば期日までの五割の時間で判断を下しており、迅速に対応しているといえよう。

審理期間についてドイツでは、特に定めはなく、連邦憲法裁判所により重要と判断されたものから順に審理に入るため、判決が下されるまでに四~五年かかるものも存在する。[25]また、韓国の憲法裁判所においては憲法裁判所法三八条により審理期間が一八〇日以内と定められているが、訓示規定と捉えられ、実効性はないようである。[26]

（二）事後審査の注目判決

①重要判例

Dalloz 社が発行し、二〇一八年版で一九版にもなる憲法重要判例集『Les grandes décisions du

Conseil constitutionnel』は、事前審査も事後審査も合わせて同じ憲法判例として扱い、項目ごとに分けて収録している。六〇件取り上げられている判例の中で、事後審査の事案は八件挙げられている。

(1)軍人年金制度判決[27]（全部違憲及び延期の効果）、(2)立法者の消極的権限判決[28]（合憲）、(3)警察留置判決[29]（部分違憲及び延期の効果）、(4)大学教員の地位判決[30]（合憲及び留保）、(5)開業貸借対照表の不可侵性判決[31]（全部違憲）、(6)アルザス・モーゼル地域の日曜営業禁止判決[32]（合憲）、(7)国籍剝奪判決[33]（合憲）、(8)緊急事態判決[34]（五二七号事件：合憲、五三五号事件：合憲、五三六号事件：部分違憲）である。

主な判決を見ていくと、まず、(1)軍人年金制度判決は、事後審査による初めての判決であり、違憲判決であったことが耳目を集めた。旧植民地の元フランス兵の遺族の軍人年金の金額が凍結されたことは平等原則違反であるとして、旧植民地の軍人年金に関する諸法律の違憲性が問われた。長年、旧植民地の旧フランス兵とフランス国籍を持つ元兵士との年金受給額に差が開いていることが問題であったが、その差は解消されないままであった。本判決で憲法院は軍人年金制度が購買力平価を基準に算定することについて同じ外国に住むフランス人と比較しても差が生じていること、及び国籍条項を置くことは人権宣言六条に基づき、法の前の平等に違反すると判断した。この効力を延期し、憲法院は判決日から約七か月以後に無効とした。

次に、(3)警察留置判決も、長年問題視されてきた警察留置制度に関してであった。弁護人との接見交通権に制限があり、また黙秘権の告知がされていない状況にあったため、一七八九年人権宣言九条の不必要に厳しい身体の拘束を抑止する規定に反すると判断した。このとき憲法院は効力を延期し、そして判決日から約十一か月後から当該法律は無効とすると述べた。

テロ対策に対する人権制約に関する憲法問題は諸外国でも議論されているが、フランスでは(7)国籍剝

奪判決及び(8)緊急事態判決において憲法院が判断した。(35)

周知のとおり、二〇一五年一月七日にシャルリー・エブド襲撃事件が起こり、同年十一月十三日にパリ同時多発テロが起きたことは、フランスに衝撃を与えることとなる。翌日の十一月十四日には緊急事態宣言が発令され、以後二〇一七年十一月一日まで六度の延長によりその状況は二年に渡ったのである。テロに対する意識が敏感な状況の中、二〇一五年一月十五日に国籍剥奪判決は下された。フランス国籍を取得した二重国籍者がテロリスト集団加入罪で有罪を受け、デクレにより国籍を剥奪されたことで取消訴訟を起こしたのである。そこで、国籍剥奪を認める民法典二五条、二五－一条が人権宣言六条の平等原則、人権宣言八条の罪刑法定主義等に反すると訴えたため、憲法院は事後審査を行い、いずれも合憲と判断した。

また、緊急事態に関する判決が三度下される。二〇一五年十二月二二日判決では、居所指定が憲法六六条に反するとの訴えに対して、憲法院は、居所指定の目的及び適用範囲は憲法六六条の個人の自由を剥奪しないとして合憲と判示した。二〇一六年二月十九日の二〇一六－五三五号QPC判決では、集会及びデモ行進を禁止することができる法律は人権宣言十一条に反するとは言えないとして合憲と判断した。同日の二〇一六－五三六号QPC判決では、部分違憲の判断が下る。憲法院は、警察に与えられたパソコンデータをコピーする権限は憲法で保障される私生活の尊重の権利に反すると述べたのである。

②婚姻の自由

憲法重要判例集には収録されていないものの、同性婚に関する問題もドイツ・アメリカ・韓国と比較し、日本へ示唆を与えられるテーマであるため、ここで検討する。(36)

フランスでは一九九九年にパックス（PaCS）を成立させても、それは一見すると同性カップルとコンキュビナージュ、つまり事実婚の権利保障のようでありながら、実際にはむしろこうしたカップル形態の否定につながっていると言われるように、フランスでは伝統と革新との間の揺らぎが常に浮かび上がる。二〇一九年四月十五日のノートルダム大聖堂の火災は心の痛む思いがしたが、そのときの様子はフランスがカトリック教国であり、カトリックの長女とまで称されていた国であることを思い出させた。カトリックを実践するため、フランスは、家族の規範に対して非常に厳しく対応していたのである。

パックスも賛成派と反対派の激しい対立ののちに成立したのであるが、同性カップルはパックスでは満足のいくものではなかった。彼らは、国家による多少なりとも保障を受けられたとしても、男女間のみに許される「特権」のように捉えられた婚姻とは大きく異なる。その顕著な例が、「子どもを持つ権利」である。男女カップルとの差異を思い知らされる同性カップルは、あくまでも男女カップルと同等の婚姻を望んだのである。

二〇〇四年に同性カップルがベーグル市長によって執り行われた結婚式について二〇〇七年三月十三日に破毀院は無効と判示[37]していたところ、二〇一〇年にはその破毀院から憲法院に対して同性婚の事後審査が付託された。憲法院は、「婚姻の自由は婚姻の要件を定めることができる憲法三四条に基づく立法者の権限を制限しない」として、同性婚禁止の民法規定は通常の家族生活を送る権利も平等原則にも反しないと結論づけた[38]。

また、憲法院は、カップルの養子縁組は夫婦に限られるとして、同性カップルに養子縁組を認めないことを合憲と判断している[39]。憲法院はいずれにしても立法裁量に委ねたのである。

そのような中、同性婚法の成立を公約に掲げたオランド大統領が二〇一二年に当選すると、立法の変化が起こった。二〇一三年五月十七日法、通称「すべての人のための婚姻」法が成立したのである。憲法院は同法の反対派からの提訴を受けて、事前審査でこの法律の合憲性を審査することとなるが、合憲と判示している(40)。

（三）フランスの市民と憲法院

最後に、市民の憲法院に対する信頼について、この内容もドイツ・アメリカ・韓国との比較を念頭に置かれた課題であるが、二〇〇八年までは提訴権者が政治家に限定されていたため、市民にとって憲法院の存在がどのようなものかを把握することは難しい。市民と憲法院の関係を捉えられるのは、フランスでは二〇一〇年の事後審査制導入以後となろう。

同性婚法を巡る状況でも明らかなように、社会的に注目を浴びる立法は事前審査で取り上げられてきたし、これからも取り上げられることは想像に難くない。

そのような中で、事後審査制がもたらした影響とは何か。「二〇一〇年〜二〇二〇年：事後審査制の十年」というタイトルで憲法院は既に、二〇一八年の段階で研究プロジェクトを発表している(41)。その中で、事後審査制の社会学的側面として、事後審査の当事者と実践の進展をテーマに掲げて、現状を分析し、検討項目を挙げている。

まず事後審査が導入された第一の目的は市民に新たな権利、すなわち「憲法が保障する権利及び自由」に関して法律に異議を唱えることができる権利を認めることであった。先に述べた通り、事後審査の数は減ることなく、憲法院は毎年数多くの審査を行っている。事後審査の憲法改正時には、訴訟を待ちわびた市民が次々と準備を始めており、それが二〇一〇年から二〇一一年にかけての件数の多さに繋がったといえよう。市民にとって、この法的手段は持続性があるという利点は明らかであった。そこで、事後審査制は憲法上保障される権利及び自由に対する市民の感覚を変えたかを検討しうる、と述べる。

次に、弁護士にとっては、新たな手続及び訴訟の実践というだけでなく、経済活動の新たな領域を解放したという。一方では、事後審査手続における弁護士の役割と訴訟戦略の検討、他方で弁護士という職業について新たな法的手段の解放による結果の分析が行える。

さらに、議会は、事後審査による憲法判例の進展によって、立法において憲法の存在を強く意識し、新たな憲法の拘束の影響を受けている。一方では事前には法律の制定及び事前審査の付託において事後審査の効果を吟味し、他方で事後には議会は憲法院による判断結果から対応が求められるために事後審査の効果を検討しなければならない、と述べている。

政府もまた、一方で法律案の準備において事後審査の結果を念頭に置かなければならない。他方で、異議を唱えられた法律の規定の合憲性を主張する点で事後審査の憲法訴訟の主要な当事者となる。そこで、行政、特に政府事務総局（Secrétariat general du Gouvernement）の進展、中でも訴訟の防御戦術、公判における趣意書や口頭弁論の準備を検討しうる、と締めくくっている。

おわりに

千葉勝美元最高裁判所裁判官が「最高裁判所創設から七〇年に及ぶ憲法判例の軌跡(42)」の中で、「司法部の立ち位置」について、「それの形成過程での議論は、そのまま公にされることはない。また、判決文の表現等も、多数意見を構成する複数の裁判官のコンセンサスによるものであるから、斬新で個性的なものとはなり難いところである。」と述べている。その点、少数意見は「個人の意見であるため個性的で明快」であるとしてその対照性が指摘されている。さらに、「憲法判例の中には、多数意見における『司法部の立ち位置』についての考え方が比較的容易に推察できるものも見られる。」として、種々の判例を読み解く。

フランスの憲法院は全員一致であり、個別意見がないことこそが憲法院の権威を形成すると考えられているが、憲法院の立ち位置についても、憲法判例が次々に積み上げられる中で容易に推察できるものから検討を重ねる必要があろう。

（1）衆議院憲法調査会「衆議院憲法調査会報告書」（二〇〇五年）四〇七～四〇九頁、参議院憲法調査会「日本国憲法に関する調査報告書」（二〇〇五年）一八四～一八九頁。

（2）朝日新聞「（憲法を考える）再び創設論『憲法裁判所』とは――具体的な事件と関係なく、法律の違憲合憲を判断」二〇一八年六月二六日付。

（3）君塚正臣「日本における憲法院的機関の憲法上の可能性――内閣法制局・再考――『司法権・憲法訴訟論』補遺（1）」横浜法学二六巻三号（二〇一八年）一五～一六頁。

（4）Conseil constitutionnel〈https://www.conseil-constitutionnel.fr/les-membres-depuis-1959〉, 司法制度改革推進本部・法曹制度検討会（第一一回）「諸外国等における最高裁判所裁判官任命手続等一覧表」〈https://www.kantei.go.jp/jp/singi/sihou/kentoukai/seido/dai11/11siryou2.pdf〉

（5）Bundesverfassungsgericht〈https://www.bundesverfassungsgericht.de/DE/Richter/richter_node.html〉

（6）Supreme Court of the United States〈https://www.supremecourt.gov/about/justices.aspx〉, 以前にも増して注目されるギンズバーグ（R. B. Ginsburg）裁判官は自身の在職中に女性裁判官が四名になることを望むと発言している姿が、二〇一九年に日本でも上映されたドキュメンタリー映画「ＲＢＧ」の中で映されていた。

（7）Constitutional Court of Korea〈http://english.ccourt.go.kr/cckhome/eng/introduction/organization/justices.do〉

（8）朝日新聞二〇一五年一二月一七日付。市民生活に関わる民法の二規定が最高裁判所で判断されるということで、特に同紙では全一五名の裁判官の顔写真及び経歴を掲載の上で各裁判官の意見を示していた。

（9）拙稿「フランス憲法院の事後審査に関する憲法六一条の一の創設——二〇〇八年憲法改正による市民への提訴権拡大の動向」同志社法学六二巻三号（二〇一〇年）二一二〜二一四頁。

（10）D. Rousseau, La question préjudicielle de constitutionnalité: un big bang juridictionnel?, *R.D.P.*, n°3, 2009, pp.635-636.

（11）C.C., Décision n°74-54 DC du 15 janvier 1975.

（12）C.Cass. ch. mixte, 24 mai 1975, aff. sté. Jacques Vabre, bull. civ. C. M., nâ6; D.1975.497, C.E. ass., 20 octbre 1989, Nicolo, D. 1990. 135.

（13）ベルトラン・マチュー（植野妙実子・兼頭ゆみ子訳）『フランスの事後的違憲審査制』（日本評論社、二〇一五年）二頁。

（14）C.C., *supra note*（11）, C.E., 6 ss 22 septembre 1997, n°155883.

（15）今回の学会報告の課題として、畑尻剛教授が共通項として提示された問題の一つである。近い内容について次の拙稿で検討していた。拙稿・前掲注（9）二二〇〜二二三頁。

（16）憲法院に関する組織法律を定める一九五八年一一月七日オルドナンス第五八‐一〇六七号に規定されている。

（17）憲法院の判決データに関しては、ホームページに挙げられている。特に、図表の出典は全て次を翻訳したものである。Conseil constitutionnel, Bilan statistique - mise à jour du 31 décembre 2018 〈https://www.conseil-constitutionnel.fr/bilan-statistique〉

（18）コンセイユ・デタ及び破毀院からの付託件数を合わせた場合に、前述の①判決の件数で示した数と異なる点については、今後の研究課題としたい。一つ言えることは、複数の事案の憲法問題が同じ場合には併合して一つの判決が下されていることがある。

（19）Cour de cassation 〈https://www.courdecassation.fr/publications_26/rapport_annuel_36/〉

（20）破毀院から憲法院への民事事件及び刑事事件の移送件数を合わせると、図の中で示した付託件数と異なる点も、今後の研究課題としたい。破毀院の発表件数と憲法院の発表件数に違いが出ている。

(21) 井上武史「第七章ＱＰＣ判決の展開　4主要なＱＰＣ判決の概観」フランス憲法判例研究会編『フランスの憲法判例Ⅱ』（信山社、二〇一三年）三〇九～三一〇頁。

(22) 辻信幸「合憲限定解釈」フランス憲法判例研究会編『フランスの憲法判例Ⅱ』（信山社、二〇一三年）二九四頁。

(23) 日本の最高裁判所においては、司法制度改革の際に裁判の迅速化が進められ、平成一五年には「裁判の迅速化に関する法律」が制定されている。同法により、検証結果の公表が二年おきに行われることとなった。最新版として「第八回裁判の迅速化に係る検証に関する報告書」が発表されている。民事、行政、刑事の事件に分けて検証されており、フランスとの比較はできないが、ここで最新の平成三〇年のデータを示すと、上告受理事件の平均審理期間は、民事事件では二・七か月、行政事件では三・五か月、刑事事件では二・九か月であった。裁判所（令和元年七月十九日公表）〈http://www.courts.go.jp/vcms_lf/hokoku_08_05jouso.pdf〉

(24) 詳細は次の文献を参照。山元一「フランス憲法院における補佐機構」北大法学論集六六巻二号（二〇一五年）二四三～二四五頁、曽我部真裕「憲法院による違憲審査の機能条件について」曽我部真裕・田近肇編『憲法裁判所の比較研究――フランス・イタリア・スペイン・ベルギーの憲法裁判』（信山社、二〇一六年）一二一～一二三頁。

(25) 憲法裁判所法の条文和訳は次の文献を参照。在日コリアン弁護士協会編著『韓国憲法裁判所――社会を変えた違憲判決・憲法不合致判決（重要判例四四）』（日本加除出版、二〇一〇年）二五七頁以下。

(26) 畑尻剛・工藤達朗編『ドイツの憲法裁判――連邦憲法裁判所の組織・手続・権限〔第二版〕』（中央大学出版部、二〇一三年）三九三頁。

(27) C.C., Décision n°2010-1 QPC du 28 mai 2010.

(28) C.C., Décision n°2010-5 QPC du 18 juin 2010.

(29) C.C., Décision n°2010-14/22 QPC du 30 juillet 2010.

(30) C.C., Décision n°2010-20/21 QPC du 6 août 2010.

(31) C.C., Décision n°2010-78 QPC du 10 décembre 2010.

（32）C.C., Décision n°2011-157 QPC du 5 août 2011.

（33）C.C., Décision n°2014-439 QPC du 23 janvier 2014.

（34）C.C., Décision n°2015-527 QPC du 22 décembre 2015, C.C., Décision n°2016-535 du 19 février 2016, C.C., Décision n°2016-356 du 19 février 2016.

（35）テロ対策法制に関する憲法問題については、次の文献を主に参照。大沢秀介ほか編著『変容するテロリズムと法——各国における〈自由と安全〉法制の動向』（弘文堂、二〇一七年）。特に、フランスに関しては、同書の次の文献を参照。新井誠「フランスにおけるテロ対策法制とその変容」九三頁以下、堀口悟郎「テロ行為を理由とする国籍剝奪」一一一頁以下。そのほか、奥村公輔「フランスにおけるテロ対策と緊急事態『法』の現況」論究ジュリスト二二号（二〇一七年）四一頁以下。

（36）同性婚の問題については、次の文献を主に参照。齊藤笑美子「婚姻・家族とフランス憲法——解釈論への示唆」憲法理論研究会編『岐路に立つ立憲主義』（敬文堂、二〇一八年）一七頁以下、北原零未「フランスにおける同性婚法の成立と保守的家族主義への回帰」中央大学経済研究所年報四五号（二〇一四年）一三頁以下、佐藤雄一郎「同性婚の禁止の憲法適合性」フランス憲法判例研究会編『フランスの憲法判例Ⅱ』（信山社、二〇一三年）三八六頁以下。

（37）C. Cass., 1re civ., 13 mars 2007, n°05-16. 627.

（38）C.C., Décision n°2010-92 du 28 janvier 2011.

（39）C.C., Décision n°2010-39 du 6 octobre 2010.

（40）C.C., Décision n°2013-669 DC du 17 mai 2013.

（41）事後審査制導入十年を迎える二〇二〇年に向けて、憲法院はこの十年間の事後審査に関する研究分析を進めており、既に市民、弁護士、裁判所、議会及び政府に与えた影響に関する文章を発表している。Conseil constitutionnel〈https://www.conseil-constitutionnel.fr/la-qpc/qpc-2020-0〉

（42）千葉勝美「最高裁判所創設から七〇年に及ぶ憲法判例の軌跡」法の支配一八六号（二〇一七年）二頁以下。

民主化三〇年と韓国の憲法裁判

水島玲央
（名古屋経済大学）

はじめに

隣国である韓国は、一九八七年に民主化し、その翌年に憲法裁判所が設立された。そのため、民主化以降の歴史はまだ三〇年ほどと短い。

だが韓国の憲法裁判所は、民主化以降の韓国においてさまざまな判断を積極的に行ってきた。近年では朴槿恵大統領に対する弾劾罷免決定などが日本でも記憶に新しいだろう。ところが日本における韓国の司法に対する報道をみると、韓国の司法は世論に迎合しやすいといった声がみられており(1)、否定的な意見へと収斂されてしまう傾向があるようにみえる。では韓国の司法がそのような構造になっているのは、いったい何故なのだろうか。

そこで本稿では、民主化以降に設立された韓国の憲法裁判所に焦点を当て、韓国の憲法裁判所がどのような判断を下してきたか簡単に紹介するとともに、韓国の憲法裁判所が抱える問題点についてみていきたい。なお近年では韓国の大法院による徴用工に対する判決が注目されたが、「憲法裁判の現在」というテーマ上、本稿では大法院の事例については扱わない。

一　韓国の憲法裁判所の権限

大韓民国は一九四八年に建国されたが、長らく権威主義体制が続いた。そのため、民主化以前の韓国では法律の違憲審査も不十分だっただけでなく、制度も頻繁に変更されてきた。李承晩政権の第一共和国（共和政）時代の憲法委員会と、朴正熙政権の第三共和国時代の大法院（最高裁）でわずかな判例があるのみとなっている。特に第三共和国時代に違憲審査を担っていた大法院が国家賠償法や法院組織法に対して違憲判決を下したことで政府を刺激し、その後権限縮小へとつながり、(2) 第四および第五共和国時代の憲法委員会では違憲審査がまったく機能しなくなった。民主化以降に現在の憲法裁判所が設立されたことで、違憲審査が活発に行われるようになった。

韓国の憲法裁判所は五つの権限を有しており、第一に法律の違憲審査、第二に弾劾審判、第三に政党解散審判、第四に権限争議審判、第五に憲法訴願が挙げられる（憲法第一一一条第一項）。また憲法裁判所の決定様式は、(3) 合憲決定と違憲決定以外に、限定合憲決定、限定違憲決定、憲法不合致決定といった変形決定がみられる。

憲法裁判所というとドイツの制度が思い浮かぶが、韓国とドイツでは以下の点において違いがみられる。(4) 第一にドイツの憲法裁判所では抽象的規範統制を行えるのに対して、韓国の憲法裁判所では認められていないという点である。第二にドイツの憲法裁判所は法院（裁判所）の判決に対しても憲法訴願を行うことができるのに対して、韓国では憲法訴願の審判対象から法院の判決については除外されているという点である（憲法裁判所法第六八条第一項）。第三に韓国では法院が憲法裁判所に違憲法律審判を提請（ドイツでいう「移送」）しなかった場合に、原告自ら憲法裁判所に「違憲審査型」憲法訴願なる制度を利用して憲法訴願を行えるという点である（憲法裁判所法第六八条第二項）。

またこれ以外にも、ドイツの憲法裁判所の判決はすべての裁判所や官庁など他の機関を拘束する（ドイツ連邦憲法裁判所法第三一条第一項）のに対して、韓国の憲法裁判所は違憲決定のみ、法院その他国家機関および地方自治団体を羈束（拘束）するとしている点も異なっている（憲法裁判所法第四七条第一項）。そのため、憲法裁判所が下した変形決定とりわけ限定違憲決定の効力をめぐり、しばしば憲法裁判所と大法院の間で権限争いがみられている。そこで憲法裁判所は、違憲と解釈された法律を法院が適用した判決に対しては、例外的に憲法訴願を認めるという決定を下している(5)。

二　二〇〇〇年代以降の主要な憲法判例

民主化から一九九〇年代の憲法裁判所の事例をみると、それまでの権威主義体制時代の残滓のような人権に制限的な法律の清算といったものが多かった。例えば、同じ姓で本貫（祖先のルーツ）も同じ者（同姓同本）同士の婚姻を認めなかった民法第八〇九条第一項に対する憲法不合致決定(6)や、教師の新規採用において国公立大学の師範大学（日本でいう教育学部）卒業生を優先採用するとした教育公務員法第一一条第一項に対する違憲決定(7)、低俗な刊行物を刊行した出版社の出版社登録を取り消すことができた「出版社及び印刷所の登録に関する法律」第五条の二第五号に対する違憲決定(8)などが挙げられる。

だが二〇〇〇年代以降になると、憲法裁判所は、政治的な問題や国民の間でも意見の分かれる問題に対して判断を強いられることが多くなっている。以下では、二〇〇〇年代以降の主要な判例を簡潔に紹介していきたい。

（一）大統領弾劾事件(9)

韓国の国会は、これまでに二回、二〇〇四年三月に盧武鉉に対して、二〇一六年一二月に朴槿恵に対して弾劾訴追を行った。憲法裁判所はこれを受け、弾劾の可否の判断を下した。

盧武鉉大統領に対する弾劾審判事件の争点は、特定の政党を支持する発言をして公職選挙法違反を行うなどの国政秩序紊乱、側近の収賄などの権力型不正腐敗、経済の悪化などの国政破綻の三点が主な争点となった(10)。だが憲法裁判所は、盧武鉉大統領の選挙での中立義務等に対する違反を認めたものの、罷免とするほど重大ではないとして、弾劾については棄却した。

一方、朴槿恵大統領についてみると、友人の崔順實氏の国政関与に伴う国民主権主義の違反、大統領としての権限濫用、収賄などの刑事法違反、セウォル号事件における国民の生命権の保護義務違反、言論の自由の侵害といった主に五点が争点とされた(11)。憲法裁判所はこのうち、崔氏の国政介入において崔氏の利益のために権限濫用があったとして、裁判官全員一致で認容決定（罷免）を下している。

（二）行政首都移転違憲決定(12)

盧武鉉大統領は、大統領選挙の公約においてソウルへの一極集中を是正するために行政首都移転を掲げた。そこで就任後に「新行政首都の建設のための特別措置法」が制定されたが、ソウル特別市の公務員や市議会議員、住民たちが憲法訴願を提起した。憲法裁判所は、ソウルが首都であることは憲法上の明文規定はないが伝統的な慣習憲法であるとして、首都を移転させるには憲法改正を経なければならず、国民の国民投票権を侵害したとして違憲であると判断した。

（三）親日財産還収法合憲決定(13)

盧武鉉政権時代に制定された「親日反民族行為者財産の国家帰属に関する特別法」（親日財産還収

法）により財産を没収された親日派の子孫が、当該法律が法の遡及効の禁止や財産権を侵害すると主張して争われた事例である。憲法裁判所は、当該事件における財産権侵害の有無について、そもそも大韓民国憲法前文では、日本の帝国主義に抵抗した三・一独立運動の精神を継承するとしているため、植民地時代の親日行為によって得た財産の没収については予測が可能であるとして法の遡及効の禁止には抵触せず、また財産権の侵害にもならないと判断した。

（四）慰安婦問題に対する行政不作為(14)

日本による植民地時代における不法行為に対する損害賠償請求権は、一九六五年の日韓請求権協定によって消滅したと日本側は主張しているのに対して、韓国は慰安婦問題については日本に法的責任があるという立場を採っている。本件は韓国政府がそのための措置を取らなかった不作為に対して憲法訴願を提起した事例である。憲法裁判所は、日韓請求協定第三条が解釈上の紛争がある場合は外交上の経路を通じて解決するものとしているにも関わらず、韓国政府がそうした努力をしなかったため、国民の保護義務と当該国民の幸福追求権を侵害したとして違憲決定を下した。

（五）統合進歩党解散審判(15)

二〇一四年には、初めての違憲政党解散をめぐる判断が行われた。韓国憲法第八条第四項では、民主的基本秩序に違背する政党については、政府は憲法裁判所に解散を提訴することができるとしている。そこで政府は、統合進歩党の綱領や当該政党所属の国家議員の活動が民主的基本秩序に違背するとして、当該政党の解散と所属議員の資格喪失を求めて訴えを提起した。憲法裁判所は、当該政党の主導勢力の目標が北朝鮮式の社会主義の実現にあるとして認容決定（解散）を下している。

（六）兵役法憲法不合致決定[16]

韓国憲法第三九条では国民に国防の義務を課している。また兵役法第三条一項では、韓国国民である男性は兵役の義務を課している。さらには同法第八八条第一項では、召集通知書を受けてから一定期間内に「正当な事由なく」入営を拒否した者は三年以下の懲役に処すると規定していた。そのため、宗教上の教義を理由に入隊を拒否する、いわゆる良心的兵役拒否者に対しては、当該事由が「正当な事由」に該当するかどうかが長らく議論されてきた。

憲法裁判所は二〇〇四年と二〇一一年には良心的兵役拒否を認めなかったが、その後も良心的兵役拒否を理由に逮捕された者が続出したことと、近年では下級審で無罪判決が出てきていたため、憲法裁判所の動向が注目された。[17][18]

憲法裁判所は二〇一八年六月、正当な理由なく一定期間内に入隊しない者を処罰する兵役法第八八条第一項については依然として合憲としたものの、軍事訓練を伴わない代替服務を備えていない兵役法第五条第一項について、憲法不合致決定を下した。なお大法院は同年一一月に、良心的兵役拒否を理由に逮捕された者について破棄差戻しを行っている。[19]

（七）堕胎罪憲法不合致決定[20]

韓国では刑法二六九条および二七〇条において、堕胎が禁止されている。だが政府が二〇一〇年に行った調査によれば、妊娠中絶の件数は年間一六万九〇〇〇件に達するものと推定されており、そのうち合法的に堕胎の手術を行えたのは六％にすぎなかったとされている。こうしたなか、二〇一七年九月三〇日に始まった堕胎罪廃止を求める国民の請願が二〇万件を超えたのを受け、青瓦台の曺國民情首席秘書官（当時）は妊娠中絶の実態調査を八年ぶりに再開することを約束し、それをもとに議論をすすめて[21]

いくことを明らかにした[22]。憲法裁判所では二〇一九年四月に、堕胎を行って起訴された医師による憲法訴願審判において、堕胎罪について憲法不合致決定を下した[23]。

三　韓国の憲法裁判所における立憲主義と民主主義

以上の事例のように、二〇〇〇年代以降になると、韓国の憲法裁判所は政治的な問題や国民の間で意見の分かれる問題についても積極的に判断を行ってきた。だがこのように、国民が選出したわけではない憲法裁判所裁判官が、国民から選出された政治部門の問題について判断を下すことは、国家の統治のあり方を憲法に基づいて行う「立憲主義」と、国民の意思決定に基づく「民主主義」という、二つの概念が大きく衝突しうる場面でもある[24]。

國分典子の二〇〇〇年の研究によれば、韓国では一九八七年の民主化により、立憲主義と民主主義が同時に成立したため、立憲主義は民主主義を支えるものと認識され、両者の相克の問題はさほど議論されなかったのではないかと指摘している[25]。

だがその後、二〇〇〇年代以降になると、韓国では政治的な問題が憲法裁判所に多く持ち込まれるようになっている。二〇〇〇年代以降の韓国の学界ではこうした問題についてどのように考えているのだろうか。金鍾鐵は、盧武鉉政権時代の大統領弾劾事件や行政首都違憲決定といった政治の司法化現象を振り返り、「政治の司法化の肯定的な側面は立憲主義、つまり憲法による支配を強化することである[26]」としており、司法府が政治的な事案について判断することが、立憲主義の強化につながるとしている。

金鍾鐵は、立憲主義について「支配者の恣意的支配を否定して共同体の基本価値を具現する憲法に立脚した支配を実現する（…）『政治過程の憲法化』を追求する政治理念[27]」であるとする。そしてそれを具現するために司法的統制を通じて政治的権力を抑えることが法治主義もしくは法の支配であるとする。(28)また民主的正当性が脆弱な司法府が違憲審査制を行うことは、民主的な政治過程の矮小化につながると指摘しており(29)、法治主義と民主主義が緊張関係にありうることを指摘する。換言すると、立憲主義を支える両輪として法治主義と民主主義を位置付けているようにみえる。

ところが、金鍾鐵は大統領の弾劾のように国会と大統領という、本来は民主的正当性を有するはずの政治部門がそれぞれ対立する状況も見られる点を指摘し、単に法治主義と民主主義の緊張という単純化した議論を否定し、民主主義をどう捉え直すか提言する。(30)そして韓国憲法は自由民主主義を基本秩序としており、憲法裁判所はその実現手段として採択されたものであるとして、政治の司法化は民主主義の実現のための一断面であるとするなど(31)、法治主義と民主主義の緊張関係についてはあまり問題視していないようにみえる。

朴恩正は、立憲主義について「立法でも過誤があるように憲法裁判でも同様のことがありうる。このときは当然に民主的統制を受けなければならず、そのために問題点は公論化されなければならない。これが立憲主義である(32)」と説明する。そして「憲法裁判の結果は民主的要請を反映したものでなければならない(33)」とし、やはり金鍾鐵のように立憲主義は民主主義をも包括したものと認識している。

金善擇は、憲法の意味を究明・具現化する独占的・最終的な地位を司法府に認めることは受け入れがたいとして「法院中心的な（…）司法的立憲主義ではなく、国民を中心とする（そして可能な限り国民の代表である国会を優先させる）立憲主義の道を堅持しなければならない(34)」とする。ただし韓国の憲法裁判所自身もそうした独占的地位を主張してはおらず、司法の民主的正当性を担保するための手段として、憲法不合致決定を通じて国会との対話を図っているとする。(35)

二〇〇〇年代以降の韓国の研究では、政治の司法化現象により、法治主義と民主主義の緊張関係という視点が登場するようになっている。上記の研究者の間では憲法裁判所のあり方について見解の相違もみられるが、共通している点として、立憲主義を支えるものとして法治主義と民主主義を捉えており、立憲主義と民主主義は不可分のものと考えられていることが挙げられる。また韓国の学説をみると、司法府が自らの良心に基づいて独立して判断を行うことよりも、司法が民主主義にいかに寄与すべきかを重視している点についても共通しているようにみえる。

こうした考え方は、韓国の憲法裁判所でも同じようであり、例えば憲法裁判所のＨＰにおける所長の劉南碩による挨拶文の見出しの部分では、次のような一文がみられる。

「憲法裁判所は創立以来、今まで国民の皆さんと共に我々の社会に自由、平等、民主主義と法治主義が実現するよう努力してきました。憲法裁判所は国民の皆さんの願いを汲み取る正しい憲法裁判をすることで今後も愛と信頼を得る国民の裁判所になる所存です。[36]」（傍点は筆者。）

ここでは、民主主義が法治主義よりも前に来ているのと、「国民の皆さんの願いを汲み取る正しい憲法裁判」を目指すとしていることから、やはり民主主義を重んじていることがうかがえる。[37]

では韓国ではなぜこのように政治的な問題について司法が積極的に判断を行い、さらには「民主」が重んじられるのだろうか。こうした疑問については、まだ仮説の域を出ないものの、次のようなことが考えられるであろう。第一の理由として、そもそも憲法裁判所が採用された背景として、韓国では権威主義体制への反省から、憲法裁判所の導入過程で、政治問題についても踏み込ませることを想定していたことが挙げられる。[38]当初は与野党とも、大法院に法律の違憲審査を担わせようとしたが、与党は弾劾審判や政党解散などの政治的な事案については大法院の管轄とすることに反対したのに対し、野党は後に憲法訴願があるドイツの制度に注目するなどの議論を経て、憲法裁判所が採用されたという。[39]つまり政治的な事案についても積極的に判断を行えるよう憲法裁判所が導入されたのであり、そうした事案について判断を行うことが民主主義にも貢献すると考えられているのではないだろうか。

第二に、二〇〇〇年代以降には民主化が定着し、社会が多様化したことが考えられる。[40]民主化から一九九〇年代にかけては、憲法裁判所はもっぱら、それまでの権威主義体制時代に制定された人権に制約的な法律の違憲審査を行ってきた。だが二〇〇〇年代になり、二〇〇三年にはリベラル政権であった金大中から同じくリベラル路線の盧武鉉へと政権が交代したことは、それまでの「権威主義vs民主主義」といった構図から脱却し、民主主義のなかでも保守やリベラルといったさまざまな勢力が成熟してきたことを意味するようになった。こうしたなかで憲法裁判所は、政治問題を解決するための場に利用されたため、そうした難題を解決するにあたり国民が何を望んでいるのか、「民意」を手探りにしようとしたことが考えられる。

第三に、制度的な問題点として、韓国では裁判官の任期が非常に短いことが挙げられる。[41]現在、韓国の憲法裁判所裁判官の任期は六年となっている（憲法第一一二条第一項）。連任することが可能となっているが、これまでの歴代憲法裁判所裁判官のなかで、実際に連任したのは二名しかいない。[42]これは、任期がない日本やアメリカの最高裁判所裁判官はもちろん、任期が一二年のドイツの連邦憲法裁判所裁判官と比べても極めて短い。こうした任期の短い状況では、身分が安定的とはいえないため、自身の良心に従って自由に判断を下すことが制度的に困難であることが考えられる。実際に、親日財産還収法事件で一部限定違憲とする意見や、慰安婦問題に対する行政不作為事件で反対意見を述べた李東洽裁判官は、のちに憲法裁判所長候補になった際に、それらの事件での意見が波紋を呼び、その後別件を理由に辞退に追い込まれている(43)。

おわりに

韓国では民主化以降、憲法裁判所が積極的な判断を行い、民主主義に貢献してきた。だがこうした憲法裁判所の姿勢は、まかり間違えると「民意」を意識するあまり「ポピュリズム」に陥り、本来憲法裁判所が守護しなくてはならない立憲主義（韓国でいう法治主義）がなおざりになるおそれもある(44)。

例えば、憲法裁判所は、設立から三〇周年を記念して、これまでに下した決定のなかで、国民が選ぶベスト三〇の判例を一万五七五四名の国民に調査したところ、三八四八名が慰安婦問題に対する行政不作為事件を挙げ一位になっている(45)。こうした日韓関係のように複雑な事例については、裁判官が司法の独立のもと自由に判断を行うことが困難であることが考えられる。

また二〇〇〇年代以降は、国民の価値観も多様化してきたため、何が「民意」かを汲み取るのは、決して容易なことではない。多数決民主主義のもと構成された政治部門の立法を是正するのが司法の本来の役割であるとしたら、司法までもが「民主主義」を重んじてしまうと、少数意見が保護されなくなる危険性をはらむ。

韓国の憲法裁判所は、民主化以降大きな役割を果たしてきたことは間違いないが、憲法裁判所本来の役割として立憲主義（もしくは法治主義）と民主主義のどちらをより守護すべきなのか、国民に選出されない憲法裁判所裁判官が「国民の願い」の下に、判断を行うことが果たして構造的に妥当なことなの

かどうか、あらためて考えてみる必要があるだろう。(46)

(1) 出石直『日韓関係に影を落とす 韓国司法』(キャッチ!ワールドアイ)」NHK、二〇一七年二月二三日、http://www.nhk.or.jp/kaisetsu-blog/900/263684.html (二〇一九.六.一.アクセス)
(2) 尹榮美,"정치의 사법화와 헌법재판소의 역할—주요 사건에 대한 분석을 중심으로—",憲法論叢,第二九緝(二〇一八),三六三면 참조.
(3) 韓国では通常の法院の判断を「判決(판결)」、憲法裁判所の判断を「決定(결정)」と区別して呼んでいる。
(4) 韓国とドイツの違いについては、拙稿「憲法適合的解釈についての比較法的考察:韓国」比較法研究、第七八号(二〇一六)、八九-九〇頁参照。
(5) 헌재 一九九七.一二.二四. -九六헌마一七二
(6) 헌재 一九九七.七.一六. -九五헌가六등
(7) 一九九〇.一〇.八. -八九헌마九
(8) 一九九八.四.三〇. -九五헌가一六
(9) 二〇〇四.五.一四. -二〇〇四헌나一;헌재二〇一七.三.一〇. -二〇一六헌나一
(10) 金鍾鐵「韓国の大統領弾劾制度—盧武鉉大統領弾劾審判事件を中心に—」立命館法学、二九七号(二〇〇四)一九一-一九七頁参照。
(11) 「朴大統領の弾劾審判始まる 争点を五つに整理」KBS World Radio, 二〇一六年一二月二三日、http://world.kbs.co.kr/service/news_view.htm?lang=j&Seq_Code=61908 (二〇一九.六.六.アクセス)
(12) 헌재二〇〇四.一〇.二一. -二〇〇四헌마五五四
(13) 헌재二〇一一.三.三一. -二〇〇八헌바一四一
(14) 헌재二〇一一.八.三〇. -二〇〇六헌마七八八

(15) 헌재二〇一四．一二．一九．-二〇一三헌다一

(16) 헌재二〇一八．六．二八．-二〇一一헌바三七九등

(17) 헌재二〇〇四．八．二六．-二〇〇二헌가一

(18) 헌재二〇一一．八．三〇．-二〇〇八헌가二二등

(19) 대법원二〇一八．一一．一．-선고二〇一六도一〇九一二

(20) 헌재二〇一九．四．一一．-二〇一七헌바一二七

(21) "조국，낙태죄에 '국가・남성 책임은 빠져…임신중절 실태조사'"，한겨레，二〇一七년 一一월 二六일，http://www.hani.co.kr/arti/politics/bluehouse/820714.html（검색일：二〇一九．五．八．）

(22) 한겨레，위의 기사．

(23) 헌재二〇一九．四．一一．-二〇一七헌바一二七

(24) 水島朝穂ＨＰ「直言」二〇一七年三月一三日に寄稿した拙稿「韓国憲法裁判所による大統領弾劾審判—立憲主義と民主主義の相剋—」，http://www.asaho.com/jpn/bkno/2017/0313.html 参照。（二〇一九．五．二．アクセス）このテーマの先駆的な研究として阪口正二郎『立憲主義と民主主義』（日本評論社・二〇〇一）一八頁参照。

(25) 國分典子「韓国憲法における民主主義と立憲主義」憲法問題、第一一号（二〇〇〇）九〇-九一頁。

(26) 金鍾鐵，"'정치의 사법화' 의 의의와 한계—노무현정부전반기의 상황을 중심으로—" 公法硏究，第三三輯，第三號（二〇〇五），二三五면．

(27) 金鍾鐵，위의 글，같은 면．

(28) 金鍾鐵，위의 글，二三六면．

(29) 金鍾鐵，위의 글，二三七면．

(30) 金鍾鐵，위의 글，二四二-二四三면．

(31) 金鍾鐵，위의 글，二四三면．

(32) 朴恩正，"'정치의 사법화（司法化）' 와 민주주의"，서울대학교 法學，제五一권，제一호（二〇一〇），一七면．

(33) 朴恩正, 위의 글, 같은 면.
(34) 김선택, "헌법적 대회에 있어서 헌법재판소의 역할", 公法研究, 第四一輯, 第五號 (二〇一三), 五四면.
(35) 김선택, 위의 글, 五二 - 五四면.
(36) "인사말", 헌법재판소, https://www.ccourt.go.kr/cckhome/kor/ccourt/greeting/greeting.do (검색일 : 二〇一九. 三. 一三.)
(37) 國分典子は以前の所長だった朴漢澈の挨拶文から、韓国の憲法裁判所のこうした傾向を指摘する。(國分典子「韓国における「広義」の憲法改正と憲法裁判所の機能」駒村圭吾・待鳥聡史編『「憲法改正」の比較政治学』(弘文堂・二〇一六) 四〇三 - 四〇四頁参照。)
(38) 韓国憲法裁判所編 (徐元宇翻訳代表)『韓国憲法裁判所一〇年史』(信山社・二〇〇〇) 七〇 - 七一頁。最新版としては헌법재판소,「헌법재판소 三〇년사」, 서울 : 헌법재판소 (二〇一八) 一三七 - 一四〇면もあるが、憲法裁判所の導入過程の議論は前者が詳しい。
(39) 韓国憲法裁判所編、同上。
(40) 二〇〇〇年代以降の社会の変化に言及したものとして、朴恩正, 앞의 글, 一〇 - 一二면 참조.
(41) 韓国の憲法裁判所裁判官の任期について言及したものとして、김선택, 앞의 글, 三七면 참조.
(42) 헌법재판소, 앞의 책, 八三〇 - 八三四면.
(43) "청와대 '이동흡 사퇴' 결정 왜", 경향신문, 二〇一三년 一월 二六일, http://news.khan.co.kr/kh_news/khan_art_view.html?art_id=201301260540035 (검색일 : 二〇一九. 七. 三〇.)
(44) 拙稿、前掲注二四。
(45) "국민이 뽑은 헌재결정 二위는 대통령 탄핵, 一위는? —헌법재판소 창립 三〇주년 맞아 '주요결정 三〇선' 선정", 헌법재판소 보도자료, 二〇一八년 八월 二七일.
(46) 拙稿、前掲注二四。

第二部　人権論の可能性

「価値決定」としての学問の自由

栗島智明
（埼玉大学）

一　わが国における「大学」の現状と学問の自由・大学の自治

筆者の研究の問題意識は、大学・学術環境が急速に変化するなかで学問の自由がいかにして守られるか、ということにある。変化の具体例としては、業績評価・競争的資金の増大、任期付きポストの増加、大学運営のトップダウン化（ないし企業的経営手法の導入）、大学教育（とりわけその成果）に対する社会的関心の高まり、グローバルな大学間競争の激化、産学連携の強化などが挙げられよう。また、大学の「大衆化」がますます進んでいることも指摘される。教育学者の田中毎実は、ユニバーサル段階に達した高等教育はもはやエリート養成機関ではなく「高等普通教育」機関であり、そんななかで「研究中心大学」はもはや少数の例外にとどまり、「経営中心大学」や「教育中心大学」と呼ぶべき機関が多数派になっている、と述べる。(1) このような大学の「現状」を大学人の多くは苦々しく見ているところであろうが、学問の自由や大学の自治を考察の対象とする憲法学は、現実の大学のあり方に無関心であることは許されない。

ここで挙げた問題群は、憲法学において、その重要性にもかかわらず、あまり議論の対象となっていない印象を受ける。たしかに、日本では裁判上、右のような大学改革の問題が直接、憲法問題として争われた事案は存在しないため、いまだ問題究明のきっかけに乏しいかもしれない。しかし、立法論・政策論でも学問の自由は参照されるため、その保障内容をできる限りはっきりとさせておくことが、憲法学に求められているというべきである。そうでなければ、大学改革はすべて時の政権、立法者の思うままに左右される結果となろう。

二　議論の再構築の必要性

現代のわが国において憲法二三条が保障するものは何か、という問いに答えようとする場合、国家による介入に主に焦点を当ててきた学問の自由論は、そのままでは役に立たないと考えられる。例えば、芦部信喜はその代表的な教科書で次のように述べる。「学問の自由の中心は、真理の発見・探究を目的とする研究の自由である。それは、内面的精神活動の自由であり、思想の自由の一部を構成する」(2)。この文章は、戦時中の滝川事件や天皇機関説事件といった、国家による直接的な学問の自由侵害の事案を想定して書かれたものと思われる。しかし、学問の自由の中心である研究の自由を「思想の自由の一部」として解する場合、学問の自由の意義が十分に把えられない可能性がある。山本隆司が指摘する通り、「現代の日本において現実には、……あからさまで単純な侵害が行われることはあまり考えられない」のではないか(3)。その意味で、問題の所在が変わっていることを十分に意識したうえで議論の再構築をする必要があるように思われる。

さらに、同じく教科書で触れられる「大学の自治」のコンセプトもまた、こんにちの大学改革に対する歯止めとしての機能はあまり強く期待することができないと思われる。とりわけ、現在進行中の改革には「大学の自主性・自律性」をむしろ尊重するという側面があり[4]（参照、新教基法七条二項）、国は〈金を出さない代わりに口も出さない〉という姿勢に変わりつつあるためである（ただし、金を出す場合には口も出す！）。この点、蟻川恒正は、国立大学法人法制定のもととなった審議会の「最終報告」を読み解くなかで、「大学の自治」の語が回避される代わりに「大学の自主性・自律性」という言葉が頻繁に用いられており、そこには「大学運営に関する基本原理の転換」、すなわち「『教員団による運営』から『管理者による運営』への転換」がみられる、と指摘した[5]。そして、これを引用しつつ松田浩は、「国の設置者としての財政負担義務を回避し、中期目標・中期計画システムを通じて文部科学省の統制を強化する法人法の内実は、実質的な『自主性・自律性』の拡大に繋がるであろうか」という正当な疑問を投げかけ、さらに、法人組織における「教授会」の明確な位置づけがなされなかったことを問題視する[6]。二〇一四年の学教法改正もあり[7]、近時の憲法学では大学の自治論の少なからぬ「動揺」がみられるが、議論の蓄積は十分とはいいがたく、いまだ意見の一致はみられない。

三　「ドイツ型」帝国大学の〈制度体＝特権説〉

近時では、石川健治により、「ドイツ型」帝国大学という制度体（Institution）ないしその教員の特権的な地位（Status）こそが憲法二三条で保障されている、との主張がなされている[8]。石川は、近代立憲主義国家の普遍概念を追求し、さらに戦後は強い平等主義的傾向を示したわが国の憲法学が、新たに規定された「学問の自由」を市民的自由の一つとして理解し、平準化してしまった——それにより、「ドイツ型大学」の有する精神史的意義を基礎とした Institution/Statusの議論が二三条論から抜け落ちた――ことを批判する。憲法改正なくして改変しえない〈制度体〉の核心を確定しようとする重要な試みであるが、そこにはいくつかの疑問点が指摘されうるように思われる。

まず第一に、帝国議会の審議過程で、金森徳次郎が佐々木惣一に同調しつつ、「大学教授の特権」としての学問の自由理解を明確に排除していることをどのように評価すべきか、という疑問が残る。[(9)] このような制憲時のやり取りは、身分的特権の制度的保障という理解に真っ向から衝突するのではなかろうか。第二に、大学の自治（とりわけ教授会の自治）との関係で、石川が「ドイツ型」を論じる際に基礎としたパウルゼンが、「学部教授会のみに教授選考の決定権をゆだねることはドイツ大学を破滅に追いやる」として批判していたことを、どう考えるべきか、という問題がある。パウルゼンは、教授会に対して懐疑的なところがあり、教授選考にあたって政府が関与しうることをむしろ積極的に評価していた[(10)]（なお、今日に至るまで、ドイツでは教授任用にかかる学部の提案が政府を法的に拘束するかにつき争いがある）。第三に、日本では大学の揺籃期から一貫して私学が重要な役割を果たしていることをどうとらえるか、という問題がある。パウルゼンは、大学が国家営造物（Staatsanstalt）であり、したがって国家により設置・維持され、国家行政のうちにあること――それにもかかわらず古きコルポラティーフな体質を一定程度維持していること――を「ドイツ型」の特徴として挙げるが、この構図は、国立大学とならんで私学の存在が伝統的に認められている日本の場合にはそもそも妥当しないのではないだろうか。遅くとも、大学令によって国が正式に私学の学位授与を認めた段階で、わが国の大学制度は、全体としてみればもはや「ドイツ型」といえなくなったのではないか。むしろ、国公立に並んで多数の私学が併存している構造こそがわが国の大学制度の重要な特徴をなしている、というのが一般的な理解にかなうように思われる。[(11)]

以上の点を踏まえてもなお、帝国大学に限ってみれば、わが国の大学は「ドイツ型」だったのであり、当該制度（その自治も含む）とそこにおける大学人の身分的特権が二三条により保障された、と解することは可能かもしれない。しかし、仮にそのように解する場合にも、戦後すぐに、「新制大学」の成立によってその解釈の途が絶たれている可能性がある。というのも、戦後の高等教育改革においては、多種多様な高等教育機関が「大学」の名の下で一元化され、その際、設置要件は（旧制大学のレベルに引き上げるのではなく）旧専門学校の水準への「下降的一元化」が行われたためである（これは、一九四六年の旧制大学四八校に対して一九五〇年の新制大学二〇一校という単純な量的比較によっても明らかである[12]）。そこで、「ドイツ型」帝国大学の身分的特権は、新制大学とその教員（旧師範学校や旧専門学校等の教員も当然含まれる）にまで大きく広げられたのか否かが、問題となろう。実はここには、パウルゼンが、ドイツの大学教授は第一義的に学術的研究者であり、同時に教師でもある、と述べたことに関わる、深刻な問題が潜んでいるように思われる。これと関連して、戦後改革における旧制高校の廃止と大学の開放をどう考えるか、という問題がある。「新制」大学の Undergraduate ＝学部課程ではアメリカ式の「一般教育」が行われるようになり――これは、「中等教育の不十分さを大学で補う特殊米国的方式」とも評される[13]――、その代償として、専門性を深めるための Graduate School ＝課程制大学院が新設されるに至った。このような、市民に開かれたアメリカ式大学モデルへの大転換が、二三条による『「ドイツ型大学』への憲法的選択」という解釈と整合するか否かは、わが国の場合、戦後すぐの同時期に、憲法上の学問の自由条項が成立しただけに、疑問が残る。

四　「帝国大学」の思想とこんにちの高等教育政策の連続性

さらに、〈制度体＝特権説〉がモデルとする「帝国大学」それ自体の問題性についても、わが国の大学のアクチュアルな問題と密接に関連するため、ここで触れておく必要がある。帝国大学＝インペリアル・ユニヴァーシティは欧米列強に並ぶ「帝国」たらんとする明確な目的を持って設立された機関であり、卒業式への天皇の臨幸や「恩賜の銀時計」はその表れであった。たしかに、大学がナショナリズムと結びつくということは、ドイツでも典型的に見られた事象である。(14) しかし、こんにち学問の自由を論じるわれわれの課題は、ナショナリズムを超えた、真に自由な学術研究・教育の場としての大学を再創造すること――つまり、「帝国大学」を超克すること――であるように思われる（式典における国旗掲揚・国歌斉唱の徹底などを想起されたい）。

そして、これと関連して、帝国大学が結局、「国家ノ須要ニ応スル」という「機能」重視の大学として発展したこと、それゆえ、「パンのための学問」に偏重した機関であったことは、見逃されてはならないように思われる。本来、日本の大学がドイツの大学を模倣するのであれば、文学部ないし理学部、または、それらを合わせた「哲学部」こそが、純粋なヴィッセンシャフトの場として、中心に位置づけられなければならなかった。しかし、帝国大学では文学部は最下位に位置付けられ、しかも、工・農という、ドイツの大学には伝統的に存在しない実務重視の学部が大学に設置され、学生数から行っても大きな比重を占めていたのである。実際、「文学部」を持っていたのは東京、京都の二帝国大学だけで、東北・九州に「法文学部」という形で文科系の学部が加わったのは大正期の末になってからのことであり、それ以外の、北海道、大阪、名古屋の三帝大に至っては、戦前期を通じてついに人文社会科学系の学部は設置されず、理・工・医のみ（北海道のみ農が加わる）の大学であった[15]。近時、国立大学の教員養成系／人文社会科学系の学部・大学院の組織見直し・廃止や社会的要請の高い分野への転換に積極的に取り組むことを促す趣旨の文部科学大臣決定が発せられ、多くの大学人から批判された（石川も「総合大学としての『本質的内容』を侵害されかかった」と表現する）[16]が、実のところ、このような近時の動向にも、「国家ノ須要ニ応スル」大学という、明治以来の帝国大学の伝統的な思想を見ることは無理でないように思われる[17]。

五　制度的保障＝「モデル」思考からの離脱

帝国大学それ自体の問題性を措いたとしても、理想となる大学モデルを外国に見出して「制度（体）」の保障を語ることは、不可能であるか、仮に可能であるとしても、基準となる制度の内容を相当程度に希釈せざるを得ないと考えられる。天野郁夫は、「ヨーロッパ世界から非ヨーロッパ世界への『大学』の移植や伝播については、それが形態や機能の普遍性まで約束するものではなかったという点を、見逃してはならない」[18]としたうえで、アメリカの大学と同様、わが国のそれも「交配種」であり、「新種」ではないかという。そして、日本の大学という「新種」は——ドイツの大学と同様——時代とともに常に変化し続けてきた。大学に関するこのような所与を離れて大学の「本質」を追求することは、それ自体意義ある作業ではあるが、個々人の学問観の深刻な対立と結びついて、「学問の自由」ディスコースを通約不可能な迷路へと追い込む危険性がある。ゆえに、法学の議論としては、かかる「イデア」をめぐる議論から一定程度、距離を採ることが必要となる。

日本国憲法の条文に戻れば、二三条は、ドイツ基本法と同様に、学問の自由を保障しており、文言上は少なくとも、学者の自由、大学の自由を保障しているわけではない。もちろん、社会で学問が中心的に営まれている場は大学であるし、また、戦前における学問の自由・大学の自治の侵害事案が、二三条の文言の背景にあるとみることも、自然な解釈であると思われる。その限りで、大学の自由（ないし自治）、大学人の権利は、憲法二三条の解釈上、重要な問題となる。しかし、こんにちでは大学以外にも、理化学研究所などの研究機関や企業内の研究所も多数存在し、そこに所属する研究者にもprofessionとしての「学問」を自由に営む権利が保障されるべきことは、当然である。[19] そうだとすれば、「大学」という「制度（体）」や、身分に基づく大学人の特権のみを、とりたてて二三条の問題として扱うことは、もはや妥当ではないのではないか。[20]

六 「価値決定」としての学問の自由

以上の通り、筆者は制度的保障論を採用するものではないが、純粋な個人の権利[21]として学問の自由を理解するわけでもない。学問の自由を大学制度／大学の自治と結びつける議論としては、当該自由をもって価値決定的な原則規範として捉えるドイツの議論が、わが国にとっても示唆に富むものと考えられるため、以下、これについて検討を加える。

（一） 出発点としての大学判決

価値決定的な原則規範としての学問の自由理解は、一九七三年の連邦憲法裁判所ニーダーザクセン大学判決（BVerfGE 35, 79）にさかのぼる。同判決中で裁判所は、大要、次のように述べた。学問の自由は、第一義的に防御権として国家的介入から自由な領域を保障している。しかし、他方でそれは、特定の生活領域に対し、特別な保護を与えようとした憲法制定者の意思を価値決定として含む。今日ではもはや、適切な組織と財政上の手段がなければ、独立して学問を営むことはできないため、国家は、適切な組織的措置を通じて学問の自由が可能となるよう協働することが義務付けられる。

ここで裁判所は、リュート判決（BVerfGE 7, 198）を引用しつつ、学問の自由保障の実効化のために適切な組織的措置を採る国家の義務を導出した。一方では、大学に関する特定の組織形態が基本法により保護されるという見解は否定されたが、他方で、個々の学者は自由な学問を可能にするような国家の措置を求める権利を有することが明らかとなった。

（二）検討

基本権の「二重の性格」は日本の憲法学ではあまり知られておらず、「価値決定」という観念については、内実が不明確である、あるいは、わが国の憲法解釈学にはなじみにくいと思われるかもしれない。しかし実際には、わが国でも人権規範を解釈する際には、個々の人権が「価値」として持つ意義、そして、かかる価値と（広い意味での）制度・下位法との連関が、意識されてきた。

リュート判決を紹介しつつ、「人権規定が社会生活の基本的な価値秩序……を定めたものである」として、「人権価値が積極的に私法規定の解釈に導入される」べきとする芦部信喜の説などは、ドイツ的な基本権理解の最たるものであるし、学説ないし私人間効力論の領域にとどまらず、例えばレペタ事件最高裁判決（最大判平成元・三・八民集四三巻二号八九頁）においては、「筆記行為の自由は、憲法二一条一項の規定の精神に照らして尊重されるべきであ」って、「〔傍聴人のメモを取る行為は、〕特段の事情のない限り、これを傍聴人の自由に任せるべきであり、それが憲法二一条一項の規定の精神に合致する」とされている。このような思考は、「防御権的な核心において保護されている自由行使の可能性を、社会的・制度的に構成された自由の諸制約の下で実効化する」という、ドイツにおける基本権の価値決定ないし客観法的側面の理解と親和性が高いものと思われ、憲法制定者の特別な価値決定の表れとして憲法二三条を理解することは、わが国の伝統的な人権論とも整合的に捉えられるのではなかろうか。

七　まとめにかえて

私見では、学問の自由は、国家の学問介入を禁止するという防御権的な側面のみならず、自由な学問営為を保障することに対する価値決定としての意義を有する。それゆえ、国家には、自由な学問が営まれうるような組織・制度を構築する義務が課されている。

こんにちの社会環境の急速な変化に鑑みれば、従来の大学制度をそのまま維持し続けることは困難であるのみならず、おそらく政策的に適切でもないだろう。例えば、競争的資金配分の強化や任期付きポストの増大などは、それ自体が学問の自由にただちに違反するとはいえず、原則として立法裁量の範囲内にある。しかし、そのような制度を導入する場合でも、価値決定としての学問の自由の意義に鑑みれば、組織の意思決定に大学教員ないし外部の専門家の十分な参与権を与えたり、幹部機関の解任・罷免権を与えるなどにより、組織・手続きによる「学問適合性（Wissenschaftsadäquanz）」が保障されるようにする必要があろう（例えば、学問分野ごとの差異の考慮など）。

なお、憲法制定者による特別な価値決定として学問の自由を解釈し、そこから自由な学問の保障のための国家の義務を導き出す本稿の立場に対しては、特定の大学モデルを前提としないため、合憲性判断の枠組みがあいまいとなる、という批判がなされうる。この点、筆者は、学問の自由をめぐるマクロなレベルの議論だけでなく、国内外の個々の大学や研究機関の組織法に関するミクロなレベルの研究を並行して進めることで、まずは議論の土台を鍛える必要があると考えている。

（1）田中毎実「なぜ『教育』が『問題』として浮上してきたのか」広田照幸編集代表『シリーズ大学5　教育する大学』（岩波書店、二〇一三年）二三頁。

（2）芦部信喜（高橋和之補訂）『憲法〔第七版〕』（岩波書店、二〇一九年）一七三頁。なお、二〇一五年の同書第六版より、「大学の自治の変容」という標題のもと、高橋和之によって大学ガバナンスの問題が論じられている。

（3）山本隆司「学問と法」城山英明・西川洋一編『法の再構築Ⅲ　科学技術の発展と法』（東京大学出版会、二〇〇七年）一五二頁。

（4）「新統御モデル（NSM）」のスローガンの下、ドイツで同様の大学改革が進められてきたことにつき、山本隆司「民営化または法人化の功罪（下）」ジュリスト一三五八号（二〇〇八年）四二頁以下、栗島智明「ドイツにおける近年の大学改革と学問の自由」法学政治学論究一〇三号（二〇一四年）二三三頁以下。

（5）蟻川恒正「国立大学法人論」ジュリスト一二二二号（二〇〇二年）六〇頁以下。

（6）松田浩「『大学の自律』と『教授会の自治』」憲法理論研究会編『憲法と自治』（敬文堂、二〇〇三年）一一四頁。なお、堀口悟郎「『教授会自治』と『教授の独立』」法学政治学論究一〇三号（二〇一四年）三五頁以下は従来の学説において大学の自治の核心とみなされてきた「教授会自治」の根拠を批判的に問い直す重要な論稿である。専門性を有する学外者を教員人事に加えることが、場合により、学問の自由の観点から要請されうるとする論旨は妥当と思われるが、「教授会による教員人事権の独占という規範」に十分な論拠が存しないとしても、やはり、「peer review という名の『教員団自律』が professional な学問の自由概念の必然的コロラリーの位置にある」という松田の指摘（一一六頁）は適切かつ重要と思われる。つまり、大学における「教員団」と「素人理事会」の利害対立の構図を念頭に置く場合には、教授会自治に――この場合、「教員団自治」といったほうが適切かもしれない――根拠があると言うべきだろう（「コネや情実等による不公正な人事」という、堀口が念頭に置く問題群はこれとは局面を異にする）。なお、中央の専門的機関が人事に深く関与するフランス式のシステムは、自由な学問にとって本質的な「多元性」を保障しえるか、疑問が残る。所属／出身の大学や地域などによって異なる、多元的でボトム・アップの学問文化こそが、ディシプリンの発展につながるのではないだろうか。

（7）参照、松田浩「大学の『自治』と『決定』」法学教室四一三号（二〇一五年）四九頁以下。

（8）石川健治『自由と特権の距離〔増補版〕』（日本評論社、二〇〇七年）、同「制度的保障論批判」現代思想四三巻一七号（二〇一五年）一〇八頁以下、同「天皇機関説事件八〇周年」広田照幸ほか編『学問の自由と大学の危機』（岩波書店、二〇一六年）四頁以下。

（9）「學問ノ自由ト云フノハ、所謂我々ノヤウナ學者、學問業者ノ自由ト云フコトトハ無關係デ、矢張リ人間ノ本質ニ基イテ誰デモ學問ノ自由ト云フモノガアルノダト、斯ウ云フ風ナコトヂヤナイカ」という趣旨の佐々木惣一の質問に対し、金森徳次郎は次のように答えている。「佐々木委員ガ途中デ仰セニナツタ考デアリマス、學問ソレ自體ヲ狙ツテ居リマス、ソレガ大學教授ガヤラレヨウト道端ノ乞食ガヤラウト一ツモ其ノ觀念ニ於テハ區別致シテ居リマセヌ」（第九〇回帝国議会貴族院帝国憲法改正案特別委員会・一九四六年九月一八日）。なお参照、法學協會『註解日本國憲法上巻〔新版〕』（有斐閣、一九五四年）四五九頁。

（10）F. Paulsen, An Autobiography (New York : Columbia University Press) 1938, p. 368. さらに参照、ders., Die deutschen Universitäten und das Universitätsstudium, 1902, S. 101 ff.

（11）吉見俊哉は、「最初に帝国大学ができて、それに続いて慶應義塾をはじめとする私学ができたわけではな」く、「順番はむしろ逆」だと指摘する（同『大学とは何か』（岩波書店、二〇一一年）一五九頁）。そこまでいかずとも、「多数の私学の存在」を「わが国の高等教育の重要な特徴」とするのが一般的だろう（天野郁夫『日本的大学像を求めて』（玉川大学出版部、一九九一年）一一〇頁、一五〇頁など）。なお、石川は「設置者・設置目的を出さないという約束は……日本の憲法二三条の場合は、私立大学にもあてはまる」と述べるが（前掲注（7）（天皇機関説）三八頁。傍点栗島）、その前の部分で「ドイツ型」は「公の営造物として官立大学として設置され」ると述べたうえで、「『学問の自由』条項が、……『ドイツ型大学』の自治を憲法が約束した、という文脈においてのみ現れる」と述べていることと（同三六―三七頁）、どのような関係にあるのかは明らかでない。

（12）天野郁夫『高等教育の日本的構造』（玉川大学出版部、一九八六年）八六―八七頁（傍点栗島）。

(13) 大崎仁『大学改革1945~1999』(有斐閣、一九九九年) 一一二頁。なお、法令上も、一九四七年制定の学校教育法五二条 (現在の八三条) で「大学は……広く知識を授ける」とされ、一般教育の重視が規定されたと一般に解されている。参照、鈴木勲『逐条学校教育法〔第八次改訂版〕』(学陽書房、二〇一六年) 六七九頁。

(14) 例えば、スメントが脚注で引用したパウルゼンの論文 (Gesammelte Pädagogische Abhandlungen, 1912, S. 199 ff.) のなかにも、次のような一節が見られる――「活動的で突出した社会民主党員が、プロイセンの大学で教鞭をとることは認められるか? 教授については、私は『否』と答えざるを得ない。大学教授は官吏であり、その服務の宣誓を通じて、憲法を尊重することだけでなく、君主制を採用した国家に対して誠実に奉仕することを義務付けられている」(S. 213)。大学教員の Lehrfreiheit を強調したパウルゼンもまた、「君主制国家への誠実な奉仕」に、学問の自由の限界を見ていたのである。

(15) 以上につき、天野・前掲注 (11) 一三六頁以下。「実学偏重の伝統」につき、草原克豪『大学の危機』(弘文堂、二〇一〇年) 六七頁以下も参照。

(16) 石川・前掲注 (8) (制度的保障) 一二〇頁。

(17) 中山茂は、「伊藤博文、井上毅、森有礼らがドイツ大学をまねようとした事実があったにしても、それはあくまでも伊藤らの目に映った、自分たちに都合がよいと思われたかぎりでのことであって、ドイツ大学の実像とはかなりかけはなれたものであ」ったとし、政府が意図していたのは、「フランスのグランゼコール型の秀才を集めてつめこむテクノクラート教育であ」ったと指摘する (同『帝国大学の誕生』(中公新書、一九七八年) 六一頁以下)。おそらく、これは誇張ではない。二〇世紀の初めに、ベルリン大学留学を終えて帰国した高根義人が、当時の帝国大学における「詰め込み教育」を強く批判し、京都帝国大学でドラスティックな改革を進めたものの、卒業生の高等文官試験の成績がふるわなかったことから、結局大学を去ることになったことは、よく知られている。潮木守一『京都帝国大学の挑戦』(講談社学術文庫、一九九七年)。

(18) 天野・前掲注 (12) 一七七頁。傍点は原文。

(19) 専門職能に基づく自由につき、蟻川・前掲注 (5) 六六頁。これは、石川がいうところの「職業としての『学問』―固有法則性―自律」という自治の基礎づけと親和的であろう（同・前掲注（8）（自由と特権）二七七頁）。なお、スメントもこのような基礎づけに近い立場を採っていたものと思われ、シュミットの制度体保障の思考とは相容れない部分がある、と筆者は理解している。参照、栗島智明「大学の自治の制度的保障に関する一考察」法学政治学論究一〇六号（二〇一五年）一一〇頁以下。

（20）ドイツではこんにち、大学以外の研究機関も含めて学問の自由を論じるのが一般的である。例えば、*H.-H. Trute,* Die Forschung zwischen grundrechtlicher Freiheit und staatlicher Institutionalisierung, 1994; *C. D. Classen,* Wissenschaftsfreiheit außerhalb der Hochschule, 1994.

（21）参照、*G. Roellecke,* Wissenschaftsfreiheit als institutionelle Garantie?, JZ 1969, S. 726 ff. なお参照、守矢健一「『学問の自由』に係る日本の憲法解釈論の性格をめぐって」大阪市立大学法学雑誌五四巻一号（二〇〇七年）三八一頁以下。

（22）芦部信喜『憲法学Ⅱ』（有斐閣、一九九四年）二八一頁、三一二頁。

（23）参照、*Trute* (Fn. 20), S. 262.

ヨーロッパの放送の自由の比較法的特質
――ドイツ、フランス、イタリアを素材として――

波多江　悟　史
（早稲田大学）

はじめに

本稿は、ドイツ、フランス、イタリアを素材に、ヨーロッパの放送の自由の比較法的特質を検討する。[1]ヨーロッパ各国では、戦後の放送秩序が国家独占として形成されたことを背景に、公共放送が中核的役割を引き受けてきた。近年では、この点に着目して、各国の放送法からヨーロッパ共通法を抽出する研究も提示されている。この背景には、ヨーロッパの放送の自由は、アメリカとは異なるという意識がある。[2]アメリカでは、放送は市場原理に依拠し、放送の自由は送り手の権利として理解され、国家からの自由が強調されるのに対して、ヨーロッパでは、放送は公衆の情報への権利の受託者とされ、放送の自由は受け手の自由として理解され、国家による内容形成が要請されるからである。

この把握は今日の放送の理解にとって重要な知見を提供する。一九八〇年代のヨーロッパで商業放送の導入を正当化したのは新自由主義であった。今日のように市場原理が優位する社会では、放送の自由を制約するのは、放送の政治的利用だけでなく、放送の経済的従属である。しかし放送は公衆の情報への権利に奉仕し、この奉仕を保障するために、国家は放送を規律するという構造が、放送の自由の核心である。この理解が形成されたのは、ヨーロッパにおいてであった。そのため、その特質を明らかにすることによって、今日の放送をめぐる問題に対峙する視座を獲得することができるように思われる。

以下では、ドイツ、フランス、イタリアについて、放送の憲法条文上の位置、放送の自由の理解、放送の秩序の形成の順で検討することによって、ヨーロッパの放送の自由の比較法的特質を明らかにする。

一　放送の憲法条文上の位置

まず放送が憲法条文上いかに位置づけられているのかを確認する。[3]

ドイツ基本法五条一項は一文において「各人は、言語、文書、図画によって自己の意見を自由に表明し流布する権利（…）を有する」としたうえで、二文において「(…) 放送（…）による報道の自由は保障する」とする。ここでは、二文の放送の自由は、一文の表現の自由とは別個に規定されているため、個人の主観的権利とは異なる客観法として理解しやすくなっていることが注目される。

フランス第五共和制憲法は人権条項を含まないが、一七八九年人権宣言に憲法規範性が認められているため、放送も人権宣言を介して保障される。人権宣言十一条は「思想および意見の自由な伝達は、人の最も貴重な権利の一である。したがって、すべての市民は、法律が定める場合にその自由の濫用について責任を負うほかは、自由に、話し、書き、印刷することができる」とする。ここでは、人権宣言の文言や起草時期から明らかなように、送り手が伝統的手段を用いて意見を表明することが想定されている。そのため、新たに放送という手段について、受け手を中核に権利を構成する際には、創造的解釈が必要となる。

イタリア憲法二一条一項は「何人も、自己の思想を言論、文書その他あらゆる流布の手段により、自由に表明する権利を有する」とする。この条文は「自己の思想を自由に表明する」という部分と、「言論、文書その他あらゆる流布の手段により」という部分に区分され、前者は表現内容の自由として理解されるのに対して、後者は手段使用の自由として理解されている。この区別の根拠は、特別な流布手段を行使する者は、社会的権力として特別に規律すべきだという発想にある。放送は流布手段の一つとして手段使用の自由に位置づけられる。

三国の憲法条文を比較すれば、放送の自由を明文で規定するドイツと、明文では規定しないフランスとイタリアに分かれ、後者については、放送の自由を手段使用の自由から規定するイタリアと、表現内容の自由から規定するフランスに分かれる。憲法条文からすれば、放送に特有の権利を構成する際に、裁判所が条文を解釈する難易度は、ドイツ、イタリア、フランスの順に高くなっている。もっとも三国とも放送の実態に着目して、放送の自由は表現の自由とは異なる権利として理解されている。

二　放送の自由の理解

つぎに放送の自由がいかに理解されているのかを検討する。その際には、憲法裁判所の判決を素材とし、受け手の自由と送り手の権利をいかに位置づけ、国家による自由と国家からの自由をいかに調整しているのかに注目する。

(一)　ドイツの意見形成の自由

連邦憲法裁判所は、当初は放送の特殊事情を強調したが、現在では公衆の意見形成の自由を重視している。

一九六一年の第一次放送判決(4)は、新聞と放送を比較し、新聞においては多数の主体による競争を想定することができるが、放送においては、周波数が稀少で設備費も高額となるので、多数の主体による競争を前提とすることはできないとした。ここでは、放送に関する事実は考慮されているが、放送の自由についての権利構成は明確ではない。

しかし一九八一年の第三次放送判決(5)は、放送が公衆の意見形成を反映および形成することを重視し、放送の自由を公衆の意見形成に奉仕する自由として定義した。この放送の自由は、国家に対して、放送の政治的利用を禁止するだけでなく、意見の多様性確保を要請する。しかもこの要請は放送の特殊事情が解消したとしても存続するとされた。ここでは放送の自由は受け手の観点から理解され、国家からの自由だけでなく、国家による自由が強調される反面で、送り手の権利は重視されていない。

一九八六年の第四次放送判決(6)は、再び放送の特殊事情を取り上げ、そこに放送の国際化を付け加えることで、公衆の意見形成の自由を相対化したうえで、立法者が商業放送の導入を決断した場合には、商業放送に過度な規制を設けてはならないとした。この意味で放送の送り手は放送局を設立運営する権利を有するが、この権利は立法者による導入判断を前提とするので、憲法から直接導出されるものではない。それゆえ、送り手の設立運営の権利は考慮されているが、憲法上は受け手の意見形成の自由が堅持されている。

(二) フランスの選択の自由

憲法院は、放送の送り手と受け手に顕著な格差が存在することを重視し、人権宣言十一条に受け手の選択の自由を読み込んでいる。

まず一九八二年判決(7)は、人権宣言十一条はコミュニケーションの自由を保障するとしたうえで、今日では社会文化的な表現潮流の多元性を確保することが重要であるとした。しかし多元性の確保は、憲法的価値を有する目的とはされるが、人権宣言十一条には定位されていない。しかも視聴覚コミュニケーションは重大な影響力によって多元性を侵害する可能性があるとされた。ここでは放送と多元性は対立的に把握されている。一九八二年判決は、人権宣言十一条を送り手の自由として解釈したため、受け手の自由を承認しつつも、憲法的価値を有する目的としてしか位置づけることができず、両者を対立的に把握するに至ったといえよう。

しかし一九八六年判決(8)は人権宣言十一条を送り手の自由としては把握しない。ここでは、受け手の自由は、憲法的価値を有する目的であるだけでなく、人権宣言十一条に定位されている。それに比して、コミュニケーションの自由には、もはや明確な地位は与えられていない。この転換の根拠として、放送の視聴者こそが人権宣言十一条の本質的名宛人であるということがあげられている。さらに、視聴者の選択の自由を保障することは、民主主義を構成する諸条件の一つであり、市場の対象とすることはできないとされる。ここでは、受け手の選択の自由を実質化するためには、立法者による規律が必要となることが指摘されている。

(三) イタリアの選択可能性と参入可能性

憲法裁判所は、放送の自由の内容として、受け手が放送番組を選択できることと、送り手が放送領域に参入できることを要請している。

イタリアでも当初は放送の特殊事情が強調され、周波数の稀少性と設備費の高額性を背景に、少数の主体が放送を独占することが危惧されていたが、それと同時に、放送の公役務性も重視され、放送が民主主義に関連すること、とくに情報の伝達、国家の文化的な形成、公衆の意見形成に寄与することが評価されていた。(9) さらに、放送の私的独占の進展を背景に、放送の特殊事情は放送の経済的性質に着目して理解され、(10) 放送の多元性を私的独占から保護することが放送の自由の内容をなすに至った。(11) その内容の一端として、放送の公役務性を継承して、受け手の選択可能性が位置づけられている。

しかし放送の多元性はそれに止まるものではない。イタリアでは戦後の放送改革が適切に実施されず、政党の影響力が強く及んだため、国家から自由な放送を構想することが重要な課題となった。憲法裁判所も、放送の特殊事情が妥当しない場合、とくに周波数が潤沢で、設備費が低廉で、自由競争が可能な場合には、放送の送り手の権利を優位させている。(12) この権利は、放送の私企業性を重視し、放送局を設立運営することを要求する。このことを背景に、放送の多元性の内容として、送り手の参入可能性が位置づけられることとなった。(13)

もっとも放送の多元性は、選択可能性として理解されるにせよ、参入可能性として理解されるにせよ、その実質化のためには国家による規律を要請する。とくに後者については、私的独占を禁止する法律の制定が要請されることになる。(14)

(四) 放送の自由の比較

三国の放送の自由を比較すれば、ドイツの意見形成の自由にせよ、フランスの選択の自由にせよ、イタリアの選択可能性にせよ、総じて受け手の情報への権利として理解され、国家による自由を要請しているといえよう。もっとも放送の送り手の権利については、ドイツは法律上のものとし、フランスは明確な地位を与えず、イタリアは憲法上のものとする点で、顕著な相違が認められる。この点は放送秩序の形成に影響を与えることになる。

三　放送の秩序の形成

最後に放送の秩序がいかに形成されているのかを検討する。ここでは公共放送の役割と商業放送の役割がいかに把握されているのかに注目する。

（一）ドイツの基本供給

ドイツでは、放送の特殊事情が強調された際に、放送の国家独占は私的独占の形成防止を根拠に合憲とされ、とくに公共放送が国家の政治支配からも特定の社会集団からも自由に組織されていることが評価された(15)。しかし意見形成の自由が採用されると、国家独占の正当化根拠は意見の多様性確保に移り、商業放送も意見の多様性を確保しなければ導入することはできないとされた(16)。ここでは意見形成の自由が商業放送の導入判断を規律するという構成が取られている。

しかしのちにこの構成は放棄され、商業放送は意見の多様性を確保しないとしても、立法者が導入を決断した場合には、過度な規制を設けてはならないとされた(17)。もっとも、商業放送に対する規制緩和と引き換えに、公共放送による基本供給が要請されている。公共放送は国民全体に多様な意見を反映する番組を提供し、放送の民主的で文化的な機能を果たすことができるので、公共放送が最低限度の言論伝達を確保している限り、商業放送の欠陥も補正することができるとされた。

もっとも実際に基本供給を確保するためには、公共放送が商業放送と対等な条件下で競争し(18)、放送環境の急速な変化のなかで適切な発展を遂げることが必要となる。この観点から、たとえば、公共放送の番組活動を広範に把握し、適切な受信料額を確保することが要請されている(19)。ここでは商業放送の規制よりも公共放送の保障が重視されている。

（二）フランスの内部的多元主義

憲法院は、受け手の選択の自由の内容について、放送と新聞を対置することを通して説明している。それによれば、新聞は、十分数の出版物がさまざまな傾向と性質を有して存在していることが要請されるのに対して、放送は、番組が情報の公平性の要請を尊重しさまざまな性質の傾向を有する表現を提供することが要請される。[21] そのため、新聞は、多数の主体が相互に競争するという意味で、外部的多元主義によって規律されるのに対して、放送は、番組内で多様な意見を反映するという意味で、内部的多元主義によって規律されることになる。[20]

しかもこの内部的多元主義は、憲法院によれば、公共放送と商業放送の双方において妥当する。この双方で多様な意見を反映する番組が放送されない限り、受け手の選択の自由は実質的なものとはならないからである。[22] したがって公共放送だけでなく商業放送についても外部的多元主義は妥当しない。ここには、放送の送り手の権利に積極的意義を認めず、放送を市場との関連で理解することを拒否する姿勢が強く現れている。もっとも立法者は、商業放送を規制するよりも、公共放送を強化することを選択している。[23]

（三）イタリアの内部的多元主義と外部的多元主義

憲法裁判所は、全国的領域では、放送の特殊事情が存在し、放送の公役務性が顕著であることを根拠に国家独占を合憲とした。もっとも、この場合にも、放送の公平性と客観性を確保することや、放送の規律権限を行政から立法へ移すことなどを条件としている。[24] しかし地域的領域では、放送の特殊事情が解消し、放送の私企業性が顕著であることを根拠に国家独占を違憲とした。この場合には、とくに適切な独禁法の制定を要請している。[25]

しかしのちに憲法裁判所は、全国的領域でも、独禁法制定を条件に商業放送導入を容認するに至った。多数の主体による競争が実現すれば、少数の主体が放送を利用し、民主過程に特別な影響力を行使することもないというのが、その根拠である。(26) しかも、公共放送の役割については、受け手の選択可能性を援用し、内部的多元主義として定義する一方で、商業放送の役割については、送り手の参入可能性を援用し、外部的多元主義として定義している。(27)

もっとも商業放送は、適切な独禁法を前提に、外部的多元主義から把握されたが、現在まで適切な独禁法は制定されず、既存の私的独占は追認され続けている。(28) この点については、商業放送も受け手の選択可能性から把握し、内部的多元主義を適用すべきだとの批判も加えられている。(29)

(四) 放送の秩序の比較

三国の放送秩序を比較すれば、公共放送については、ドイツでは基本供給、フランスとイタリアでは内部的多元主義によって理解されている。商業放送については、ドイツでは規制が緩和されるのに対して、フランスとイタリアでは規制が要請されている。もっともフランスでは内部的多元主義が妥当するのに対して、イタリアでは外部的多元主義が妥当する点で、規制の内容は異なっている。ただしイタリアでも、既存の独占が是正されないことを背景に、商業放送への内部的多元主義の適用を主張する見解も提示されている。

おわりに

以上で、ドイツ、フランス、イタリアについて、憲法条文、放送の自由、放送秩序を軸に比較を行った。その結果として、三国の共通点は、次の点にあることが理解された。すなわち、放送の自由が個人の表現の自由とは異なるものとして理解されていること、公衆の情報への権利が放送局の設立運営の権利に対して優位していること、放送の自由の形成のため立法者による積極的規律が必要とされていること、その具体化として商業放送に比して公共放送の役割が重視されていることである。したがって、ヨーロッパの放送の自由とは、以上の構造をもつものとして提示することができるだろう。

最後に、日本との比較を通して、ヨーロッパの放送の自由の意義について言及しておきたい。日本国憲法二一条は表現の自由を保障するが、放送は「その他一切の表現の自由」に含まれ、戦後当初から公共放送と商業放送の二元秩序が採用された。今日では表現の自由は知る権利を含み、放送の規制根拠は知る権利の保障にあるとされている。この点はヨーロッパの放送の自由と類似している。

しかし知る権利の保障が立法者の憲法上の義務とまでされているのかは定かではない。かつて長谷部恭男は、ドイツの放送の自由論について見解を問われた際に、「基本的な考え方としては、私も共感するところがあります」としつつ、「ただ、この種の規制枠組みの創設を立法者の憲法上の義務という形で構成することができるのかどうかという点については、留保したいと思います」と述べている[30]。

こうした見解はかなり広範に共有され、日本では国家からの自由が主要な問題とされてきたように思われる。その背景としては、一九五二年に電波監理委員会が廃止され、放送監督機関が独任制行政庁に委ねられたこと[31]、民放局開設の際に、行政指導による一本化手法が多用され、官民癒着が構造化したこと[32]、NHK会長は、理事会や経営委員会に拘束されず、いわば専制君主として振る舞うことができることなどをあげることができる[33]。

こうした状況下でヨーロッパの放送の自由を輸入することはあまり生産的ではないようにも思われる。そう考えると、国家からの自由を追求すること、たとえば番組編集準則を廃止し、さらには放送規制を全廃することも、ありうる選択肢なのかもしれない。しかし放送を通常の企業に委ねることは知る権利の保障とは両立しない。しかもＮＨＫにおいては、受信料不払いにより市民の意見を反映させることが困難となった現在では、政権の意向を忖度することはあっても、市民の知る権利からは遊離する危険性が高くなっているようにもみうけられる。しかし、放送を知る権利から理解することは、市場からも自由で国家からも自由な放送を構想することにほかならない。ヨーロッパの放送の自由に意義があるとすれば、それはこの点を比較法的に基礎づけることにあると考えられる。

（1）本稿の内容については、以下の論文も参照されたい。拙稿「信託（Treuhand）の思想：ヴォルフガング・ホフマン＝リームの憲法理論」早稲田法学会誌六五巻一号（二〇一四年）三五三頁、同「フランス放送法における公役務概念について」早稲田法学会誌六六巻一号（二〇一五年）三三七頁、同「イタリアの放送の自由」早稲田法学九二巻一号（二〇一六年）二四一頁、同「ヨーロッパの放送の自由：比較憲法研究」早稲田法学会誌六七巻二号（二〇一七年）三三三頁。

（2）さらにＥＵにおいても、構成国と共同体とでは、放送の自由の理解は異なるという論点もあるが、本稿では論究することができない。なお、著者のＥＵ法理解については、参照。拙稿「新自由主義憲法の批判的分析：Andreas Fisahn の研究を素材として」法の科学五〇号（二〇一九年）。

（3）条文の翻訳は、初宿正典・辻村みよ子編『新解説世界憲法集〔第四版〕』（三省堂、二〇一七年）に依拠している。

（4）BVerfGE 12, 205.

（5）BVerfGE 57, 295.

（6）BVerfGE 73, 118.

(7) Décision 82-141 DC.
(8) Décision 86-217 DC.
(9) Sentenza 6 luglio 1960, n. 59; Sentenza 9 luglio 1974, n. 225.
(10) Sentenza 14 luglio 1981, n. 148.
(11) Sentenza 13-14 luglio 1988, n. 826.
(12) Sentenza 9 luglio 1974, n. 225; Sentenza 9 luglio 1974, n. 226; Sentenza 15 luglio 1976, n. 202.
(13) Sentenza 13-14 luglio 1988, n. 826.
(14) Sentenza 14 luglio 1981, n. 148.
(15) BVerfGE 12, 205.
(16) BVerfGE 57, 295.
(17) BVerfGE 73, 118.
(18) BVerfGE 74, 297.
(19) Vgl. BVerfGE 83, 238; BVerfGE 90, 60; BVerfGE 97, 228.
(20) Décision 84-181 DC.
(21) Décision 86-217 DC.
(22) Décision 86-217 DC.
(23) Cf. Loi n° 2000-719 du 1er août 2000.
(24) Sentenza 6 luglio 1960, n. 59; Sentenza 9 luglio 1974, n. 225.
(25) Sentenza 9 luglio 1974, n. 226; Sentenza 15 luglio 1976, n. 202.
(26) Sentenza 14 luglio 1981, n. 148.
(27) Sentenza 13-14 luglio 1988.
(28) Cf. L 3 maggio 2004, n. 112 (legge Gasparri).

(29) Cf. Alessandro Pace, Libertà d'informazione e Costituzione, in Stefano Merlini (a cura di), L'informazione. Il percorso di una libertà, Passigli, Firenze, 2011, 49ss.

(30) 長谷部恭男・井上典之「表現手段の多様化とプライバシー」井上典之・小山剛・山元一編『憲法学説に聞く：ロースクール・憲法講義』（日本評論社、二〇〇四年）八六頁。

(31) 稲葉一将『放送行政の法構造と課題：公正な言論空間の変容と行政の公共性』（日本評論社、二〇〇四年）。

(32) 村上聖一『戦後日本の放送規制』（日本評論社、二〇一六年）。

(33) 上村達男『ＮＨＫはなぜ、反知性主義に乗っ取られたのか：法・ルール・規範なきガバナンスに支配される日本』（東洋経済新報社、二〇一五年）。

〔付記〕本稿はＪＳＰＳ科研費JP17K18175およびJP18K01235による研究成果の一部である。

人権としての国籍の可能性

館田晶子
（北海学園大学）

はじめに

日本国憲法において国籍に関連する条文は二つ存在する。ひとつは「日本国民たる要件は、法律でこれを定める」とする一〇条であり、この「日本国民たる要件」とは国籍を取得する要件であるとされている。[1]さらに、二二条二項は「何人も、外国に移住し、又は国籍を離脱する自由を侵されない」と定める。ここでは国籍離脱の自由のみが明文で定められており、ほかに国籍に関する権利を定める条文は憲法上には見られない。

国籍が人権と深く関わるという認識は後に述べるように国際的には広く共有されており、それは日本においても同様であるように思われる。憲法の体系書において国籍は通常「国民たる資格」[2]「特定の国家の構成員であることを示す資格」[3]等と説明され、国家の側から見れば、国民つまり主権者の範囲を画定し、政策の対象者として把握し、国境を超えた移動を管理するための符号となる。それに対し、個人にとって国籍は、しばしば「権利を得るための権利（the right to have rights）」[4]と言われる。これは、国籍がそれ自体として権利性を帯びているというよりも「国籍そのものは、『個人が特定の国家の構成員である資格』を意味するに過ぎないが、それが現実に果たす機能によって、人権概念の中に取り込まれること」を表している。[5]二〇〇八年国籍法違憲判決（最大判平成二〇・六・四、民集六二巻六号一三六七頁。以下、二〇〇八年判決）においても日本国籍は「わが国の構成員としての資格であるとともに、わが国において基本的人権の保護、公的資格の付与、公的給付等を受ける上で意味を持つ重要な法的地位である」述べられており、確立した認識であるといえる。[6]このことは、出入国管理および社会政策の場面でより切実に受け止められよう。

このように、国籍の有無は個人にとって当該国家におけるある種の権利の実効的な保障の前提となっており、その故に、国際法においては国籍の取得や保持そのものが権利として措定されている。本稿では以下、国籍そのものの権利性について国内外の基本的な論点を概観し、とくに最近注目される重国籍に関わる議論を素材に国籍の権利性について検討を加えてみたい。

一　国籍唯一の原則と国籍自由の原則

国籍制度の設計は国家の裁量事項であるが、国籍唯一の原則と国籍自由の原則の下に制度構築されるべきことは周知の通りである。以下、その内容を改めて確認する。

（一）国籍唯一の原則

国籍唯一の原則は「個人は国籍をひとつは持ち、ひとつしか持ってはならない」とする原則、すなわち無国籍（国籍の消極的抵触）と重国籍（国籍の積極的抵触）を避けるべしとするものである。もっとも、各国の国籍法が国家の裁量事項である以上、国籍の抵触は避けられないことから、不可避的に生じる無国籍と重国籍にどのように対応するかが課題となってきた。一九三〇年の国籍法抵触条約はそのために締結された最初の条約である。

無国籍に関しては、戦後採択された世界人権宣言一五条一項で国籍を有する権利が、二項で国籍を剝奪されない権利および変更する権利が、謳われている。一九五四年に無国籍者の地位条約、一九六一年には無国籍削減条約が採択され、[7] 後者においては出生時の無国籍防止と国籍離脱時の無国籍阻止が定められた。また無国籍はとりわけ出生時に多く生じ子どもの成育環境に大きな影響を与えることから、B規約では子どもの権利を定める二四条において、差別禁止と保護（一項）、登録及び氏名権（二項）と並んで国籍取得権の規定が置かれた（三項）。この出生時における国籍取得権は児童の権利条約七条一項でも改めて確認され、同二項はこれを実現する義務を締約国に課している。また、女性差別撤廃条約も九条で国籍の取得、変更及び保持に関する男女平等の権利を定めている。

他方、重国籍に関しては、一九三〇年国籍法抵触条約や一九六三年重国籍削減条約においては重国籍は避けるべきものとされていたが、一九六三条約を修正する一九九三年議定書は一条で、移民二世、国際結婚の配偶者、国際カップルの子について、原国籍の維持を国内法で定めることを容認し、重国籍について必ずしも避けるべきものとはしない態度を取った。さらに、ヨーロッパ評議会で採択された一九九七年ヨーロッパ国籍条約一四条では、出生や婚姻に伴う重国籍の場合にはそれらの国籍の維持を権利として認めている。[8]

このような重国籍容認の潮流は、重国籍を回避すべき理由とされてきた国民の義務の抵触や外交保護権の衝突の問題が技術的に解決されてきたことが背景にある。国民の義務として主に挙げられてきたのは主に兵役義務と忠誠義務である。前者に関してはそもそも徴兵制度を持たない国や廃止する国にとっては問題とならない上に、徴兵制度がある場合であっても、重国籍の発生は不可避であるという現実の下で、条約によって抵触を解消する方法が取られてきた。例えば上述の重国籍削減条約においては、重国籍者は国籍を有する国の内のいずれか一国の兵役義務に服すること、その際の「いずれか一国」は原則として常居所を有する国であるとされ、この原則はその後の同種の条約にも引き継がれている。

忠誠義務に関しては、その起源が封建社会に起源を持つ主従契約関係であり英米独自のものであることと、日本を含む多くの国では忠誠によって国籍を定義することはなく、国民主権にはそぐわないことが指摘されている(9)。国民に対する施策は忠誠への対価とは考えられないため、忠誠を国民に課せられた法的義務とまでいうのは現代においては困難であろう。

対外的な問題として挙げられる外交保護権も、すでにノッテボーム事件(10)において「真正な結合」のある国によって行使されることが示されており、大きな混乱は生じないとされる。

このように見ると、国籍唯一の原則が含む二つの要請のうち、無国籍の防止・解消は強く要請されるのに対し、重国籍の防止・解消についてはその要請は次第に後退してきており、むしろいずれの国籍も(場合によっては権利として)保持することを認めるようになってきている。実際、前述の諸条約締結国であるとないとを問わず重国籍を認める国は増えており、ある調査によれば二〇一八年までに世界の七五%の国が重国籍を容認しているとされる(11)。

(二) 国籍自由の原則

国籍自由の原則は国籍の得喪について当該個人の意思を反映させるべしとの原則で、具体的には国籍の恣意的剝奪を禁ずる世界人権宣言一五条やヨーロッパ国籍条約四条、婚姻による国籍の意思によらない変更や剝奪を禁ずる女性差別撤廃条約九条などに見られる。

勿論、国籍自由といっても国籍制度自体が国家の裁量にかかるものであるから、国籍の取得につきフリーハンドの自由が権利として主張されるわけではない。この原則は、そもそもは国家の政治的理由による恣意的剥奪や婚姻などの身分行為に伴う国籍の自動変更を禁ずるものとして導入されたのであり、従って、本人の意に反して国籍が失われたり、強制されたりすることが問題とされる。国籍を失う場面における本人の意思の尊重という点からみたとき、国籍自由の原則は、国籍唯一の原則のうち重国籍の解消との関係で特に意味を持つものとなる。重国籍の解消とは重国籍者の国籍を一つを残して喪失させることでもあるから、重国籍を認めない場合はどの国籍を保持しどの国籍を放棄するかにつき基本的に本人の意思によって選択可能な制度構築が求められることになろう。

前述の重国籍削減原則のプライオリティの後退は、重国籍削減原則に対して国籍自由の原則が次第に優位になっていったことを意味している。国籍を一つを残して喪失させる制度は、結局、選択した国籍以外の国籍の放棄を意に反して強いることにもなる。重国籍を認める方向に国際条約が変遷してきたのは、国籍に付随する重要な権利利益を保護すると同時に、複数の国籍を維持するという個人の意思を尊重するからこそであろう。国籍自由の原則は現在、国籍選択権のみならず重国籍の容認へとその射程が拡大しているといえる。

(三) 国籍取得権および国籍保持権

以上を見ると、これまで国家の人的管轄の範囲を画定するというういわば国家の論理を前提とした国籍に関わる原則が、個人の権利保護の前提という人権の論理によって次第に変化してきた様が確認できる。国籍は事実上「権利を得るための権利」換言すれば「権利にアクセスする権利」として機能してきた。これは言い換えれば、人権享有主体として国家に把握され、登録される権利であるといえる。国家が提供する各種公的サービスへのアクセスは、現実として、まずは国民に対して開かれている。無国籍というのはどこにも国民として把握されていない状態であるから、公的サービスへのアクセスが極めて困難となる。従って、人権保障へのアクセス手段としてどこかの国の国籍を取得することが、権利として保障される必要がある。B規約や児童の権利条約が明文で子どもの国籍取得権を謳っているのはそのためである。

保持している国籍を恣意的に奪われないこともまた、国籍自由の原則に照らして保障される必要がある。国籍を保持し続ける権利すなわち国籍保持権である。特に、国籍が恣意的に奪われた結果、無国籍になるような事態は避けられなければならない。このことは国籍唯一の原則からも導かれる。前述のように、国際的動向は複数の国籍の保持も権利として保障する方向に向かっている。とりわけ生来的に得られた複数の国籍を保持することは強く求められよう。

二　日本の国籍法制

（一）日本の国籍法制

次に、国籍唯一の原則および国籍自由の原則が日本の国籍法にどう反映されているのか確認したい。

無国籍の防止については、国籍法二条三項が無国籍になる虞のある子について日本国籍の生来取得を可能にしており、また出生時からの無国籍者に対しては同八条四号で簡易帰化の規定を置いている。しかし、後天的に無国籍となった者については通常の帰化要件が求められる。

他方で、重国籍の防止を目的とした条文はきめ細かく用意されている。自己の意思による日本国籍喪失（同一三条一項）つまり国籍離脱のほか、自己の志望による外国籍取得者（同一一条一号）、および国外で出生した重国籍者で国籍留保の意思表示をしなかった者（同一二条）については日本国籍は自動喪失させている（後者については出生に遡って喪失）。また、すでに重国籍である者について国籍選択制度を設け（同一四条一項）、期限までに選択しない者に対しては催告制度を設けており（同一五条）、書面での催告後、一ヶ月以内に日本国籍を選択しない場合は日本国籍を喪失する。

もっとも、重国籍回避は必ずしも徹底されているわけではない。たとえば、帰化にあたって原国籍を離脱できない場合は特別の事情を考慮して帰化を認めることができる（同五条二項）。また、国籍選択制度についても日本国籍選択の宣言後は外国籍離脱の努力義務はあるものの「外国籍の放棄を強制するものではなく、重国籍の解消は本人の自主的処理に委ねようとする」趣旨であるとされる。(12) 実際、同一五条の催告が行われた例はなく、同一四条に基づき国籍選択届を出せば複数の国籍が事実上維持できることになる。催告が行われない理由につき法務省は、国籍を失うことは非常に重大な効果が生ずること、家族関係にも大きな影響を及ぼすことから、相当慎重に行うべき事柄であると説明している。(13)

重国籍回避と関連して、国籍の喪失が争われた訴訟がいくつかある。国籍留保制度の合憲性が争われた二〇一五年の最高裁判決（最三小判平成二七・三・一九、民集六九巻二号二六五頁。以下、二〇一五年判決）や、同一一条一項の志望取得による国籍喪失をめぐって、ロシアへの出生登録によるロシア国籍取得が志望取得とみなされ日本国籍が喪失された事例(14)のほか、志望取得による国籍喪失制度は違憲であるとして国籍確認訴訟(15)が提起されている。二〇一五年判決では国籍留保制度が憲法一四条に違反すると主張された。それに対し志望取得による国籍喪失制度の不合理性を争う訴訟では、憲法一三条および同二二条二項が根拠として挙げられている。

（二）国籍喪失制度の根拠

国籍法一一条から一六条までの国籍喪失に関わる規定は、「基本的人権の保護、公的資格の付与、公的給付等を受ける上で意味を持つ重要な法的地位」（二〇〇八年判決）である国籍を本人の意思によらず失わせるものであり、その主な立法目的は重国籍の防止である。この立法目的が合理性を有するものか否かは、すでに見た重国籍容認という国際的潮流から見れば疑問符がつく。

また、一二条の国籍留保制度の合憲性を争った二〇一五年判決の第一審[16]は、重国籍防止とともに「実効性のない形骸化した日本国籍の発生防止」を国籍法一二条の立法目的に挙げた。この第一審判決は、「外国で出生した日本国民で外国の国籍も取得した者は、…出生時の生活の基盤が外国に置かれている点で我が国と地縁的結合が薄く、他方で、外国籍をも取得している点でその外国との結合関係が強いことから、日本国籍を取得しても、実効性がない形骸化したものになる可能性が相対的に高いためそのような実効性がない形骸化した日本国籍の発生をできる限り防止する」と述べる。

確かに、国外に移住した自国民の子孫が何世代にもわたって国籍を保持し続けることを防ぐ規定は、一九九七年ヨーロッパ国籍条約にも見られる（七条一項e号）。そこでは、「外国に常居所を有する国民と締約国との真正な結合関係の欠如」が要件となっており、「真正な結合関係の欠如」は、出生登録、身分証明書または旅券の申請がなかったり、国籍留保の意思表示がなかったことなどにより証明される。しかし、同時に、国籍の恣意的剝奪を禁ずる規定や、国籍喪失に対する審査請求権を定める規定も参照されるべきであるとされている。現に一九九七年条約の制定過程では、この条文が国籍の恣意的剝奪に等しいとして反対する立場も示されていた。形骸化した国籍をの発生を防止するという立法目的の合理性は一応認められるとしても、その手段については慎重に検討されなければならない。

(三)　憲法との関係

国籍法制が国家の裁量であるとはいえ、具体的な法制度構築に当たっては憲法規範による統制を受ける。国籍と憲法との関係は、国民の範囲を画定するとともに、国籍が人権保障の枠組へのアクセスを保障する点にあることはすでに述べた。国家の各種制度の対象として把握されること、とりわけ社会権実現のための政策の対象となること、その結果日本での安定的な生活が確保されることは、特に未成年の成育にとっては切実な要請である。

憲法二二条二項は国籍離脱の自由を掲げる。この条項は、文言上は「離脱する自由」のみ定めており、またそれを前提に「しかし無国籍になる自由はない」と附言されたりもするが、(17)近時は国籍を離脱する自由と同時に離脱しない自由もあるとする解釈が提示されている。(18)通常、自由権には「する自由」と「しない自由」の双方が含まれていると解されており、二二条二項を同様に解することは自然であろう。国際法上確立している「恣意的に国籍を奪われない権利」を憲法二二条二項に読み込むものである。また、国籍を権利保障の前提条件としてのみ捉えるのではなく、国籍の保持それ自体を権利として主張する余地もある。すなわち、アイデンティティとしての国籍という側面である。これもまた、憲法一三条との関係で検討に値しよう(後述)。

このように国籍を保持する権利は憲法上の権利として位置付けられるのであり、これを制約する場合は立法目的との関係でその合理性につき慎重な審査が求められる。

三　国籍とアイデンティティ

重国籍を防止・解消するために国籍喪失制度を設けるとしても、それによって失われる利益は比較衡量の際に正当に評価されるべきである。国籍がその国で生活するにあたって重要な機能を果たすものであることはまずもって考慮されなければならないが、国籍のもう一つの側面、すなわちアイデンティティの問題について、以下検討してみたい。

（一）古くて新しい問題

国籍とアイデンティティとの関係の指摘は新しいものではない。たとえば一九九八年の論稿で門田は、「従来『国籍』によって保障されてきた権利ないし利益」を「個人が政治的共同体に所属する権利」と「個人のアイデンティティに対する権利」の二つとして構成し、後者について、「社会において少数民族を構成する外国人において、特に顕著に見いだされるように思われる」と指摘している(19)。この指摘は直接には日本における在日韓国朝鮮人が念頭に置かれている。かつての帰化手続においては、日本風の氏名に改めるよう指導されるなど国籍取得に伴う同化圧力もあって、在日社会では、帰化により韓国籍ないし朝鮮籍を失うことが民族性の否定や祖国への裏切りと受け止められてきたという事情があった（もっとも、このような事情が帰化を希望する者に対する逆の圧力になることもありうる）。国籍と権利享有主体性が結びつく場合、「権利がほしければ国籍を取ればよい」という言説は、帰化により原国籍を失わせる制度を採る国においては、国籍国の外にいるからこそ国籍によってつなぎ止められているアイデンティティを、放棄せよというに等しい場合がある。

国籍取得の根拠とされる「真正な結合関係」、二〇〇八年判決の言葉を借りれば「我が国との密接な結び付き」は、国籍があることによって形成されるという側面もある。国籍を有することによってその国の国民としてのアイデンティティが形成され、あるいは保持されるという側面である。このことは、日本国内に居住している日本国民よりもむしろ、海外に居住している日本国民の場合の方がより妥当するのではないかと思われる。[20] 国籍の保持によって当該国家の国民であると自他にアイデンティファイされることにより、その国民としてのアイデンティティが形成・強化されることは、越境研究においても指摘されている。[21]

重国籍について容認の態度を採った一九九三年議定書の制定時の議論では、移民の二重のアイデンティティへの言及がなされた。移民とその子は居住地国の市民としての新しいアイデンティティを取得するが、そのことは必ずしも祖国へのアイデンティティの喪失を意味しない[22]、というのである。移民二世・三世は、上の世代から自らのルーツに由来するアイデンティティを引き継ぎつつ、生まれ育つうちに獲得した居住国の住民・市民としてのアイデンティティの二重のアイデンティティを持っており、それを象徴する国籍を二つながらに有することは、二重のアイデンティティを保つことに資する。このような二重のアイデンティティは必ずしも移民に限定されるわけではない。国際カップルの子のような生来の重国籍者についても同様である。二重のアイデンティティを持つ者に国籍選択を迫ることは、激しい葛藤を強いることになり、実際に当事者により「混乱」が語られている。[23]

(二) アイデンティティの権利性

このようなアイデンティティ・クライシスは、当事者に相当の精神的負担をもたらすが[24]、アイデンティティの問題に対する裁判所の反応は冷淡である。

例えば、二〇一五年夫婦別氏訴訟（最大判平成二七・一二・一六、民集六九巻八号二五八六頁）において、最高裁は「婚姻によって氏を改める者にとって、そのことによりいわゆるアイデンティティの喪失感を抱いたり、婚姻前の氏を使用する中で形成してきた個人の社会的な信用、評価、名誉感情等を維持することが困難になったりするなどの不利益を受ける場合があることは否定できない」が「これらの婚姻前に築いた個人の信用、評価、名誉感情等を婚姻後も維持する利益等は、憲法上の権利として保障される人格権の一内容であるとまえはいえないものの、…氏を含めた婚姻及び家族に関する法制度の在り方を検討するに当たって考慮すべき人格的利益である」として、夫婦同氏制度について憲法一三条ではなく、同二四条への適合性の検討に移る。そして、同氏制度が家族集団の氏を定める制度でありどちらの氏を称するかは夫婦の「協議による自由な選択に委ねられている」一方、氏の変更をする者の被る上記不利益は「氏の通称使用が広まることにより一定程度は緩和され得るものである」とするのである。

他方、学説においては、憲法一三条の個人の尊重やプライバシーの権利にアイデンティティへの権利を読み込む試みがなされてきた。志田はＬＧＢＴの憲法問題を論じるにあたって「各人がなんらかのアイデンティティを創造したり選び取ったりする局面は、憲法一三条型の自己決定の問題に属する」ものであるとする一方で、差別に晒される負のアイデンティティからの解放を求め、「自分たちの《実在》を正しく承認することを、公的なものとして要求する」、つまり制度的承認を求めるのだと述べる[25]。糠塚もまた、「アイデンティティの欲求を満たすには『他者』を必要とする」「他者の『承認』なしには、アイデンティティの欲求は満足させられないからである」という[26]。棟居がプライバシーの権利から導出する「自己イメージコントロール権」[27]もアイデンティティの表出としての自己イメージを含むものと理解可能であるように思われる。

(三) 国籍と憲法一三条

もっとも、国籍に付随するアイデンティティは、そもそも国籍制度が国家構成員の資格という公的意義をもつものであることから、純然たるプライバシー理論にはなじみにくい側面もあり、制度優先的あるいは制度準拠的思考[28]の中で利益衡量において劣後しがちである。しかし、国籍がアイデンティティと深く関わり、重国籍の容認の根拠の一つとされていることはすでに述べたとおりである。

国籍の恣意的剝奪の問題性は、国籍が「権利を得るための権利」であるからだけではなく個人の人格とも深く関わり、国籍の剝奪がすでに形成されたアイデンティティを毀損することにある。一定の制度のもとでその制度設計と分かちがたく確立したアイデンティティが、制度依存的であるからという理由で容易に毀損されてよいとは思われない。個人は制度も含め自己を取り巻く環境の中で相互に影響を受けながら人格を形成していくものだからである。国籍にかかるアイデンティティもまた、憲法一三条を根拠とする人格権によって保護されると解すべきであろう。

また、国籍の得喪を本人の意思にかからしめるという国籍自由の原則は、国籍に関する自己決定権を国籍制度の中に組み込むことを要請する。この要請もまた、憲法一三条を根拠に導かれるものであろう。

おわりに

本稿の冒頭で確認したように、日本国憲法は一〇条で国籍が法律事項である旨を定め、二二条二項で国籍離脱の自由を謳う。国籍離脱の自由は国籍自由の原則を反映したものであり、離脱する自由と離脱しない自由の両方を含む。取得した国籍を恣意的に奪われない国籍保持権は、この二二条二項と一三条から導かれる。また、本稿では詳しく検討できなかったが、国籍取得権とりわけ生来取得に関しては、憲法一三条が根拠となりうる。(29)憲法と国籍との関係は、国籍によって個人が人権享有主体として把握され、その結果国家の仕組みの中に顕在化するという、重要な機能が国籍に認められるというだけではない。(30)憲法の統制は国籍の得喪についても及ぶと考えるべきである。

国籍の変動に関しては、憲法二二条二項を前提とすれば国籍の恣意的剝奪は禁止されるというのがべースラインとなるはずであるが、現在の国籍法制や訴訟における国側の主張は、重国籍の回避をベースラインとしているように思われる。だが、重国籍の回避が国籍法上必ずしも徹底されていないこと、また国際的にもすでに重視されているわけではないことは本稿で見てきたとおりであり、国側のベースラインの根拠はすでに失われている。国籍法の解釈・運用にあたっては本稿で論じてきた国籍にかかる権利が比較衡量において正当に評価されるべきであり、またより根本的に、立法事実を改めて精査し制度設計として現在のありようが適切かどうかを見直す時期に来ているのではないだろうか。[31]

(1) 辻村みよ子・山元一編『概説憲法コンメンタール』(信山社、二〇一八年)七五頁(糠塚康江執筆)。
(2) 野中俊彦・中村睦男・高橋和之・高見勝利『憲法I〔第五版〕』(有斐閣、二〇一二年)二一八頁。
(3) 辻村みよ子『憲法〔第六版〕』(日本評論社、二〇一八年)二四七頁。
(4) 阿部浩己『無国籍の情景—国際法の視座、日本の課題』(UNHCR、二〇一〇年)一三頁参照。http://www.unhcr.or.jp/protect/pdf/StatelessStudy.pdf
(5) 奥田安弘『国籍法と国際親子法』(有斐閣、二〇〇四年)三五頁。
(6) 長谷部恭男の国籍を調整問題として捉える見解も、人権保障についての責任の所在をさしあたり画定するという一つの機能を表していると見ることができよう。長谷部恭男『憲法の理性〔増補新装版〕』(東京大学出版会、二〇一六年)一二四〜一二五頁。
(7) 両条約の制定過程については阿部・前掲註(4)一七頁以下参照。
(8) これらの条約は必ずしも締約国は多くはないが、非締約国(署名のみにとどまるものなど)も含め、国際カップルの子や婚姻による重国籍を認める国は、ヨーロッパを中心に多い。
(9) 奥田・前掲(5)三四頁。

(10) Nottebohm Case (Second phase), 6 April 1955 : I.C.J. Reports 1955, p. 4.

(11) マーストリヒト大学国籍・移民および開発研究センター(Maastricht Center for citigenship, Migratior and Develepment) ウェブサイト。Vink, Maarten; De Groot, Gerard-Rene; Luk, Ngo Chun, 2015, "MACIMIDE Global Expatriate Dual Citizenship Dataset", doi:10.7910/DVN/TTMZ08, Harvard Dataverse, V3 (2018). https://macimide.maastrichtuniversity.nl/dual-cit-database/ (last view 8/8/2019)

(12) 江川英文・山田鐐一・早田芳郎『国籍法〔第3版〕』(有斐閣、一九九七)一五六頁。

(13) 平成一六・六・二第一五九回衆議院法務委員会二三号における房村精一政府参考人(法務省民事局長)答弁。

(14) 東京高判平成二九・四・一八、訟月六三巻一〇号二一七五頁。本件は上告されているが、上告理由に該当しないとして棄却・不受理となっている。最一小決平成二九・一二・七、判例集未登載。なお本件の原告(未成年)はその後、国籍法八条三号による簡易帰化で日本国籍を再取得し重国籍状態となっている。

(15) 平三〇(行ウ)九三号・国籍確認等請求事件(平成三〇・三・九提訴)。「国籍はく奪条項違憲訴訟ウェブサイト」http://yumejitsu.net (last view 8/8/2019)。朝日新聞二〇一八(平成三〇)・二・二五「国籍法規定は違憲提訴へ」も参照。

(16) 東京地判平成二四・三・二三、民集六九巻二号三一七頁、判時二一七三号二八頁。

(17) 唯一の国籍を離脱して無国籍になる自由はないとされる。たとえば野中ほか・前掲註(2)四七〇頁。もっとも近時は、「二重国籍を持つ自由や無国籍になる自由も保障されるか否かが議論になると思われる」との指摘もある。辻村・前掲註(3)二四七頁。

(18) 近藤敦『外国人の人権と市民権』(明石書店、二〇〇一年)二七七頁、辻村・山元編・前掲註(1)七八頁(糠塚康江執筆)。

(19) 門田孝「憲法における『国籍』の意義」憲法問題九号(一九九八年)一二三頁。

(20) 前掲註(15)国籍確認訴訟ウェブサイト掲載の訴状参照。

(21) 国籍と越境の研究においては、「アイデンティフィケーションによって、個人の行動、権利が左右され、そして場合によってはアイデンティティの形成にも影響を及ぼす可能性」が示唆されている。陳天璽・近藤敦・小森宏美・佐々木てる編『越境とアイデンティフィケーション』（新曜社、二〇一二年）三頁。

(22) 国友明彦「国籍の任意取得による重国籍―特にスイス法とストラスブール条約について―」国際法外交雑誌九三巻五号（一九九四年）二四頁。

(23) 例えば武田里子「複数国籍の日本ルーツの子どもたちの存在から問う『国のあり方』」国際地域学研究二〇号（二〇一七年）七七～七九頁。

(24) 一般にマイノリティの自殺率は国民全体の自殺率より高いと言われる。ＬＧＢＴの自殺率の多さに言及する志田陽子「ＬＧＢＴと自律・平等・尊厳―なぜ憲法問題なのか」法セミ七五三号（二〇一七年）六三頁も参照。

(25) 同、六一～六二頁。

(26) 糠塚康江「隠された〈私〉／顕れる〈私〉」辻村みよ子・長谷部恭男編『憲法理論の再創造』（日本評論社、二〇一一年）四六頁。

(27) 棟居快行『人権論の新構成［改版新装］』（信山社、二〇〇八年）一七三～一九五頁参照。

(28) 高橋和之「夫婦別姓訴訟―同氏強制合憲判決に見られる最高裁の思考様式」世界八七九号（二〇一六年）一四四頁、蟻川恒正「家族への法的介入と憲法―夫婦同氏強制を素材として」法時九〇巻一一号（二〇一八年）一一頁。

(29) 高佐智美「国籍の現代的理解に向けて」阪口正二郎、江島晶子、只野雅人、今野健一編『憲法の思想と発展』（信山社、二〇一七年）九五頁。

(30) 筆者はかつて国家により人権享有主体として正しく把握されることの意義を論じたことがある。拙稿「国家による個人の把握」岡田信弘・笹田栄司・長谷部恭男編『憲法の基底と憲法論』（信山社、二〇一五年）六四九頁。

(31) 高佐・前掲註（29）九六頁。

ハンセン病隔離政策と日本国憲法

徳田靖之
（弁護士）

一　日本のハンセン病隔離政策の歴史とその特徴

（一）明治四〇年法律第一一号の制定と内務省訓令

日本のハンセン病隔離政策は、一九〇七年に制定された法律第一一号「ライ予防ニ関スル件」に始まる。

その第三条には、「療養ノ途ヲ有セス且救護者ナキモノハ行政官庁ニ於テ命令ノ定ムル所ニ従ヒ療養所ニ救護スヘシ」と規定されており、療養所を設置して、ハンセン病の患者を収容することが法定されるに至った。

この法律には、「救護」との文言が使用されていたこともあり、その法的性質について、救護法であるのか、「伝染」防止のための隔離法であるのかについての争いが生じたこともあるが、一九〇七年三月五日の第二三回帝国議会貴族院特別委員会における内務省衛生局長窪田静太郎は、法案の趣旨説明として、「本案におきましては、主として浮浪徘徊して居る者で、病毒を散蔓し、風俗上にも甚だ宜しからぬというものを救護いたしてこの目的を達することを第一に致して居ります」と述べて、同法の目的が、「病毒伝播の防止」にあることを明言しており、隔離法であることは争う余地がない。

このことは、一九〇九年二月に発せられた内務省訓令四五号「癩ニ関スル消毒其他予防方法ニ就テ」において、「らいは、……主として、接触により又は患者の鼻汁、唾液、潰瘍部などに汚染したる物件を介して病毒を他に伝播するもの」と規定され、同法の目的が、「本病の蔓延を防止し、漸次其根絶を図らんとす」にあることが明示されたうえで、消毒の督励と公衆の出入りする場所への患者の外出を禁止したことによっても裏付けられる。

つまり、同法は、「浮浪徘徊患者」を隔離する一方で、その他の定住患者についても事実上の「自宅隔離」を強制することを前提としていたということであり、同法により、日本のハンセン病絶対隔離政策は開始されるに至ったということである。(1)

こうした明治四〇年法律第一一号によって設置された療養所は、全国五ヶ所にとどまり、その定員は、合計一一〇〇名にとどまった。つまり、同法は、本来、すべてのハンセン病患者を隔離すべきであるという考え方に立ちながら、当時三万人を超えるとみられていたすべての患者を収容するに足りる療養所の建設が当時の国の財政事情等から困難であるという状況下において、「浮浪」患者のみを当面の対象とせざるをえなかったというべきものである。

(二)「旧らい予防法」の制定と絶対隔離政策の確立

ア　その後、政府は、一九二〇年に療養所の増床計画を策定して実施することとし、更に一九二五年には、内務省は、全国地方長官に対して、ハンセン病患者については、明治四〇年法律第一一号の規定を超えて、「伝染の恐れのあるすべての患者」を隔離の対象とする旨を伝えるに至った。

こうした政府による政策決定が先行したうえで、一九三一年には、明治四〇年法律第一一号が全面改正された。これが「旧らい予防法」と呼ばれるものであり、その特徴は、以下の四項目に整理することができる。

第一の特徴は、すべての患者を隔離するという絶対隔離という考え方である。

第二の特徴は、療養所を離島や僻地に設置し、あるいは有刺鉄線や高い壁で社会と隔絶したうえで、外出を制限する完全隔離という考え方である。

第三の特徴は、退所規定を設けず、生涯療養所で生活することを強要する終生隔離という考え方である。

第四の特徴は、患者に労働を強制し、結婚の条件として、男性の断種を強要し、女性の妊娠には、人工中絶手術の強制を迫る絶滅政策という考え方である。

イ　以上のような明治四〇年法律第一一号から「旧らい予防法」に至るハンセン病絶対隔離政策を推進した理念は、当初は、国辱論と呼ばれるものであり、一九三〇年代以降においては、民族浄化論と呼ばれるものである。

前者の考え方を象徴的に示しているのは、一八九九年第一三回帝国議会貴族院議事録に引用された以下のような報道であり、「らい患者が路傍で徘徊するのは……実に日本の国家的問題である。……この人たちを放棄してこれを顧みないことは、国の名誉に関係があるからである。……この問題は日本帝国の威信にかかわる重大問題の一つ、……いやしくも文明国の仲間入りをした国は、このような病気に対して冷淡であることはできない」と記載されている。

また、後者については、早くも一九二六年の段階で、内務省衛生局の高野六郎によって、「民族浄化のために」との論稿が公表され、「未収容患者約一万五〇〇〇人を全部収容するようになれば」民族の血液を浄化することができる旨が明らかにされており、[2]一九九六年の「らい予防法」の廃止に奔走した大谷藤郎は、こうした民族浄化論を、「当時の日本の時代背景の進行と直結しており、まさに日増しに激しさを加えていたファッショ的時代精神の体現そのものであった」と評している。[3]

ウ　こうしたハンセン病絶対隔離政策を徹底するために内務省によって提唱されたのが「無らい県運動」であり、未収容のハンセン病患者を一掃するために、官民一体となって、患者を発見し、これを通報し、地域や学校から排除していく仕組みが作られていった。[4]

(三)　日本国憲法下における新旧「らい予防法」の存続

ア　旧らい予防法の前述のようなファシズム的な理念に照らせば、日本国憲法下において、その存続が許されるはずはないと考えられるが、実際には、同法は、一九五八年まで存続し、特効薬プロミンの開発により米本国では既に開放政策に転換していたにもかかわらず、GHQもこれを容認した。[5]

一九四九年には、無らい県運動も再開されるに至り、政府は、患者の完全収容のための療養所の増床計画を推進したのであり、このため、各地で患者家族の無理心中事件等が続発した。

国会においても、一九五一年に隔離を強化する必要性を訴える、いわゆる三園長証言がなされ、その後、一九五二年一一月には、内閣総理大臣答弁書において、旧らい予防法は日本国憲法に抵触しないことが明言されるに至り、最高裁判所も、旧らい予防法の外出禁止規定を前提として、一九四八年以来、ハンセン病患者の刑事裁判について、公判を隔離施設であるハンセン病療養所において開くことを許可し続けるところとなった。[6]

イ　一般に新法と呼ばれる「らい予防法」が制定されたのは、一九五三年八月であり、その内容は、基本的には、旧法の絶対隔離、絶滅政策を踏襲したものである。

周知のとおり、新法は、一九九六年三月に廃止されるまで存続した。

（四）日本の隔離政策の世界に例のない特徴について

日本のハンセン病隔離政策には、世界に例のない次のような特徴がある。

第一は、患者である入所者に労働を強制したことである。

療養所において必要とされるあらゆる作業を入所者に強制し、その結果として、入所者に手指の喪失等の重篤な後遺症を負わせるに至っている。(7)

第二は、優生思想に基づく断種・堕胎の強要である。

戦前は非合法下に行われ、戦後は、優生保護法の対象疾病とされ、合法的に行われた。

第三は、前述した無らい県運動である。

戦前は一九三〇年代後半から、戦後は一九四九年から一九六〇年代まで行われ、特に戦後は、住民や教育現場からの投書・通報が奨励され、地域・学校・職場で、文字通りの「村八分」状態が形成されて、患者・家族を社会から排除していく仕組みが作られた。(8)

このような形で、地域住民や教員が、患者やその家族を社会から排除していく役回りを演じさせられたことが、ハンセン病に対する偏見や恐怖心を患者本人を含む社会全体に根深く植え付けるに至ったのであり、今なお、後を絶たない差別偏見の根深さともなっている。(9)(10)

二　「らい予防法」違憲国賠訴訟熊本地裁判決の意義とその限界

(一) 二〇〇一年熊本地裁判決の意義とその特徴

ア　一九九八年七月に提訴された「らい予防法」違憲国賠訴訟では、日本のハンセン病隔離政策とその法的根拠となった「らい予防法」は、憲法一三条に違反するとしたうえで、こうした政策を継続した厚生大臣と、同法の廃止をしなかった国会議員の不作為を国賠法上の違法であるとの主張がなされた。

イ　二〇〇一年五月に言い渡された判決の意義とその特徴は、以下の五点にある。

第一は、「らい予防法」を遅くとも一九六〇年当時には憲法一三条に違反するものであったと判断したことである。

第二は、一九六〇年までに隔離政策を廃止すべき義務を怠り、こうした政策によって原告らの被害を回復すべき措置を怠った厚生（労働）大臣の不作為を国賠法上違法であると判断したことである。

第三は、遅くとも一九六五年までに違憲の「らい予防法」を廃止しなかった国会議員の立法不作為を国賠法上の違法と判断したことである。

第四は、これらの厚生（労働）大臣や国会議員らの違法を先行行為に基づく被害回復義務の不履行と構成することにより、被告国の除斥期間の主張を排斥したことである。

第五は、原告らの被害を、隔離されたこと、断種・堕胎されたこと等の個々の侵害行為としてではなく、隔離されるべき地位におかれたことによる、社会内で平穏に生活する権利の侵害であると把握することにより、除斥期間の主張を排除するとともに、共通損害による包括一律請求を認めたことである(11)。

ウ　同判決は、国の控訴断念により確定するに至ったが、内閣総理大臣の謝罪談話や国会における衆参両議院本会議での謝罪決議を導き、超党派の議員立法として、前文において、慰藉料であることを明記した「ハンセン病補償法」の成立をも可能にした。

その後、同法は、二〇〇五年一〇月二五日の東京地裁判決を受けて、改正され、日本統治下における韓国・台湾における療養所入所者に対しても適用されることとなった(12)。

（二）熊本地裁判決の限界について

画期的な意義を有する熊本地裁判決の限界として、以下の二点を指摘することができる。

第一は、「無らい県運動」に明らかにされた社会の加害構造、社会の側の加害責任の解明が不十分だったことである。

同判決には、「無らい県運動」について、「多くの国民に対し、ハンセン病が恐ろしい伝染病であり、ハンセン病患者が地域社会に脅威をもたらす危険な存在であるとの認識を強く根付かせた」と判示し、こうして形成された恐怖心が「ハンセン病患者が地域社会に脅威をもたらす危険な存在であり、ことごとく隔離しなければならないという新たな偏見を多くの国民に植え付け、これがハンセン病患者及びその家族に対する差別を助長した」と認定した。

そのうえで、同判決は、こうして生み出された差別・偏見が、「今日まで続くハンセン病患者に対する差別・偏見の原点であると言っても過言ではない」とまで言及している。

しかしながら、こうした判断においては、あくまで、国民の側は、国の誤った政策や立法により、このような差別・偏見を植え付けられた存在としてか描き出されておらず、その結果として、国民の側が、患者やその家族に対して、どのような排除やいじめ等の加害行為に及んだのかという実態についての踏み込んだ解明はなされていない。

こうした限界は、同訴訟の主体となった原告らが、入所者であり、その被害の中核を隔離された被害として主張したことに起因するものであり、判決にその責任がある訳ではないが、熊本地裁判決から一八年を経て、今なお根強く残存しているハンセン病に対する偏見・差別をどう克服していくのかという課題を考えるうえで、こうした社会の側の加害責任という視点からの分析は必要不可欠である。(13)

第二の限界は、司法の加害責任への論及がないということである。

日本国憲法下において、「らい予防法」がその制定以来一九九六年まで、四三年間にわたって存続してきたことの責任の一端は、その違憲性を看過してきた司法や法学研究者に帰する。

最高裁判所は、ハンセン病患者の刑事事件について例外なく裁判所法六九条二項を適用して、隔離施設での「特別法廷」を承認し続けてきたが、「らい予防法」ですら、一定の場合に外出を認めていたことを超えて、こうした承認を続けたことは、最高裁判所自体が、隔離政策やその法的根拠としての「らい予防法」を合憲であると認めて、そのお墨付きを与えたに等しい。

こうした特別法廷に関与した弁護人・検察官を含めて、日本国憲法下において、「らい予防法」の違憲性を主張して、その廃止を求めた法曹が不在であり、確たる法学研究者もいなかったという事実が、「らい予防法」のかくも長きにわたる存続を許してしまったという厳然たる事実は、私たち法曹関係者に痛切な「自己検証」を求めている。

このような視点の欠落を求めることは、国賠法上の責任の有無を判断することがその職責であった態本地裁判決にとっても酷にすぎることは承知のうえで、私自身の自戒を込めて、あえて、この点を限界として指摘することを許していただきたい(14)。

三　ハンセン病隔離政策と日本国憲法

（一）憲法一三条における幸福追求権の絶対性と公共の福祉

らい予防法も、そして旧優生保護法も、憲法十三条に違反するとの司法判断がなされている。しかしながら、一方で、これらの法律が、その規定当時において、憲法に抵触しないと判断されたのは、憲法一三条に、「公共に福祉に反しない限り」との限定が附されていたからでもある。制定当時とこうした判決による違憲判断時における憲法一三条の適用における判断の相違を、ハンセン病に関する医学的知見の推移に求めることは可能ではあるが、そうした視点からの考察のみでは、何故に、憲法違反の基準時とされた一九六〇年から、熊本地裁判決までの四〇年もの長きにわたって違憲論が現出してこなかったのかという問いに対する解答は出てこない。

憲法について深く学んだこともなく、体系的に研究したこともない私が指摘しうる事柄でないことは十分弁えたうえで、私には、憲法一三条に内包する脆弱性としての「公共の福祉に反しない限り」との規定の存在を問題視すべきなのではないのかということを痛感せざるをえない。

憲法一三条の保障する個人としての尊重や幸福追求権は絶対的なものであり、如何なる理由があろうとも侵害されることは許されないとの原則が、こうした規定の存在とその趣旨に関する安易な拡大解釈とによって、「らい予防法」や旧優生保護法が日本国憲法下において制定され、長きにわたって存続することを可能にしたのだという事実を私たちは謙虚に認めるべきではないだろうか。

（二）違憲立法審査権と法律家の責任

ハンセン病問題を経験して、もう一つ実感したのは、憲法裁判所の存在を認めない日本国憲法下において、裁判所に与えられた違憲立法審査権の発動を促すのは、私たち弁護士や法学研究者であるということである。

最高裁判所が承認した特別法廷は、九五件に及んでいる。ということは、少なくとも九五人の検察官と弁護士が、この法廷に関与していることになる。

多くの憲法及び刑事法研究者は、憲法三二条や八二条の解釈において、裁判所法六九条二項の存在を認識したはずである。

そうした私たちが、特別法廷の違憲性を長年にわたって指摘することができないでいたという事実を、ハンセン病問題を契機として、重く受けとめることが求められているのではないか。

今、私は、違憲立法審査権を現実に担っているのは、私たち一人一人であるという認識を新たにしている。

（1）同旨、森川恭剛「ハンセン病差別被害の法的研究」法律文化社、三三五頁

（2）高野六郎「民族浄化のために」（「社会事業」第一〇巻四号）

（3）大谷藤郎「らい予防法廃止の歴史」（勁草書房・一〇〇頁）

（4）戦前だけでなく、戦後に至っても一九六〇年代まで、推進され、現在に至るハンセン病差別の温床を導いた無らい県運動については、無らい県運動研究会編「ハンセン病隔離政策と日本社会」（六花書房）に詳しい。

（5）ＧＨＱがハンセン病隔離政策を容認した理由については、藤野豊「ハンセン病と戦後民主主義」（岩波書店）に

おいて詳細に分析されている。
(6) 最高裁判所事務局「開廷場所指定に関する調査報告書」参照。
(7) 民族浄化といった概念や強制労働、更には、優生思想に基づく断種・堕胎の強要は、ナチスにおけるホロコースト、T4作戦と時代的に重なるものである。
(8) 熊本地裁で行われたハンセン病家族訴訟では、患者の子らが、学校において、同級生から様々な迫害を受けたこと、教師が、そうした迫害に加担していた状況等が赤裸々に原告らによって語られている。
(9) 福岡安則埼玉大学名誉教授は、ハンセン病家族訴訟で提出した意見書において、差別とは、特定のカテゴリーに対する嫌悪・排除であり、ハンセン病に関する社会的な加害の仕組みは、「集合的意識としての偏見」として社会の構成員に外在し、且つすべての構成員の意識を拘束すると分析している。
(10) ハンセン病に対する差別・偏見は、二〇〇一年熊本地裁判決後も継続しており、二〇〇三年の黒川温泉宿泊拒否事件、二〇一四年の福岡市内の小学校における「体がとける授業事件」、更には、現在でもハンセン病患者家族の離婚事件が少なからず発生している。
(11) 二〇一九年五月二八日、仙台地裁は、旧優生保護法は憲法違反であるとしたうえで、被害救済のための特別立法の必要性を認めながら、国会議員や厚生労働大臣の立法不作為を国賠法上の違法とは認めず、除斥期間を適用して、原告らの請求を棄却したが、二〇〇一年の熊本地裁判決と対比してみると、先行行為に基づく被害回復義務として何を措定すべきであるのかについて相違していることが認められ、そうした相違が、加害行為としての先行行為をどのように把握するのかという点に起因しているように感じられる。
　旧優生保護法による被害は、単に、リプロダクティブ権を侵害されたという点にとどまらず、優生政策により、自らと同じような劣等な子孫を産むことが許されない地位つまり人間として生きるに値しない地位におかれたという点に本質があるというべきだと思われるからである。
(12) これらの訴訟は、「ハンセン病補償法」に基づく補償金不支給処分の取消を求める抗告訴訟として提起され、韓国ソロクトに関しては請求棄却、台湾楽生院については原告勝訴と判断が割れるに至ったが、同法の改正を導き、いわゆる戦後補償の例外として、一人八〇〇万円の慰藉料がすべての被害者に支給されている。

(13) ハンセン病家族訴訟は、この社会の側の加害構造とその加害責任を明らかにすることを目的の一つとしている。

(14) 現在熊本地裁に係属している「菊池国賠事件」は、特別法廷で死刑判決を受け、執行された、いわゆる「菊池事件」について、検察官が再審請求しないことが、国賠法上の違法であるとして損害賠償を求める事件であり、ハンセン病問題における司法の責任が争点として問われている。

憲法判例を通して家族を考える

――女性の再婚禁止期間、嫡出否認制度、新しい夫婦別姓に関して――

作花知志
（弁護士）

一　女性の再婚禁止期間違憲訴訟（作花知志「最高裁判決二〇一五―弁護士が語る最大判平成二七年一二月一六日―再婚禁止期間違憲訴訟」『法学セミナー』二〇一六年三月号（日本評論社、二〇一六年）三九頁）

（一）女性の再婚禁止期間違憲訴訟の御依頼をいただいた当時、最高裁は一度、この問題について判決を出していた（最高裁第三小法廷平成七年一二月五日判決「民法七三三条の立法趣旨は、父性の推定の重複を回避し、父子関係をめぐる紛争の発生を未然に防ぐことにあるから、国会が同条を改廃しないことが憲法の一義的な文言に違反しているとはいえず、国家賠償法上一条一項の適用上違法の評価を受けるものではない。」（以下では「最高裁平成七年判決」という。））。

でも私は、その最高裁平成七年判決が存在していても、新しい憲法訴訟を起こすことが無意味であるとは思わなかった。次で述べるような事実が、最高裁平成七年判決後に存在していたからである。

①最高裁平成七年判決からすると、民法七七二条二項の形式的な適用上、女性の再婚禁止期間は一〇

〇日で足りるはずであること。
②女性の再婚禁止期間を一〇〇日とする法務大臣の諮問機関である法制審議会による民法改正案要綱が平成八年に採択されていたこと。
③学説上は、一〇〇日を超えて女性の再婚禁止期間を課すことは、法の下の平等に違反するという立場が圧倒的に有力であったこと。
④国会の審議において、②を前提にして、女性の再婚禁止期間の改正を求める質問が繰り返し行われていたこと。
⑤日本が締約国である国際人権条約の国際人権B規約及び女性差別撤廃条約の各条約機関から、女性の再婚禁止期間の廃止を求める勧告が繰り返し出ていたこと。
⑥諸外国で女性にのみ再婚禁止期間を課す法律が廃止されていたこと。
⑦ＤＮＡ鑑定技術と医療技術が高度な発達を遂げていたこと。
これらの事実は、最高裁平成七年判決が変更される可能性があることを示しているように、私は感じたのである（以下では①ないし⑦の事実を「本件立法事実」という。）。
（二）平成二三年八月四日に岡山地裁に提訴。訴訟における主張は、次のとおりである。
①女性の再婚禁止期間の立法目的が、父性の推定の重複を回避し、父子関係をめぐる紛争の発生を未然に防ぐことにあるのならば、民法七七二条二項の形式的適用からすると、一〇〇日以上は不要なはずであり、女性の婚姻の自由に対して必要以上の制約を課したもので憲法に違反する。
②一〇〇日以内も憲法違反（①制定過程からすると再婚禁止期間は女性蔑視の思想の下で設けられたものであり設けること自体が許されない、②医療技術の発達と科学技術の発達から現代では一〇〇日以

内も不要である。父を定める訴え（民法七七三条）の柔軟な適用が可能である。）。

（三）訴訟において被告国は、反論として、最高裁平成七年判決を引用した上で、同判決は女性の再婚禁止期間（民法七三三条）の立法目的について、①父性の推定の重複を回避することと、②父子関係をめぐる紛争の発生を未然に防ぐことの二つである、と判示したものである、という反論を行った。単に民法七七二条における父子関係の嫡出推定の重複を避けるためだけ（①のためだけ）に設けられたならば、再婚禁止期間は一〇〇日で足りるかもしれないが、それに加えて、②父子関係をめぐる紛争の発生を未然に防ぐことという立法目的もあり、一〇〇日だけだと女性が妊娠していることを自ら気付かなかったり、再婚相手の男性もその女性の外観から妊娠していることに気付かなかったりすることで、父子関係をめぐる紛争が発生する。だから、女性が自らの妊娠に気付きやすくし、再婚相手の男性もその女性の外観から妊娠していることに気付きやすくするために、女性の再婚禁止期間を一〇〇日を超えてさらに幅を持たせることも許される、という主張である。

それに対して原告は、女性の再婚禁止期間（民法七三三条）の立法目的は、あくまでも①父性の推定の重複を回避することであり、②父子関係をめぐる紛争の発生を未然に防ぐことは、①の目的が実現されたことの結果にすぎない。②は独立した立法目的ではなく、結果である、最高裁平成七年判決もそのような趣旨の判例である、という反論を行った。

（四）原告は、本件立法事実を引用した上で、特に「⑤日本が締約国である国際人権条約の国際人権B規約及び女性差別撤廃条約の各条約機関から、女性の再婚禁止期間の廃止を求める勧告が繰り返し出ていたこと」と「⑥諸外国で女性にのみ再婚禁止期間を課す法律が廃止されていたこと」を、「憲法解釈に意味を与える立法事実である」との主張を行った。以下では⑤の主張について述べる。これは「事実としての条約」の主張である（「事実としての条約」の主張については、作花知志「国内裁判所における人権条約と個人通報制度―事実としての条約―」『国際人権』二三号（信山社、二〇一二年）五六頁及び作花知志「再婚禁止期間訴訟」『国際人権』二八号（信山社、二〇一七年）九四頁（女性の再婚禁止期間違憲訴訟における国際人権条約の役割についてまとめたもの）を参照していただきたい。）。

「事実」であれば、それがどんなに小さな事実であっても、裁判所による法的判断の前提とされる。もちろん、「事実」そのものが即時に裁判所を拘束するわけではないが、裁判所は、「事実」が存在していることを前提として、法的判断を行わなければならないのである。それは、「事実」が裁判所の法解釈に対して影響を与える地位に置かれることを意味している。

では、「事実（立法事実）としての条約」とは何か?。それは、「日本が国際人権条約を締結したこと。その国際人権条約に人権保護規定が存在していること。国際人権条約機関が日本政府に国内法改正を求める勧告意見を出したこと。」などの事実である。それらはいずれも、憲法（憲法解釈）に意味を与える「事実（立法事実）」である。さらにいうと、それらはいずれも「法律の制定過程で国会において〇〇の説明が行われた」「法律の制定後、根拠とされた経済的データが〇〇に変化した。」などと同様の「事実（立法事実）」である。

このように「事実としての条約」の主張を用いることで、①国際人権条約の効力が法律よりも上位であるが憲法よりも下位である問題と、国際人権条約機関の勧告意見に法的拘束力がない問題をいずれも、同時にクリアできる。

訴訟において、「事実としての条約」の主張を行った結果、岡山地裁における判決では、「争いのない事実」として①国際人権条約への日本の批准と②国際人権条約機関の勧告意見が出されたことが引用された。また、①②がそのまま広島高裁岡山支部判決でも「争いのない事実」として引用された。その後最高裁への上告が行われたのであるが、民事訴訟法三二一条一項は「原判決において適法に確定した事実は、上告裁判所を拘束する。」と規定しているのであるから、それらの「争いのない事実」が存在していることは、最高裁を拘束する存在として、最高裁での評価が行われることになったのである。

（五）平成二五年に最高裁へ上告。平成二七年二月一八日に最高裁大法廷に回付された。

同年一一月四日に、最高裁大法廷での弁論が行われた（弁論要旨は作花法律事務所ＨＰ（http://sakka-law-office.jp/）に掲載している。）。

そして同年一二月一六日に、当時六箇月とされていた女性の再婚禁止期間の内、一〇〇日を超える部分が憲法に違反する、と判示した、最高裁大法廷平成二七年一二月一六日判決が出された（以下「本件違憲判決」という。）。

（六）本件違憲判決の判示の内、「民法七三三条一項の規定する女性の再婚禁止期間の立法目的は、父性の重複を回避し、もって父子関係をめぐる紛争の発生を未然に防ぐことにあり、立法目的には合理性が認められる。」の箇所は、最高裁平成七年判決の判示内容とよく似ている。ただし、一箇所違っている箇所がある。それは、本件違憲判決には、「もって」という言葉が加わっているのである。

上で述べたように、訴訟では最高裁平成七年判決の読み方について、原告側と被告国側との主張のやり取りがあった。本件違憲判決では、その内の原告側の主張を採用して、女性の再婚禁止期間（民法七三三条一項）の立法目的は、父性の重複を回避することであり、父子関係をめぐる紛争の発生を未然に防ぐことは、その結果にすぎないことを、「もって」という言葉を加えることで、明確にしたのである。

（七）本件違憲判決を振り返ると、とても興味深く感じることがある。①まず、憲法二四条二項の裁判規範性を肯定したこと、②そして再婚の自由を憲法二四条二項から肯定したことである。憲法二四条二項の個別的人権保障規範としての側面である。

③また、興味深く感じたのは、この訴訟における原告は、当時の民法七三三条で六ヶ月とされていた女性の再婚禁止期間内に、婚姻届を提出することをしないで期間が経過して（婚姻届の不受理という行政処分は存在していない）、その後期間内に婚姻届を提出できなかったことについての慰謝料を請求していることである。訴えの利益の問題であるが、「行政処分なくして国会の立法不作為訴訟が提起できるとされれば、それはもはや抽象的違憲審査制が採用されたのと同じことになる。」という反論は、被告国から出されることはなく、また本件違憲判決でもその点は問題にされなかった。

④さらにいうと、本件違憲判決は、国家賠償請求そのものは棄却をしているのであるから、「違憲判断は、判決を導くのに必要不可欠な場合にだけ行われる。」という観点からすると、あえて違憲の判断を行う必要はなかったはずである。それにもかかわらず、本件違憲判決は、あえて違憲の判断を行ったものである。

私は、特に③と④の点について、本件違憲判決後に、「まるで抽象的違憲審査制のような違憲判決である。」と考えていたのであるが、それは「憲法二四条は、個別的な人権保障の根拠規定であると同時に、家族についての客観的な制度・法秩序を保障した規定ではないか。」、と思うようになった。

本件違憲判決や、後に述べる他の家族法についての憲法訴訟においても、憲法二四条二項の存在が、単なる個別的人権保障規範としての役割を超えた働きが生まれている。その意味で本件違憲判決は、憲法二四条に特別な意味が与えられた判例としても、注目されるべきだと考えている。

（八）本件違憲判決は、歴史上一〇件目の法令違憲判決（決定を含む。）であると同時に、歴史上初めての性差別を理由とした法令違判決であった。

本件違憲判決を受けて、平成二八年六月一日の国会による法改正が行われた。現在の新民法七三三条である。

新民法七三三条では、「①法七三三条一項の定める再婚禁止期間を六か月から一〇〇日に短縮する。②法七三三条第二項を改め、女が前婚の解消又は取り消しの前に懐胎した子を再婚後に出産することがない場合には、再婚禁止期間の規定を適用しないものとする。」とされている。これで、離婚時に妊娠していない女性にとっては再婚禁止期間は全廃されたのと同様の効果が生じたことになる。

（九）振り返ると、女性の再婚禁止期間違憲訴訟は「法の支配」への挑戦であった。原告は、岡山地裁への提訴時点で二〇代の女性一人であり、訴訟代理人は私一人であった。まさに二人三脚で、岡山地裁から最高裁大法廷までを駆け抜けた訴訟活動であった。

しかしながら、たった一人の市民でも、裁判所で論理と証拠を積み重ねることで、国を変えることができるのである。その意味で本件違憲判決は、法の支配の理念が発現したものであったと感じている。

二　無戸籍児問題と嫡出否認制度違憲訴訟

（一）生まれた子に戸籍が編纂されない「無戸籍児問題」は、現在大きな社会問題となっている。

この訴訟では、無戸籍児が生まれる原因は、民法七七四条（「第七七二条の場合において、夫は、子が嫡出であることを否認することができる。」）等現在の民法の規定が、夫（父）にだけ父子関係の否認権（嫡出否認権）を認めて、子や妻（母）には認めていないことにある、それは法の下の平等を定めた憲法一四条一項及び家族に関する法律は個人の尊厳と両性の本質的平等に立脚して制定されなければならないとした憲法二四条二項に違反する、と主張を行っている。

（二）現行法の嫡出否認権制度は、明治憲法時代に制定された（一八九八年制定）。夫（父）からのみ権利行使が認められた理由については、「夫の名誉ないし精神的利益を擁護することに直接的な理由が認められる。これをさらに強調すれば、家のためという思想の残滓がうかがわれる。」との説明がされている（岡垣学「嫡出否認の訴について（四）」判例タイムズ三〇三号（判例タイムズ社、昭和四九年（一九七四年））三二一－三二三頁）。

しかしながら、そのような立法理由は、現在何等合理性が認められないことは明らかである。まず、日本国憲法の制定後、家事審判法が制定され（昭和二三年（一九四八年）施行）、同法では、嫡出否認権の行使においても、調停前置主義が採用されている。調停前置主義が採用されているということは、「夫の名誉が害される」ことは、非公開の調停手続においては生じないことを意味している（家制度が廃止されたことにより、家の名誉は保護対象とならないことも明らかである。）。さらに、現在の民法の下においても、妻（母）側からの嫡出否認の申立が行われ、夫（父）の同意を得て成立している実務の運用例が複数存在していることも挙げられる。それは、妻（母）や子側から嫡出否認権の行使を認めても、何等不都合は生じないことを示している。

（三）この訴訟においても、児童の権利条約を日本が批准したこと、同条約七条一項前段は、「児童は、出生の後直ちに登録される。」と規定していることなどを、憲法解釈に意味を与える立法事実として引用している。「事実としての条約」の主張である。

また、女性の再婚禁止期間違憲訴訟における最高裁大法廷平成二七年一二月一六日判決において、外国法の変遷が憲法解釈に意味を与えることが認められたことを受けて、外国法の変遷の主張を行っている。いずれも、かつては日本と同様に、父（夫）からしか嫡出否認権の行使が認められていなかった国においても、現在では、ドイツでは母と子から、韓国では母から、台湾では母と子から、それぞれ嫡出否認権の行使が認められる法改正がされているのである。

（四）訴訟の経緯は、以下のとおりである。

①神戸地裁平成二九年一一月二九日判決（以下「神戸地裁判決」という。）は、以下のように判示した。

夫は子への扶養義務や相続という法律上の利害関係を有する。それを否定するために、嫡出否認権を夫のみに認めたことには、一応の合理性がある。

民法の規定は違憲ではないが、現行ではＤＶ被害者を保護する法律が不十分であり、対策が求められる。

②大阪高裁平成三〇年八月三〇日判決（以下「大阪高裁判決」という。）も、神戸地裁判決を引用して、基本的には同じ立場の判決を行った。

最高裁への上告を行い、現在事件は最高裁に係属している。

（五）事実としての条約の主張については、神戸地裁判決も大阪高裁判決も、「日本が締約国となっている条約・勧告の内容や諸外国における立法の内容が立法事実となり得ることは否定できない。」と判示している。

（六）憲法二四条二項違反の主張について、神戸地裁判決も大阪高裁判決も、以下のように判示している。この判示内容は、憲法二四条が個別的人権保障規範としての側面に加えて、家族についての客観的な制度・法秩序を保障した規定としての側面が出ていると考えている。「憲法二四条二項は、憲法上直接保障された権利とまではいえない利益であってもなお尊重すべきものについて十分に配慮した法律の制定を求めている」と解釈されているからである。それは個別的人権ではないものをも、憲法二四条二項が制度として守ろうとしていることを意味している。

「五　本件各規定（嫡出否認権の規定）の憲法二四条二項適合性について

原告らは、本件各規定が、父と子及び父と妻との間で差別的な取扱いをしていることを根拠として、憲法二四条二項に違反すると主張する。

憲法二四条二項は、婚姻及び家族に関する事項について、具体的な制度の構築を第一次的には国会の合理的な立法裁量に委ねるとともに、その立法に当たっては、個人の尊厳と両性の本質的平等に立脚すべきであるとする要請、指針を示すことによって、立法裁量の限界を画している。そして、同条は、憲法上直接保障された権利とまではいえない利益であってもなお尊重すべきものについて十分に配慮した法律の制定を求めていると解すべきである。」

三　戸籍法上の夫婦別姓訴訟（作花知志「再婚禁止期間違憲訴訟と戸籍法上の夫婦別姓訴訟」『憲法研究』第四号（信山社、平成三一年（二〇一九年））一六七頁）

（一）最高裁大法廷平成二七年一二月一六日判決（民法上の夫婦別姓訴訟）は、民法七五〇条「夫婦は、婚姻の際に定めるところに従い、夫又は妻の氏を称する。」を合憲と判示した（ただし、同規定を違憲であるとする五名の最高裁判事の意見がある。）。

（二）そのような最高裁判例の存在を前提にして、現行法上選択的夫婦別姓制度を実現するために平成三〇年一月九日に東京地裁に提訴されたのが、戸籍法上の夫婦別姓訴訟である。

この訴訟では、民法ではなく、戸籍法の「法の欠缺」を憲法違反と主張している。次の点に関するものである。

①民法上の日本人同士の夫婦について、民法七五〇条により民法上の氏を変え者が、婚姻前の氏に復氏すること（戸籍法上の氏（呼称上の氏）として旧姓をいること。氏を選択すること。）についての法制度は不存在である。

②民法七六七条二項及び戸籍法七七条の二により、離婚後復氏した者が戸籍法の定めるところにより基づき届け出ることで離婚の際に称していた氏を称することができる。氏を選択することができる。

③戸籍法一〇七条二項により、外国人配偶者と婚姻した日本人が戸籍法に基づ届け出ることで外国人の氏を称することができる。氏を選択することができる。

④戸籍法一〇七条三項により、外国人配偶者と婚姻した日本人が戸籍法一〇七二項により外国人配偶者の氏を称した後に離婚した場合、戸籍法に基づき届けることで離婚の際に称していた氏を称することができる。氏を選択することができる。

②ないし④は、いずれも民法上の氏は変わらず、戸籍法上の氏（呼称上の氏）が変わるだけ制度である（氏名権の尊重のための制度。それぞれが、本来なら戸籍上存在しない氏を、通称使用することに法的根拠を与えた規定である、と評価することができる。）。それら立法上の手当の存在と比較した場合、①民法上の日本人同士の夫婦についてのみ、氏を変えた者が婚姻前の氏に復氏すること（（戸籍法上の氏（呼称上の氏））として旧姓を用いること。氏を選択すること。）についての法制度が不存在であることに、合理性はない。その「法の欠缺」は、法の下の平等を定めた憲法一四条一項及び家族に関する法律は個人の尊厳と両性の本質的平等に立脚して制定されなければならないとした憲法二四条二項に違反

する、との主張を行っている。

（三）訴訟において被告国は、まず戸籍法六条「戸籍は、市町村の区域内に本籍を定める一の夫婦及びこれと氏を同じくする子ごとに、これを編製する。」において、現在の家族単位の戸籍において、夫婦別氏の記載をすることは許されない、との主張を行っている。

しかしながら、同条で「氏を同じくする」と規定されているのは、「子」についてであって、「夫婦」については、「氏を同じくする」との規定は存在していない。戸籍法六条は、夫婦別氏制度を容認していることは明らかである。さらに、そのような指摘をした国の行政機関の担当者の論文が存在している（昭和三六年に法務省に入省され、同民事局補佐官、東京法務局人権擁護部第二課長等を歴任された澤田省三の著書『夫婦別氏論と戸籍問題』（ぎょうせい、平成二年（一九九〇年））一七二頁以下。）。

（四）訴訟において被告国は、「戸籍法は民法の手続法であり、民法七五〇条を改正せずに、戸籍法だけ改正して、夫婦別氏制度を導入することは法律上認められない。」と主張している。

しかしながら、「戸籍法上の氏（呼称上の氏）」は民法の特則ではなく、戸籍法一〇七条の特則である。その意味で戸籍法上の氏（呼称上の氏）による規定を設けるために、民法改正は不要であることは明らかです。そのことを指摘した国の行政機関の担当者の論文が存在している（法務省民事局第二課戸籍総括係長を務められた青木惺氏の「民法上の氏と呼称上の氏について」家庭裁判月報第四一巻第五号（平成元年（一九八九年））一二五頁。）。

さらに、最高裁大法廷平成二七年一二月一六日判決（民法上の夫婦別姓訴訟）は、日本人同士の夫婦について、民法七五〇条を合憲であるとした上で、「民法七五〇条に基づいて氏を変えた者は、通称を使用することが許される。」と判示している。先に述べたように、戸籍法上の氏（呼称上の氏）とは、本来なら戸籍上存在しない氏を、通称使用することに法的根拠を与えた規定である、と評価することができる。とすると、最高裁大法廷平成二七年一二月一六日判決（民法上の夫婦別姓訴訟）は、日本人同士の夫婦について、民法七五〇条に基づいて氏を変えた者は、通称を使用することが許される、と判示したのであるから、その立場からすると、民法七五〇条の改正を行うことなく、通称使用に法的根拠を与えた存在である戸籍法上の氏（呼称上の氏）による、選択的夫婦別氏制度を導入することは、何等違法ではないことは明らかである。

（五）この訴訟でも、事実としての条約の主張を行っている。

①女子差別撤廃条約

・昭和六〇年（一九八五年）に、日本が女子差別撤廃条約を批准したこと。同条約一六条一項は、「締約国は、婚姻及び家族関係に係るすべての事項について女子に対する差別を撤廃するためのすべての適当な措置をとるものとし、特に、男女の平等を基礎として次のことを確保する。」……「(g) 夫及び妻の同一の個人的権利（姓……を選択する権利を含む。）」と規定していること。

・女子差別撤廃条約の条約機関から日本政府に対して、繰り返し選的夫婦別姓制度を採用する法改正を行うべきであるという勧告が出されてきたこと（二〇〇九年、二〇一三年、二〇一六年）。

②諸外国の立法

・第一八九回国会（常会）で、政府は平成二七年一〇月六日付の答弁書において「現在把握している限りにおいては、お尋ねの「法律で夫婦の姓を同姓とするように義務付けている国」は、我が国のほかには承知していない。」と答弁を行ったこと。

（六）この訴訟でも、憲法二四条二項違反の主張を行っている。

最高裁大法廷平成二七年一二月一六日判決（夫婦別姓訴訟）の憲法二四条二項についての判示「そして、憲法二四条が、本質的に様々な要素を検討して行われるべき立法作用に対してあえて立法上の要請、指針を明示していることからすると、その要請、指針は、単に、憲法上の権利として保障される人格権を不当に侵害するものでなく、かつ、両性の形式的な平等が保たれた内容の法律が制定されればそれで足りるというものではないのであって、憲法上直接保障された権利とまではいえない人格的利益をも尊重すべきこと、両性の実質的な平等が保たれるように図ること、婚姻制度の内容により婚姻をすることが事実上不当に制約されることのないように図ること等についても十分に配慮した法律の制定を求めるものであり、この点でも立法裁量に限定的な指針を与えるものといえる。」を引用した上で、「仮に戸籍法上の氏（呼称上の氏）を使用することが、基本的人権ではないと判断されたとしても、それが憲法上直接保障された権利とまではいえない人格的利益に該当すれば、憲法二四条二項の適用がある。」と主張している。

この主張も、憲法二四条が、個別的人権保障規範としての側面に加えて、家族についての客観的な制度・法秩序を保障した規定としての側面を有するとの意味を持つことを前提としたものである。

アメリカ連邦最高裁の判例法理における「宗教に対する敵意」の位相
――大統領による入国禁止令をめぐる裁判例を素材に――

根田恵多
（早稲田大学・助手）

はじめに

二〇一七年一月、合衆国大統領に就任したドナルド・トランプは、「外国人テロリストの合衆国への入国から国家を守る」と題する「大統領令一三七六九号」を発令した。この大統領令は、イスラム教徒が多数を占める七か国からの入国を九十日間停止するものであり、大統領の選挙戦での発言などから、「ムスリム禁止令（Muslim ban）」ではないかとの批判を招き、アメリカ各地で大統領令の停止を求める訴訟が提起された。その後トランプは、対象範囲等を変更した新たな入国禁止令を二度にわたって発令した。二〇一八年六月二六日、連邦最高裁は、第三次入国禁止令である「大統領布告九六四五号」について、合憲・合法であるとの判決(1)（以下、Hawaii 判決）を下した。

本稿は、この入国禁止令をめぐる一連の裁判例を主な素材として、連邦最高裁の判例法理における「宗教に対する敵意」概念の意義と限界を明らかにすることを目的とする。トランプの入国禁止令については、それが外国人の入国を停止する大統領権限の適切な行使といえるかという争点とともに、国教樹立禁止条項に違反するかどうかが争われた。本稿は、後者の争点に着目し、(2)入国禁止令をめぐる諸判例と関連する連邦最高裁判例における「宗教に対する敵意」の位置づけを分析する。

一　「ムスリム禁止令」をめぐる判例の展開

(一) Hawaii 判決に至る経緯

第一次入国禁止令は、テロリストの侵入を防ぐという理由で、七か国（イラン、イラク、リビア、ソマリア、スーダン、シリア、イエメン）からの外国人の入国を停止した。その結果、入国拒否が相次ぎ、各地の主要空港などで抗議デモが発生する事態となった。各地で訴訟が提起され、ワシントン州が起こした訴訟では、連邦地裁が入国禁止令を全米レベルで無効とした。これに対し、トランプ側は差止の緊急停止を求める申立てを行ったが、第九巡回区連邦控訴裁はこれをしりぞけた。

これを受けて、二〇一七年三月六日、トランプは第二次の入国禁止令「大統領令一三七八〇号」を発令した。この第二次入国禁止令では、対象国からイラクが除外される等の変更が行われた。第二次入国禁止令についても訴訟が提起され、連邦地裁・控訴裁において、全米レベルで同命令を停止する決定が下された。この事件は、連邦最高裁で係争中に入国禁止令の期限が切れたことによってムートとなった。

二〇一七年九月二四日、トランプは第三次入国禁止令を発令した。この命令では、スーダンが対象国から除外され、新たに北朝鮮、ベネズエラ、チャドが追加された。第三次入国禁止令についても訴訟が提起され、連邦地裁・控訴裁で同命令が違法であるとして差止が認められたため、トランプ側が上告した。

（二）下級審における国教樹立禁止条項についての判断

三つの入国禁止令について、多数の判断が下されている。ここでは、下級審における代表的なものとして、第一次入国禁止令についてのワシントン州による訴訟と、第二次入国禁止令についてのハワイ州による訴訟を取り上げる。

① Washington v. Trump 連邦控訴裁決定(3)

第九巡回区控訴裁は、第一次入国禁止令がムスリムに対する敵意に基づいて宗教差別を行うものであるとの州側の主張に対して、以下のように述べている。

修正一条は、「国教の樹立に関する法律」を一切禁止している。世俗的ではなく宗教的な目的を有する法律は、この条項に違反する。ある宗派を他よりも公然と優遇する法律も同様である。その理由について、連邦最高裁は、宗教の是認はその宗教を信奉しない者に対して「政治的共同体の部外者であり、完全なメンバーではない」とのメッセージを伝達するからであると説明している。国教樹立禁止条項や平等条項に関する主張を評価する際には、争われている法令の文面を超えた目的に関する証拠について考慮すべきことが、判例上確立している。州側の主張は、重要な憲法上の問題を提起するものである。

控訴裁は、本件の入国禁止令が国教樹立禁止条項違反か否かについては、緊急の手続であることなどを理由として、詳細な書面が提出されるまで判断を留保するとした。しかし、最高裁の先例を参照しながら国教樹立禁止条項について述べた上記の部分は、次に見る連邦地裁判決などで引用されている。

② Hawaii v. Trump 連邦地裁決定(4)

ハワイ州は、第二次入国禁止令と第三次入国禁止令について、それぞれ差止めを求める申立てを行っている。ここでは、二〇一七年三月一五日に下された、第二次入国禁止令についての連邦地裁の決定を取り上げる。

連邦地裁は、「合理的で客観的な観察者」であれば、第二次入国禁止令は特定の宗教を冷遇する目的を持つと結論付けると述べている。第二次入国禁止令は、文面上は特定の宗教を差別するものではなく、トランプ側は「対象国のすべての個人に適用されるものであってムスリムを狙い撃ちにしたものではない」と主張している。しかし、連邦地裁は、対象国の人口におけるムスリムの比率は九〇%以上であり、当該命令がムスリムを狙い撃ちにしたものであるとした。そして、上記のWashington事件控訴裁判決を引用しながら、第二次入国禁止令が宗教差別に該当すると認定した。その際、「イスラムは私たちを憎んでいる」といったトランプの発言を、宗教に対する敵意を示す重大で反論不可能な証拠としている。

（三）連邦最高裁判決の法廷意見と反対意見

続いて、第三次入国禁止令を合法・合憲と判断したHawaii判決から、宗教に対する敵意について論じた部分を要約する。

①ロバーツ法廷意見（ケネディ、トーマス、アリート、ゴーサッチが同調）

連邦最高裁判例は、「国教樹立禁止条項の最も明確な要求は、一つの宗派が他の宗派よりも公的に優遇されてはならないということである」と認めている。本件では、トランプが以前からムスリムを敵視する発言を行っていたことを根拠として、当該入国禁止令は「宗教的ゲリマンダリング」を行うものであり、その主な目的は宗教に対する敵意であるとの主張がなされている。しかし、本件は入国規制に関する事案であり、通常の国教樹立禁止条項事案とは異なっている。そこで、本件では合理的根拠の基準を適用し、当該入国禁止令が国家の安全のためのものであるかどうかを審査する。この基準の下で、敵意を理由として違憲と判断した先例もわずかに存在する。しかし、当該入国禁止令は、文面上、正当な目的を示しており、宗教については何も語っていない。当該入国禁止令の対象がムスリムの多い国になっているのは、前政権が国家の安全保障にリスクをもたらす国として指定したからである。安全保障の問題の正当性について、裁判所が判断代置を行うことはできない。また、三つのイスラム教国が除外されたこと、いくつかの例外規定や免責プログラムを設けていることも、当該入国禁止令の正当性を補っている。

②ブライヤー反対意見（ケイガンが同調）

当該入国禁止令は、その発布または内容においてムスリムへの宗教的な敵意に強く影響されたものであるならば、関連する制定法や修正一条に違反する。個別的な免除が宗教に関係なく適用され、実際に対象国のムスリムがアメリカに入国できているのであれば、当該入国禁止令が「安全保障ではなく反ムスリムの偏見に基づいている」との主張は覆される。しかし、実際の適用についてみると、当該入国禁止令の発令から一か月で六五五五件の免除を求める申請がなされているが、認められたのは二件のみである。このような証拠が存在するため、さらなる審理のために事案を地裁に差し戻すべきであるが、そうせずに判断しなければならないのであれば、本件で示された敵意の証拠は、当該入国禁止令を無効とするのに十分である。

③ソトマイヨール反対意見（ギンズバーグが同調）

国教樹立禁止条項は、あらゆる宗教への敵意を禁止している。なぜならば、そのような敵意は「修正一条に埋め込まれたわが国の伝統との闘い」を引き起こすからである。裁判所は、政府による宗教是認のメッセージを禁止することを守る役割を担っている。そのため、政策のテクスト、運用、歴史的背景を示す証拠を審査する。トランプは、大統領選の時点で、当選したらムスリムの入国を禁止すると発言していた。当選後、一連の入国禁止令についての訴訟の最中にも、ムスリム排斥の意思を示す発言を行っている。法廷意見は原告側の国教樹立禁止条項に関する主張をショートカットしたが、宗教に対する差別や敵意に基づく政府行為については、より厳格な審査基準を適用すべきである。連邦最高裁が用いてきた厳格な基準を適用すれば、当該入国禁止令は明らかに違憲である。仮に合理的根拠の基準を用いたとしても、ムスリムに対する敵意に基づいていることは明白であり、違憲と判断すべきである。

(四) 小括

特定の宗教（宗派）を冷遇／優遇することが国教樹立禁止条項に違反することについては、いずれの意見も一致している。しかし、何をもって「違憲な敵意」と認定するかということについては、大統領令の形式の問題なのか、実際の運用のあり方を問うのか、動機の問題なのか、判断が分かれている。

Hawaii 判決法廷意見は、ムスリムに対する敵意があったかどうかの実質的判断には踏み込まず、入国禁止令が安全保障を理由としているか否かを緩やかな基準で審査するという構造になっている。しかし、合理的根拠の基準を用いても「敵意」を理由に違憲と判断され得ることを示しているし、「もし本件命令が安全保障を根拠にしたものではないと判断されれば敵意があったと認定される可能性があり、広い意味で敵意の法理に基づく判断方法だったともいえる」(5)との評価もなされている。

二 平等保護領域における「敵意」の法理

次に、Hawaii 決法廷意見が引用している三つのケースを取り上げ、平等保護領域の連邦最高裁判例における「敵意」の位置づけについて考察する。

（一）三つのケースにおける違憲な「敵意」

①Moreno 判決[6]

まず、血縁関係にない者を含む世帯をフード・スタンプの受給資格から除外する連邦法の合憲性が争われたMoreno判決が引用されている。この判決において、ブレナン判事による法廷意見は、合理性審査を適用し、立法過程における立法事実の検証を行っている。そして、当該立法の目的はヒッピーをフード・スタンプの受給資格から除外することであったと認定し、修正五条の要請に違反しているとの結論を下した。この事件は、特定の集団に対する明確な差別的意図に基づく立法を違憲と判断したリーディングケースとして知られている[7]。Hawaii 判決は、このMoreno判決が「政治的に不人気な集団を害したいという議会の剝き出しの願望は政府の正当な利益を構成することはない」と述べた部分を引用している。

②Cleburne 判決[8]

次に引用されているのが、知的障害者の施設（グループホーム）に特別な許可申請を求める市条例の合憲性が争われたCleburne判決である。ホワイト判事による同判決法廷意見は、知的障害は「疑わしい区分」でも「準・疑わしい区分」でもないとした上で、立法過程の記録を検証することによって、市議会のメンバーの悪意の直接的な証拠があると認定し、違憲と判断している。この判決では、「近くの学校の生徒が施設の子どもに嫌がらせをするのではないか」という「不合理な偏見」に根差していることが問題とされ、通常の合理性審査を適用して違憲判決が下されている。

③Romer 判決[9]

そして、同性婚の保護を禁止するコロラド州の憲法修正の合憲性が争われたRomer判決が引用されている。ケネディ判事による同判決法廷意見は、当該修正条項は基本的権利に不利益を課すものではなく、「疑わしい区分」を狙い撃ちしたものでもないとして、合理性審査を適用して違憲判決を下している。同法廷意見は、当該修正条項のように、ある特徴を有する集団のみを選び出し、その者たちの権利保護を全般的に否定するような立法は例がなく、特別に慎重な検討が必要であると述べる。そして、当該修正条項の適用範囲の広さを理由として、法の構造的側面から「同性愛者に対する敵意」の推論が可能であるとしている。

（二）考察

Hawaii 判決法廷意見は、第三次入国禁止令は国家の安全保障を目的としているために上記三つの違憲判決のパターンには当てはまらないとしているが、もし当該入国禁止令が安全保障目的ではなくムスリムに対する敵意に基づくものであったと認定されたならば、合理的根拠の審査の下で違憲と判断され得ることを示している。

上記三つの違憲判決は、敵意を問題視することが緩やかな審査に「牙を与える」(10)可能性を示唆している。いずれの判決も、立法過程の記録や法の構造を検証し、政府の主張する立法目的と集団を定義する性質の間に積極的なつながりがあるかどうかを問うことによって、憲法上正当でない目的を見出している。このような動機審査の手法は、主として人種差別が問題となっている事例で用いられているが、(11)上記三判決は、非「疑わしい区分」の事例においても動機審査が行われることを示している。

しかし、違憲な動機としての敵意をどのように認定するのかという問題が残されている。駒村圭吾は、「立法や政策の策定に関わった者たちの言説を掘り出して、その中に不当な動機の痕跡を発見する」タイプの動機審査について、本人でさえ不確かで流動的な「本心」を裁判官が言説の断片から認定してしまう点に恐ろしさがあると指摘している。[12]

三　連邦最高裁の宗教条項判例における「敵意」

続いて、連邦最高裁が過去の宗教条項事例において「宗教に対する敵意」をどのように扱ってきたかということを概観する。

(一)「宗教に対する敵意」の三つの類型

①世俗主義

第一に、世俗主義を「宗教に対する敵意」と呼ぶ類型がある。

たとえば、ペンシルヴェニア州の公立学校で早朝に行われていた聖書朗読と主の祈りの斉唱の合憲性が争われたSchempp判決[13]において、クラーク判事による法廷意見は、「政府は、宗教に積極的に反対する、あるいは宗教に対する敵意を示すという意味での〝世俗主義という名の宗教〟を公定することはできない」と述べている。Schempp判決は、「宗教を促進も阻害もしない、世俗的目的と主要な効果」がなければ国教樹立禁止条項違反になるとの基準を提示し、聖書朗読と主の祈りの斉唱は違憲であると結論づけているが、その判断が宗教を敵視した結果として導き出されたものではないと主張するために、「宗教に対する敵意」という概念を用いていると考えられる。

②特定の宗教に対する狙い撃ち

第二に、特定の宗教に対する狙い撃ち規制を「宗教に対する敵意」を示すものとして問題にする類型がある。

儀式等において動物を「不必要に殺す」ことを禁じた市条例について、動物を生贄とする宗教儀式を行うサンテリアが自由行使条項に違反すると主張して訴えを起こしたLukumi事件[14]において、ケネディ判事による連邦最高裁判決法廷意見は、「自由行使条項は、隠されていてもあからさまでも、政府による敵意から保護する」と述べている。この法廷意見は、当該条例の文言自体は中立的なものであるが、立法に至る「歴史的背景」から、サンテリアを狙い撃ちにしたことは明らかであるとしている。それだけではなく、当該条例の規制は、公衆衛生を保持し、動物に対する残酷な行為を防ぐという表向きの目的を達成するために必要な範囲を超えてサンテリアの宗教実践を規制するものであるとする。ここで重要なのは、文言だけでなく「法の実際の執行における効果が、政府が特定の宗教を迫害したり、差別したりする意図を示す強い証拠となる」と述べられていることである。条例の文言やその制定に至る経緯について検証することで「宗教的ゲリマンダリング」の意図を探るだけでなく、サンテリアの宗教実践の中核部分に対する抑圧が存在するということをもって、当該条例が中立性を欠くと判断しているのである[15]。

狙い撃ち規制について国教樹立禁止条項の観点から問題にした事例に、Larson判決[16]がある。この事件では、活動資金の半分以上を構成員からの寄付で賄っている宗教団体だけを財政状況についての年次報告義務から免除するミネソタ州法の合憲性が争われた。ブレナン判事の執筆した法廷意見は、当該州法の立法の経緯を検証し、問題となっている規定が特定の少数派宗教団体を狙い撃ちにしたものであるとして、国教樹立禁止条項に違反すると結論づけている。

このLukumi判決およびLarson判決は、トランプの入国禁止令の「宗教に対する敵意」を問題とした諸意見において、たびたび引用されている。

③政府による是認／否認のメッセージの発信

第三に、政府が宗教を是認／否認するメッセージを発することを問題とする類型がある。キリスト降誕のシーンや幼いキリスト像などを含む市の展示が問題とされた Lynch 事件[17]において、オコナー判事の同意意見は、「政府がある宗教を是認することは、その宗教の非信奉者に対して、アウトサイダーであって政治的共同体の完全な成員ではないというメッセージを伝達する」と述べている。そしてオコナー判事は、市が当該展示において伝達しようと意図していたものは何か、当該展示が現実に伝達したメッセージは何かということを審査している。オコナー判事は、この是認／否認のメッセージについて、共同体の歴史とコンテクストを熟知している「合理的観察者[18]」の視点から審査する「エンドースメント・テスト」を提唱し、同テストは Allegheny 判決法廷意見などで採用されている[19]。

(二)　考察

ここまで見てきたように、連邦最高裁の宗教条項判例においては、規制、援助、政府自身による宗教活動等の事例において、政府が「宗教に対する敵意」を動機とすることは宗教条項に違反するとの判断が示されている。

連邦最高裁は、「宗教に対する敵意」を問題にする際は〝hostility〟という言葉を用いているが、それが平等保護領域の判例でしばしば用いられている〝animus〟という言葉といかなる関係にあるのか、明示していない。このように連邦最高裁の「宗教に対する敵意」概念の用法がはっきりしないことをもって、単なるレトリックに過ぎないのではないかとの指摘もなされている[20]。確かに、類型①のような用法は、「宗教に対する敵意」の有無を宗教条項違反の審査のキーとしているものではなく、レトリックとして用いているに過ぎないとも考えられる。

しかし、類型②および類型③の事例においては、立法の経緯や歴史的背景を考慮しながら総合的に判断することで、当該立法が違憲な動機に基づくものであるかどうかを探り出そうとする試みがなされていると見ることができる。このような試みは、立法の目的について、政府側の主張や形式面の審査を超えて、実質的な判断を行う点に意義がある。

おわりに

トランプの入国禁止令を「ムスリムに対する敵意」に基づくものであると判断した諸意見は、立法の経緯を検証することによって、目的審査を実質的に行おうとしたものと見ることができる。また、これらの諸意見が、自由行使条項ではなく国教樹立禁止条項に違反の問題としている点も重要である。「宗教に対する敵意」に着目することによって、個人の主観的権利や不利益の問題に還元できないところで、平等なシティズンシップを脅かすような政府行為の問題を捉えられる可能性がある。

ただし、いかにして違憲な「宗教に対する敵意」を認定するかということについては、疑問が残る。Hawaii 判決反対意見においてソトマイヨール判事も述べているが、政策を策定した者の心の奥底を心理分析するようなことは、裁判所は避けるべきである。その点、ブライヤー判事反対意見は、入国禁止令の個別的免除の適用状況をキーとすることで、敵意の有無について客観的に判断しようとしていると考えられるが、この見解は他の判事たちの支持を得られてはいない。

Hawaii 判決の翌日、Romer 判決や Lukumi 判決で法廷意見を執筆し、敵意の法理を構築してきたケネディ判事が辞意を表明した。ケネディ判事辞任後の連邦最高裁において「宗教に対する敵意」概念がどのような機能を果たすのか。今後の連邦最高裁の動向にも注目していく必要がある。

（1）Trump v. Hawaii, 138 S. Ct. 923 (2018).
（2）一連の事件について、国教樹立禁止条項以外の論点についても詳細に論じている邦語文献として、福嶋敏明「トランプ大統領による入国禁止令と司法（1）～（5・完）」法学セミナー七五〇号一頁（二〇一七年）、七五六号八頁、七六〇号一頁、七六〇号一頁（以上二〇一八年）、七七三号三頁（二〇一九年）。
（3）Washington v. Trump, 847 F. 3d 1151 (9th Cir. 2017).
（4）Hawaii v. Trump, 241 F. Supp. 3d 1119 (D. Haw.2017).
（5）大林圭吾「トランプ大統領の入国禁止令が合憲・合法とされた事例――トランプ対ハワイ判決」判例時報二三七九号（二〇一八年）一一九頁。
（6）Department of Agriculture v. Moreno, 413 U.S. 528 (1973).
（7）*See, e.g.*, Richard H. Fallon, Jr., The Dynamic Constitution (Cambridge University Press 2004) 114.
（8）City of Cleburne v. Cleburne Living Center, INC., 473 U.S. 432 (1985).
（9）Romer v. Evans, 517 U.S. 432 (1996).
（10）Susannah W. Pollvogt, *Unconstitutional Animus*, 81 Fordham L. Rev. 887 (2012).
（11）連邦最高裁の判例法理における動機審査の展開については、中曽久雄「平等保護における動機審査の意義」阪大法学五九巻一号一五三頁（二〇〇九年）、一六一頁以下を参照。
（12）駒村圭吾「言葉／意味／権力：トランプの場合、天皇の場合」法學研究九一巻一号二一頁（二〇一八年）、三〇－三二頁。
（13）Abington School District v. Schempp, 374 U.S. 203 (1963).
（14）Church of the Lukumi Babalu Aye, Inc. v. Hialeah, 508 U.S. 520 (1993).
（15）Lukumi 判決の宗教差別に関する判断について、拙稿「米連邦最高裁の宗教条項解釈における2つの反差別原理―Smith 判決と Lukumi 判決を素材として―」（浅倉むつ子／西原博史 編著『平等権と社会的排除―人権と差

別禁止法理の過去・現在・未来』（成文堂、二〇一七年）一七九－二〇二頁参照。

（16）Larson v. Valente, 456 U.S. 228（1982）.

（17）Lynch v. Donnelly, 465 U.S. 668（1984）.

（18）County of Allegheny v. ACLU, 492 U.S. 573（1989）.

（19）オコナー判事のエンドースメント・テストの定式化の過程を検証したものとして、拙稿「合衆国最高裁の政教分離判例における『エンドースメント・テスト』の諸相―『エンドースメント論』と『エンドースメント・テスト』の緊張関係―」社学研論集二三号一七八頁（二〇一四年）。

（20）Frank S. Ravitch, *The Supreme Court's Rhetorical Hostility: What Is Hostile to Religion under the Establishment Clause*, 2004 BYU L. Rev. 1031（2004）.

信教の自由の保護領域と制約の正当化

——カナダ憲法判例からの示唆——

山本健人
（大阪経済法科大学）

はじめに

本稿は、多文化・多宗教社会における宗教的少数派の保護と多様な（宗教的）価値観をマネジメントすることを試みているカナダの信教の自由に関する主要判例の特徴を抽出し[1]、日本の信教の自由論——とくに判例を中心とした法義務免除／宗教への配慮——への示唆を検討するものである。なお、ここで「法義務免除」と「宗教への配慮」という用語法について若干の整理をしておく[2]。法義務免除は、我が国において拡張的に用いられる傾向があるが、本来、宗教を理由とした一般的な法規範からの免除可能性を論じるものである。宗教への配慮は、法解釈・適用における宗教に対する配慮可能性を論じるものである。両者の関係は、配慮の一様態として法義務免除があると整理できる。なお、紙幅の都合もあり、本稿では保護領域（一）と正当化（二）の部分に焦点をあて、制約については必要最小限でしか立ち入らない。

一　信教の自由の保護領域

（一）日本の現状

信教の自由の保護領域については、まず、信教の自由が保護の対象とする「宗教」とは何かという論点がある。この点については、宗教を「超自然的、超人間的本質（すなわち絶対者、造物主、至高の存在等、なかんずく神、仏、霊等）の存在を確信し、異形崇拝する心情と行為」と広範に定義する理解が一般的である。(3) この理解は客観説（広義説）と分類できる。なお、「その人がそれを宗教だと理解していれば、それは宗教と考えるべきだ」という主観説（最広義説）を主張するものもある。(4)

次に、上記のような宗教に含まれる、あらゆる宗教的信念や行為が保護の対象となるかという問題がある。この点、加持祈祷事件(5)は、他者の生命・身体に危害を及ぼした加持祈祷について、「一種の宗教行為としてなされたものであつたとしても、……憲法二〇条一項の信教の自由の保障の限界を逸脱したもの」と述べている。明示的ではないが、この説示は、結果的に身体的な傷害を加えるような宗教的行為であっても、いちおうは保護領域に入れるという趣旨であると読み取れる。(6)

（二）主観的な宗教理解と広範な保護領域―アムセルム判決

カナダ憲法判例の検討に入る前に、カナダ憲法の基本構造について簡単に説明しておく。カナダの憲法は、「一八六七年憲法」(7)と「一九八二年カナダ憲法」を中心に構成されている。中でも、「一九八二年カナダ憲法」の第一章「権利及び自由に関するカナダ憲章」(8)（以下、「憲章」）が憲法上の権利を規定する。信教の自由は、憲章二条ａ項によって基本的権利の一つとして保障されている。憲章に基づく違憲審査は、通常、①憲章の保障する権利が制約されているか（保護領域＋制約）、②制約がある場合、憲章一条の下で制約が正当化されるか、に分けて行われる。また、カナダでは、私人間の差別禁止を定める人権法が準憲法的法律として連邦・各州で制定されているが、ケベック州のみ、人権法の役割を担うケベック憲章[10]が基本的権利をも定める形で制定されている。そのため、ケベック州においては私人間の問題に信教の自由のような憲法上の権利が直接妥当する。なお、カナダ最高裁（Supreme Court of Canada）は、州法に関する問題も含め他のすべての裁判所からの上訴を最終的に取り扱う。

それでは、カナダの信教の自由の保護領域論に決定的な影響を与えたアムセルム判決[11]について検討しよう。本件の事実の概要は以下の通りである。ケベック州モントリオールの高級マンションの区分所有者である正統派ユダヤ教徒のアムセルムらは、正統派ユダヤ教の祭典の期間中（九日間）、自室のバルコニーに個人のスッカー（succah）と呼ばれる宗教的仮庵を作り、その中で寝食を行うこと等を宗教上の重要な行為と解していた。しかし、マンション購入の際に同意した約款は、管理組合が認める例外を除き、バルコニーを装飾したり、増改築したりすることを禁止していた。アムセルムらが、管理組合の反対を無視し、スッカーを建築したので、管理組合はスッカーを建てることを将来的に禁止し、現在建てられたスッカーの撤去を命じるインジャンクションを求めて出訴した。この事例において重要だったのは、アムセルムを除く正統派ユダヤ教徒らは、個人のスッカーを持つことは重要な宗教的意味を持つが、宗教上の「義務」とは考えておらず、共同のスッカーであっても宗教上の義務は満たされると考えていたことである。また、正統派ユダヤ教の一般的なラビの間で個人のスッカーが必要との理解が確立しているわけでもなかった。

カナダ最高裁判決の重要部分の要約は次の通りである。①本件は、私人間の問題であるため、ケベック憲章が適用されるが、本件で適用される信教の自由の理論は憲章上の信教の自由にも同じように適用される。②宗教を正確に定義することは困難であるが、世俗的・社会的・良心的な観点に基づくものと区別するための外縁を定義することはある程度有用である。それは、信仰と崇拝の独自で包括的な体系を持つもの、または、神、超自然的な人、支配的力を信じるものを含むよう、広範に定義される。③「公式な宗教的ドグマによって要求されているか、あるいは、宗教的指導者（religious officials）の見解と一致しているかに拘わらず」、宗教的行為は「信教の自由」として保護される。「宗教的行為は極めて主観的で個人的な性質」であり、ある行為が信教の自由の保護範囲か否かを決定する際に、裁判所にとっての問題は、主張者自身が「宗教に関連する」「真摯な信仰を有しているか」のみである。個人の真摯な信仰の判断を行う際には、当事者の「過去の行い」を過度に強調するべきではない。宗教的信仰は揺らぐものであるから、判断の対象は「現在の信仰が真摯であるか」である。④「ある行為が、主張者個人によって義務的とみなされていなくても、信教の自由によって保護される」。信教の自由は、個人にとって神ないし超自然的な存在等との関係をもつためになされる行為を保護している。

本稿の関心から特に重要なのは次の二点である。第一は、宗教概念の外縁のみを客観的に示した上で、個人の主観的な宗教理解を採用して、現在の信仰の真摯さを保護領域の核心的問題としたことである（②・③）。この枠組みによれば、確立した宗教的信仰体系ではない信仰やそれと矛盾するような信仰も保護領域に入る。第二は、宗教的な義務ではないが、重要な意味をもつ行為も保護領域に含まれる点である（④）。このように、本判決は、宗教の主観的な理解に基づく、ほぼ無限定な保護領域を認定しているが、[12]これは、異質な、あるいは非正統派の宗教的理解や、少数派の宗教的信念や行為を、信教の自由の保護領域として――憲法上の保護に値する信仰として――「承認」するものと評価できる。もっとも、このような無限定の保護領域を認めることは、宗教的行為と一般的な法規範との様々な場面での衝突を惹起する。この点が、信教の自由にとって最大の困難であると指摘されるが[13]、正当化の議論とも関わるため、二で検討する。

(三) 示唆

まず、「宗教」の定義について、アムセルム判決における宗教概念の外縁の定義は、我が国の広範な宗教の定義とほぼ同様である。その意味でアムセルム判決は、宗教の外縁も主観的に定義する最広義説とは異なる。示唆的なのは、客観的な外縁を前提に、「宗教」の主観的理解を採用したことである。我が国の判例はこの点に言及しないが、主観的な宗教理解を採用しなければ、客観的に定義された「宗教」と問題となっている信念や行為の一致が決め手となり、ある宗教内部の非正統派の信仰を保護できないし、宗教内で理解が一致していない場合、裁判所が正統教義の判定者となってしまう危険性がある。次に、信仰の真摯さについて、「現在」の時点を重視するとした点も示唆的である。主観的な宗教理解を採用する以上、その判断を信仰の真摯さに置くことは必然的な流れといえるが[14]、改宗の自由を念頭に置けば、アムセルム判決のように現在の信仰の真摯さを基準とすべきだろう。また、義務ではないが重要な宗教的信念や行為も保護領域に入ることを明示した点も重要である。加持祈禱は「真言宗の信仰の中核をなすものではない」との理解を前提にすれば[15]、加持祈禱事件は明示的ではないが、義務的・中核的な信仰ないし実践を保護領域から外す趣旨ではないといえる。アムセルム判決の保護領域論は、多様な宗教的信念や実践を広く憲法上の保護の対象にするための要点を明示したものであるが、我が国の保護領域論も同様に捉えうる余地がある。

二　信教の自由制約の正当化

（一）日本の現状

宗教に対する配慮が問題となる場合の正当化について、リーディング・ケースとなるのは加持祈禱事件である。しかし、極めて簡素なこの判決からは、何らかの基準を抽出することは困難である。最高裁によるものとしては、エホバの証人剣道受講拒否事件[16]も重要である。本稿の関心からは、憲法上の審査ではなく、行政法上の判断過程審査を行い、その際に剣道の受講拒否が「信仰の核心部分と密接に関連する真しなものであった」ことを指摘している点が注目される。

（二）行政裁量と合理的配慮―ムルタニ判決

まず、憲章一条に基づく制約の正当化審査について簡単に言及しておく。正当化段階の審査は、オークス・テストと呼ばれる、カナダ流の比例原則テストとして具体化されている。それは、法による制約を前提に、①目的は急迫かつ実質的なものか、②目的と手段に合理的関連性があるか、③権利の制約は最小限度か、④規制によって得られる利益と失われる利益は比例的か、を審査する。

この点につき、カナダにおいて大きな注目を集めたのがムルタニ判決[17]である。この判決は、正当化審査の中に合理的配慮（reasonable accommodation）分析を持ち込んだのである。合理的配慮とは、人権法上の判例法理として確立されたもので、一般に適用される法規範によって、個人及び特定の集団が人権法の列挙する事由（宗教、性別、障害等）に由来する差別的効果を被っている場合、配慮する側にとって「過度の負担」となるポイントまで配慮することを義務付けるというものである。さらに、手続的側面として、有効な配慮が可能か等について当事者間で対話が行われることも要求する。また、実体的側面である「過度の負担」のポイントはケースに応じて、経済的負担や企業規模を含め様々な点が考慮されるが、「一定の負担が受け入れられること」を前提とする。[18]

ムルタニ判決の事実の概要は以下のようなものである。公立中学校に通う正統派シーク教徒のムルタニ少年は、カーパン（kirpan）と呼ばれる宗教的装飾物——金属製でダガーのような形状——を常に携帯していなければならないと真摯に信じていた。ある日、誤ってカーパンを校庭に落としてしまったことで、これを学校に携帯していることが発覚した。教育委員会は、「合理的配慮」として、カーパンが洋服の中にしっかりと仕舞い込まれており安全が確保されているのならば、携帯を認めるべきとした。ところが翌年、（教育委員会の）運営評議会は、武器等の携帯を禁止した規則違反を理由に学校の安全を守ることを最重要視し、教育委員会の「合理的配慮」を否定した。ムルタニはこの措置が自身の信教の自由を侵害するという宣言的判決等を求めて出訴した。

本稿の関心に関わるカナダ最高裁判決の要点は以下の通りである。①本件において適用されるべき審査枠組みは、行政法上の判断過程審査ではなく、憲法一条に基づくオークス・テストである。②「合理的配慮の義務のアナロジーは、最小限の制約テストにおいて、個人の被っている負担を説明するのに役立つ」。学校には暴力に用いることのできる多くのものが存在し、その中には生徒が容易に入手できるものもある。また、学校でカーパンに関連した暴力事件はひとつも報告されていない。カーパンの全面的な持ち込み禁止は、最小限の制約ではない。③「カーパンの学校での携帯を全面的に禁止することは、多文化主義、多様性、他者の権利を尊重する教育文化などの重要な諸価値の促進を抑制する可能性がある」が、「反対に、ムルタニに配慮し、一定の条件のもとでカーパンの携帯を認めると、信教の自由を保護すること及び少数者を尊重することの重要性を示すことができる」。

本判決の要点は次の二つである。第一に、行政裁量が前提とされている場合にも、憲章上の権利が制約されているのであれば、憲章上の審査が適用された点である（①）。第二は、最小限の制約テストにおいて、合理的配慮分析を取り入れた点である（②）。本判決は、私人に宗教に対する合理的配慮を義務付けたと評される[19]アムセルム判決の延長線上にある。アムセルム判決は、スッカーを建てることによって、管理組合及び他の区分所有者が被る負担が最小限——避難経路には建てられておらず、外観への影響は僅か——である一方で、個人のスッカーを持つことは祭典の期間中、彼らが重要と理解する宗教的行為の実践を不便するため、バルコニーにスッカーを建設することは許容されるべきと結論付けていた。ムルタニ判決は政府にも合理的配慮の義務を課したと理解される。

ただし、第一の点について、近時、審査枠組みの変動がみられる。二〇一二年のドレ判決[20]を経て、二〇一五年のロヨラ判決[21]では憲章上の権利に関係する行政裁量の行使を判断する際に、行政法上の審査である、高められた判断過程審査（ドレ・アプローチ）が用いられた。このアプローチは、判断過程審査を前提としつつも、憲法上の諸価値を常に重要な考慮要素としなければならないことを明示する。ロヨラ判決によれば、まず、裁量権者が、適切な制定法上の目的にとって必要な限度で憲章上の保護を制限する場合にのみ、「比例原則に基づく均衡が保たれている」。そして、その審査はオークス・テストの最小限の制約テスト及び、狭義の比例性テストと「軌を一にする」。ドレ・アプローチに対しては、憲法上の諸価値なる概念の不明確性や憲法上の審査と行政法上の審査がごちゃ混ぜにされている等の数々の批判が展開されている[22]。ただ、ドレ・アプローチを採ったとしても、憲法上の諸価値の観点から行政裁量が明示的に拘束されていることは見落とすべきではない。

（三）法律の合憲性と利益衡量─ウィルソン・コロニー判決

アムセルム判決がほぼ無限定といえる広範な保護領域を採用し、ムルタニ判決が合理的配慮分析を取り入れたことで、政府は多様な宗教的信念や行為に対して過度の負担のポイントまで配慮しなければならないかにみえた。この点につき、合理的配慮の義務の範囲を、「政府行為ないし行政行為」に限定し、立法府を拘束しないと判断したウィルソン・コロニー判決[23]を検討しよう。

本判決の事実の概要は以下の通りである。一九七四年以降アルバータ州は交通安全法に基づいて運転免許証制度を運営しており、免許証取得のために顔写真の提出を義務付けていたが、宗教的理由等に基づく免除規定を備えていた。しかし、二〇〇三年に、身分詐称及び運転免許証の不正取得等のリスクに備えるため、顔写真の免除措置を取りやめた。ウィルソン・コロニーのフッターライトは、写真に写ることが自身の信仰に反すると考えていたため、免除の撤廃によって、運転免許証を更新・取得することが信仰に背かない限りできなくなった。ウィルソン・コロニーは、「身分証としての目的では使用できない」顔写真を不要とする運転免許証の発行を求める配慮案を提案したが州政府がこれを拒否したため、信教の自由が侵害されていると主張した。

カナダ最高裁判決の要点は以下の通りである。①「社会的問題に取り組む複雑な規制の合憲性が問題になっている場合」、裁判所は、立法者に対して敬譲的な態度を採る。②運転免許証制度の安全性を維持し、身分詐称のリスクを最小化することは「急迫かつ実質的な目的」である。③裁判所は、最小限の制約テストにおいて、より影響の少ない現実的な手段によって政府の目的が達成可能かを審査する。ウィルソン・コロニーによる配慮案は、彼らの信教の自由に対する制約を取り除くが、その案は政府目的を「妥協させる」。本件において、政府利益を妥協させない「オルタナティブは存在しない」。④個人に特有のニーズに応じるため当事者間の対話を要求する合理的配慮分析は、立法者と法律に従う人々との関係には当てはまらない。立法者はこのような個人の要求に取り組む能力及び法的義務を持たない。あらゆる将来の不測の事態に備えて法律を設計することが不可能なように、あらゆる真摯な信仰に適合する法律を設計することも不可能である。合理的配慮分析は「政府行為ないし行政行為が憲章上の権利を制約する場合」に適用される。⑤オークス・テストの最終段階においては、「手段の有害な効果の深刻さを完全に考慮」し、当該規制による「有益な効果が有害な効果と比例しているか」を審査する。⑥「宗教的行為に対する制限の深刻さを測るための魔法の物差しは存在しない」。背くことが背教を意味するような神聖なもの、個人にとって重要な意味をもつもの、個人が選択的に実践する付属的なものがグラデーションをもって無数に存在する。信仰の問題に対して政府が強制するような制限は、「常に極めて深刻である」が、法規制の付随的効果が問題となる場合、「常に深刻な制約となるわけではない」。

本稿の関心との関係で本判決の要点は次の二点である。第一に、複雑な社会問題に関わる法律の合憲性が争われている場合、政府に敬譲的な審査がなされるという点である（①）。第二は、合理的配慮の義務の範囲を限定したことである（③・④）。立法者が追求した「急迫かつ実質的な」政府利益は過度の負担のポイントまで妥協する必要はないのである。(24) ただし、本判決は、一般に適用される法律が問題となっている場合、宗教に対する配慮を認めない、と判断したわけではない。本判決が否定したのは、最小限の制約テストに合理的配慮分析を取り込むこと及び、同テストの審査において政府目的を妥協させることである。そのため、政府目的を妥協させることなく配慮が可能なら、最小限の制約テストをパスせず、有害な効果の方が上回れば、配慮が認められうる（⑤・⑥）。

(四) 示唆

まず、正当化をめぐるカナダ判例の考え方を整理しておこう。カナダの正当化論は、①法律が問題となっているか、②政府行為ないし行政行為が問題となっているかで分岐し[25]、②には、a憲法上の審査と、b行政法上の審査とが存在した。すなわち、①合理的配慮分析を伴わず、政府目的を妥協しないオークス・テスト（政府利益優位型）、②a最小限の制約テストに合理的配慮分析を取り込むオークス・テスト（信教の自由優位型）、②b憲法上の諸価値を常に考慮する高められた判断過程審査である。

カナダ判例からの示唆として、第一に、立法府と行政機関を区別した上で、合理的配慮の義務を論じるという方向性が挙げられる。これは、立法の一般性、例外を認めるべきではないとする立法府の第一義的判断への敬譲、宗教に対する配慮が問題になる多くのケースが②であることを考慮すれば十分な説得力をもつものと考えられる。第二に、宗教に対する配慮を認める対象を拡大する方向性である。カナダ判例によれば、宗教的信念や行為には、A宗教的義務、B宗教上の重要なもの、C宗教上の選択的で付随的なもの、を目安にグラデーションが存在する。カナダ判例は少なくともAとBについては、合理的な配慮を認めうる。この点、我が国の判例が明示的に述べるところは少ないが、配慮の対象としてAを念頭に置いているように思われる。信教の自由が神ないし超自然的存在等との関係をもつためになされる行為を保護すること（アムセルム判決）、「信教の自由を保護すること及び少数者を尊重することの重要性を示すこと」に意義を見出すこと（ムルタニ判決）を肯定できれば、このような拡大にも説得力がある。第三に審査枠組みについての示唆である。エホバの証人剣道受講拒否事件に関しては、信教の自由に関わっていることが「行政裁量審査の密度を深めた」とする読み方と、「原級留置・退学」という処分の重大性がそれを導いたとする読み方がある[26]。前者のように読んだ場合には、信教の自由の考慮方法の具体化、後者のように読んだ場合には、信教の自由の考慮の弱さを批判することが、カナダ判例からの示唆である。もっとも、ドレ・アプローチへの批判も踏まえれば、ムルタニ判決のように、憲法上の権利の観点からストレートに処分違憲の方向性を考える手がかりとすることもできる(27)。

オウム真理教解散命令事件(28)は、利益衡量の手法を採っており、調査官によれば、「当該法規制によって達成しようとする目的の必要性・合理性と当該法的規制によって宗教上の行為に生ずる支障の程度との比較衡量、より制限的でない他の選び得る手段の有無（ＬＲＡの原則）、規制手段の適性の確保等」が判断基準の念頭に置かれている(29)。ここで示された枠組みはカナダ憲章一条の審査の構成要素と類似するため、審査枠組の構造化や事案に応じた各要素の役割・機能を考える際の手がかりとして、ムルタニ判決やウィルソン・コロニー判決を参照することはそう無理のないことと考えられる。

おわりに

本稿は、カナダ憲法判例を参考に、我が国の信教の自由に関する判例を前提とした解釈上の示唆を提示した。多様性の時代とも呼ばれる現代社会において、まさにこの問題と向き合い続けてきたカナダ判例の信教の自由論は、我が国の信教の自由解釈にとっても有意義な視点を多数含んでいると思われる。

（1）例えば、カナダの立憲主義文化は、宗教に対する寛容と配慮という重要な法的観点に基づいて、多様な宗教的価値観のマネジメントを試みていると指摘される。*See*, Benjamin L. Berger, *Law's Religion* (University of Toronto Press, 2015).

（2）法義務免除に関する学説、判例の整理については、渡辺康行「「思想・良心の自由」と「信教の自由」」同『「内心の自由」の法理』（岩波書店、二〇一八年）二七七頁以下等参照。「宗教への配慮」という用法については、高畑英一郎「宗教への配慮」宗教法一九号（二〇〇〇年）二〇九頁以下も参照。

（3）名古屋高判昭四六年五月一四日行裁例集二二巻五号六八〇頁。

（4）松井茂記『日本国憲法〔第三版〕』（有斐閣、二〇〇七年）四三〇頁。

（5）最大判昭和三八年五月一五日刑集一七巻四号三〇二頁。

（6）小山剛「信教の自由と政教分離（1）」法セミ七〇七号（二〇一三年）五一頁等参照。

（7）*The Constitution Act*, 1867（UK）, 30 & 31 Victoria, c 3.

（8）*Canadian Charter of Rights and Freedoms*, Part I of the Constitution Act 1982, Schedule B to the Canada Act 1982（UK）, c 11.

（9）憲章一条は、「カナダの権利及び自由の憲章がその中で保障する権利及び自由は、法によって定められた、自由で民主的な社会において正当化されるものと証明されうるような合理的な制限にのみ服する」と規定する。

（10）*Charter of Human Rights and Freedoms*, R.S.Q., c. C-12.

（11）*Syndicat Northcrest v. Amselem*［2004］2 SCR 551. 本判決は、五対四で管理組合の請求を棄却した。

（12）Benjamin L. Berger, "Section1, Constitutional Reasoning and Cultural Difference"（2010）51 S.C.L.R.（2ed）25, at 27, 30.

（13）*Ibid.*

（14）我が国の学説においても、義務免除説を採る場合、信仰の真摯さがメルクマールにされる。安念潤司「信教の自由」樋口陽一編著『講座・憲法学〔第三巻〕』（日本評論社、一九九四年）一九六‐九七頁等参照。

（15）安念・同上一九六頁。中核・外縁の区分と義務的な信仰と重要な信仰との区分は必ずしも重なるものではないが、中核的でない信仰を保護領域に含めているため、重要な信仰を排除するものとは解し難い。

（16）最大判平成八年三月八日民集五〇巻三号四六九頁。

（17）*Multani v. Commission scolaire Marguerite-Bourgeoys*［2006］1 SCR 256. 本判決は、審査枠組について意見

を異にする結論同意意見を含むが、全員一致でムルタニの主張を認めた。

(18) カナダにおける合理的配慮については、拙稿「カナダにおける信教の自由と合理的配慮の法理」法学政治学論究一一〇号（二〇一六年）二〇九頁以下及び、同「信教の自由における『法的多文化主義』と合理的配慮」法学政治学論究一一三号（二〇一七年）一三九頁以下を参照。

(19) *See*, Richard Moon, "Religious Commitment and Identity" (2005) 29 S.C.L.R. (2^{ed}) 201.

(20) *Doré v. Barreau du Québec*, [2012] 1 SCR 395.

(21) *Loyola High School v. Quebec* (*Attorney General*), [2015] 1 SCR 613.

(22) *See*, Audrey Macklin, "Charter Right or Charter-Lite?" (2014) 67 S.C.L.R. (2^{ed}) 561; Faisal Bhabha, "Hanging in the Balance", in Dwight Newman, *Religious Freedom and Communities* (LexisNexis, 2016).

(23) *Alberta v. Hutterian Brethren of Wilson Colony* [2009] 2 SCR 568. 本判決は、五対四でウィルソン・コロニーの請求を棄却した。

(24) 政府利益の妥協を「過度の負担」と捉えて、合理的配慮分析を維持することも考えられるが、多数意見は合理的配慮に伴う対話も拒否しており、また、常に政府利益を優位させる思考を合理的配慮と呼ぶには違和感がある。

(25) この分岐の重要な判断要素の一つは、法律が行政にどの程度裁量の余地を与えているかであろう。

(26) 例えば、木下昌彦「学校における規律と自由」横大道聡編著『憲法判例の射程』（弘文堂、二〇一七年）二三九頁以下、堀口悟郎「行政裁量と人権」法学研究九一巻一号（二〇一八年）四七九頁以下、渡辺康行「行政法と憲法」法時九〇巻八号（二〇一八年）一〇頁以下等。

(27) 我が国においてこうした方向性についても指摘するものとして、宍戸常寿「裁量論と人権論」公法研究七一号（二〇〇九年）一〇〇頁以下等。

(28) 最決平成八年一月三〇日民集五〇巻一号一九九頁。

(29) 近藤崇晴・最高裁判所判例解説民事篇平成八年度八二頁。

〔付記〕本研究は日本学術振興会科学研究費助成事業（19K13507）の助成を受けたものである。

第三部　生存権・社会権の現在とこれから

社会保険における『脆弱』な人々の排除と包摂
——公的年金におけるジェンダー問題——

嵩　さやか
（東北大学）

はじめに

社会保障は「生活をおびやかす事由（傷病、障害、老齢、要介護状態、生計維持者の死亡、出産、多子、失業等）が発生した場合に、その個人に対して、社会保険料や租税を財源として、国・地方公共団体（あるいはそれらの監督下にある機関）が財貨や役務（サービス）などの給付を提供する制度[1]」と一般に捉えるられる。つまり、社会保障は本来的に、他者からの所得再分配を介して、生活をおびやかす事由を抱える「脆弱」な人々を対象に生活保障を行うものである。したがって、そうした社会保障の主要な保障方法である社会保険も、「脆弱」な人々への所得再分配を目的としているといえる。

しかし、具体的に誰を「脆弱」な人々と捉えて制度設計するのかという局面では、再分配の枠組みから排除される人々が生じることが少なくない。また、より本質的には、社会保険という保障方法そのものに排除のモーメントが内在し、その排除にはジェンダーの問題が深く関連していることが多い。それが最も顕著なのが、公的年金制度であろう。

そこで本稿は、公的年金制度を具体例に、社会保険という「脆弱」な人々への再分配システムの構築において、ジェンダーの視点からどのように排除が生じてきたのかを検討し、排除される人々の社会保険への包摂のあり方について模索する。

一　社会保険による「脆弱」な人々の保護

（一）社会保険の構築過程

社会保険制度は、実際の制度設計では実に複雑な検討がなされるが、ごく単純化すれば、以下の段階を経るといえる。

第一に、生活をおびやかす事由を抱えた人々（「脆弱」な人々）の発見と、これらの人々の保護のため、社会全体からの拠出を動員した社会保障制度を構築すべきか否か、という検討がなされる。これは、まさに一九世紀後半に諸外国で公的年金制度が創設された際に経た検討過程である。そこでは、統計学の手法を用いた社会調査により貧困の広がりが発見され、その貧困が資本主義を基調とした社会構造によって生じていることが明らかとなり、そのようにして生じた貧困は社会の責任で対応すべきという論理が展開され、公的年金制度の創設に至ったのである。

第二に、「脆弱」な人々の保護のための、具体的な制度設計の局面である。そこでは、まず税方式か社会保険方式かといった財源のあり方が重要な論点になる。税方式と社会保険方式には、それぞれメリット・デメリットがあるが、社会保険方式のメリットとしては、一般に、①生活自己責任の原則といった近代的思想に親和的、②受給に際してミーンズテストが不要、③保険料を徴収するため財政面において安定的、等が指摘される(2)。

こうしたメリットに照らして社会保険方式が採用されると、第三に、当該社会保険制度の根幹部分たる拠出制の仕組み（保険事故、被保険者の範囲、保険者、支給要件等）が決定される。そして、これに引き続いて、あるいはこれと並行して、拠出制の仕組みから漏れる者（拠出能力の低い者、拠出期間が短くなる者等）について、拠出制を修正した仕組みが検討される。

（二）二つの「脆弱」な人々

この社会保険の構築過程のスキームにおいて、発見された「脆弱」な人々に対する再分配の仕組みを具体化するのは、第三の段階である。つまり、まず、制度の根幹にあたる保険原理に基づく拠出制の仕組みを構築するにあたり、リスク（保険事故）と受給要件が具体化される。この局面で把握される「脆弱」な人々とは、「将来保険事故が発生するリスクを抱えている人々」といえる。

他方で、これと並行して行われる拠出制を修正する過程は、（保険原理を補完する）扶助原理による再分配を具体化する局面といえる。したがって、この局面で「脆弱」な人々として認識されるのは、拠出制の保険原理では十分に保護されえない者、つまり給付の前提となる拠出が十分にできない者である。保険料の免除は、こうした人々を社会保険に包摂するための典型的な方法である。また、現在の日本の公的医療保険などでは、保険料は応能負担としつつ給付は保険料の多寡とは連動させずに平等に与える仕組み、さらには保険料を多く支払う高所得者の給付をむしろ削減するという仕組みさえもが採用されている。こうした仕組みも、扶助原理に基づく垂直的所得再分配を強く機能させるものである。もっとも、医療保険に比べると公的年金（特に老齢年金）は、保険料の拠出の価値と給付の価値がより強く連動する仕組み（つまり、給付反対給付均等の原則に従い、保険料の応益負担性が強い仕組み）が採用される傾向にある。(3) こうした医療保険との違いは、傷病のリスクと老齢のリスクとの違い、つまりリスク到来が予測可能か否かという点[4]に由来していると解される。つまり、老齢のリスクは多くの者に到来し、その予測が容易であるため、あらかじめすべての者が将来に備えるべきとの考えに至りやすく、したがって、保険原理を介したリスク分散に公平に参加したことが被保険者の納得を引き出すことになるため、保険原理に沿った仕組みの方が制度の維持存続に資すると考えられる。[5]老齢年金を中心とする公的年金制度については、したがって、扶助原理が抑制されやすい特性を本来的に持っているといえる。

上記の整理を前提に、具体的に公的年金制度においていかなる排除が生じ、それをどのように克服しようとしているのかを以下検討する。

二　保険原理による再分配—誰が将来「脆弱」となるのか？

保険原理による「脆弱」な人々の排除と包摂との観点から、老齢年金については、専業主婦（夫）（以下、単に「専業主婦」と記す。）及び短時間労働者をめぐる動きが挙げられる。[6]なお、遺族年金についても、誰がカバーされるべき「脆弱性」を有するのかに関し、近年では性別による区別を設けている法令の違憲性をめぐる議論として注目されている[7]が、本稿では紙幅の都合により老齢年金に的を絞る。

（一）専業主婦の包摂—基礎年金との関係における脆弱性

一九八五年の基礎年金改革以前から、自営業者の配偶者である専業主婦については、国民年金に強制加入とされていたが、被用者の配偶者たる専業主婦については、世帯単位の制度設計が採られていた被用者年金（厚生年金保険等）によって老後の所得が保障されていたため、国民年金については任意加入とされていた。

もっとも、国民年金に任意加入していない場合、専業主婦には固有の年金受給権がないため、離婚後の貧困が問題視されるようになり、専業主婦個人も老後の基礎的な所得保障が必要な者（つまり「脆弱性」を持つ者）として観念する必要が生じた。これにより、専業主婦も、基礎年金改革にて第三号被保険者として国民年金に組み込まれることとなった。

（二）短時間労働者の包摂―厚生年金との関係における脆弱性

また、専業主婦の問題と連続性を持った問題としては、短時間労働者の「脆弱」性の問題がある。二〇一二年法改正までは、短時間労働者の被保険者資格に関する明文の規定が厚生年金保険法になく、長らく行政解釈(8)によって、労働時間が正規労働者の「おおむね四分の三以上」である場合に被保険者資格を認めるとの運用がなされていた。また、制定当初の立法担当者や裁判例などでも、被用者保険は、生計維持に不可欠な金銭を労働によって獲得し、保険事故の発生によって生じる所得喪失の家計に与えるインパクトが大きい者のみを対象とする仕組みと捉えられていた。したがって、家計補助的収入しかない短時間労働者は所得保障の必要性が低く、保険事故を抱える者（つまり、将来的な「脆弱性」を抱える者）には含まれないと考えられていた(9)。

もっとも、非正規雇用が増加し(10)、また、短時間労働者の賃金が主な収入源となっている世帯も増加傾向にあり、特に男性についてその割合が高くなっている(11)。このように、「短時間労働者＝家計補助的」との従来の前提が崩れ、短時間労働者についても正規労働者と同様、あるいは時としてより深刻な「脆弱性」を持つ人々として認識されるようになり、年金保障における格差緩和のため二〇一二年法改正にて短時間労働者について厚生年金の適用が拡大された。

このように、専業主婦や短時間労働者については、従来、配偶者の年金で老後が保障されている、あるいは家計補助的であるため所得喪失による家計への影響が小さいとして、老後の「脆弱性」が個別には把握されてこなかったが、社会の変容に伴い、これらの者の「脆弱性」が認識され、保険原理による再分配に編入されるようになった。もっとも、これらの動きは同時に扶助原理の発動を伴う。そこで、次に、社会保険に内在する排除のモーメントをどのように扶助原理で修正しうるかについて検討する。

三　扶助原理による再分配―社会保険に伴う排除と包摂

社会保険も保険である以上、拠出制を原則とする。また、老齢年金については、上述したように、拠出と給付とが強く連動する仕組みが指向されやすく、このことは現行の国民年金・厚生年金保険にも基本的に妥当する。したがって、「脆弱性」のリスクを呈する者を被保険者として包摂したとしても、保険料の負担能力が低い場合には無・低年金に陥ることになり、実質的に制度から「排除」される結果となる。社会保険方式の年金制度には、拠出制という本質的特徴により、保険料負担面で「脆弱性」を持つ人々を排除するモーメントが内在するといえる。上述した専業主婦や短時間労働者は、拠出制において排除され易いカテゴリーの典型であり、これらの者をいかに公的年金にて実質的に包摂するかは、突き詰めれば、社会保険において扶助原理をどの程度機能させるべきかという問題に帰着する。

（一）第三号被保険者制度の再検討

①第三号被保険者制度の意義と問題点

第三号被保険者制度は、本人の保険料負担なく年金受給権が得られ、保険料相当額は第二号被保険者集団が負担する。こうした特徴をもつ同制度については、国民年金の趣旨・目的である国民生活の安定のための「無年金の防止」という観点から、肯定的に評価されている。[12]また、無年金の防止には、単に貧困の防止だけでなく、近年高齢者においても問題視されている「社会的排除」というより深刻な問題を防止する意義もあるだろう[13]。つまり、高齢者の社会的排除の背景の一つに経済的困窮があり、経済的困窮は特に高齢女性に顕著であることから[14]、第三号被保険者制度により高齢期（とりわけ女性）の貧困を防止することは、社会的排除の防止にもつながると考えられる。

他方で、第三号被保険者制度については、第二号被保険者からの再分配を正当化する根拠の不明確さ、定額の保険料拠出を要する第一号被保険者（特に自営業者の妻）との公平性の問題が指摘されている[15]。これらは、保険原理との相克として捉えられる。

また、同制度が、女性の就労抑制を引き起こしているとも指摘される。実際、配偶者のいる女性で就労調整を行っている者の割合は二二・八％（二〇一六年）であり、男性あるいは配偶者のいない女性の短時間労働者に比べて高い[16]。さらに、同制度については就労抑制効果に照らして、個人のライフスタイルの選択を一方向に歪めるとして自己決定権の尊重の観点からも問題視されている[17]。

これらの指摘に照らせば、無年金・社会的排除の防止のための再分配にも、保険原理との調整、あるいは個人の自己決定権の尊重という観点からの限界があるといえる。以下、具体的にその限界を検討する。

②個人の選択により中立的な仕組みの可能性

まず、個人の生き方の選択についての中立性を高めるため、再分配の対象となる者を就労疎外要因（傷病、障害、失業、育児、介護等）のある低所得者に限定するという考え方がある[18]。これは、一律に負担能力に欠ける者として扱ってきた現在の第三号被保険者を、外在的な就労疎外要因の有無によって分節化し、再分配の対象を絞り込むという考え方である。また、こうした絞り込みに伴い、財源を公費にシフトするという方法も考えられる。つまり、就労疎外要因による脆弱性は本来公的年金制度でカバーしているリスクとは異なるものであるため、保険料による再分配ではなく、公費による再分配が適切といえる。また、就労疎外要因の普遍性に照らせば、第一号被保険者にも適用を及ぼすことが望ましいだろう。

こうした新たな方向性は、第三号被保険者を、「配偶者に生計維持されている」という他者との関係性から捉えるのではなく、第三号被保険者個人の所得額とその就労疎外要因の有無という、個々人の状況に基づいて捉えることへの転換を意味する。

③保険原理における「貢献」概念の拡大による見直し

他方で、保険原理を重視しつつ、保険原理で給付の対価として要請される「貢献」の概念を拡大させることで、第三号被保険者制度を見直そうという考えも主張されている。すなわち、育児や介護に従事することを年金制度や社会への「貢献」と捉え、それを理由に社会保険料を免除し、一定の給付を保障する制度へと転換するとの提案である(19)。この提案は、制度への「貢献」を育児や介護にまで広げることで、広い意味での拠出制、あるいは給付の対価性を維持しつつ、育児・介護責任を抱えた者（主に女性）の所得保障を公的年金制度にて実現しようという考えである。

これに近い仕組みは、二〇一六年法改正で国民年金において第一号被保険者についてはすでに導入されている。つまり、産前産後期間の保険料を免除するが給付は保障し、その財源は第一号被保険者全体の保険料を一〇〇円引き上げることで対応するという仕組みである。

④二つの主張の相違点と共通点

このように第三号被保険者制度の見直しの提案には、就労疎外要因に注目する見解と、貢献に注目する見解とがある。これらの違いは、国民年金において、貧困・社会的排除の防止を制度の出発点として捉えるのか、あるいは保険原理の維持を重視するのかという考え方の違いに由来するものといる。概念的に捉えれば、貧困・社会的排除の防止を出発点にしつつ個人の選択に中立的な制度にするために引き算を行っていく思考方法と、保険原理を出発点にしつつ「貢献」概念を拡大しながら足し算を行っていく思考方法の違いといえる。

国民年金制度は、その目的において「国民生活の維持・向上」を挙げ「国民皆年金」の実質的な実現を目指しつつ、その保障方法としては社会保険方式を採用することで、「国民皆年金」の実質的実現との乖離を生み出す構造を内在している。このことは制度発足当初から認識され、乖離を埋めるべく、無拠出制の福祉年金が導入されたり、保険料免除制度が導入されたり、国庫負担割合が高く設定されたりしてきた。「国民皆年金」の実現と社会保険方式の採用はどちらも制度の根幹をなす基本的決定であるのであれば、どちらを重視すべきか、つまりどちらの思考方法を採るべきかは、一概には決せられないだろう。もっとも、現在の第三号被保険者制度の対象は限定すべき、という結論において、二つの主張は一致しているといえる。[20]

(二) 短時間労働者の厚生年金への適用拡大

短時間労働者への適用拡大は、非正規雇用者と正規雇用者との格差緩和を目指した改正であり、働き方により中立的な年金制度を目指すものといえる。もっとも、前述の第三号被保険者制度の見直し案(個人の選択に対する中立性を確保するために、再分配を(就労阻害要因などで)限定する提案)とは異なり、働き方の選択における中立性を高めるため適用拡大を推進していくと、制度の仕組み上、再分配が強化されることになる。厚生年金では、報酬比例の保険料負担に対し、「定額の基礎年金＋報酬比例の厚生年金」が支給されるため、被保険者の所得が低くなるほど被用者間での再分配がより強く機能するからである。このため、短時間労働者の適用拡大については、厚生年金における被用者間の再分配の限界に遭遇する可能性がある。

他方で、第一号被保険者との公平性という問題もある。(21) つまり、たとえ被用者間の再分配に限界がなくその観点からは適用拡大を際限なく推し進められるとしても、限りなくゼロに近い保険料で「基礎年金＋厚生年金」が取得できる者が出現すれば、定額の保険料を負担して基礎年金しか受給できない第一号被保険者との不均衡が問題となりえよう。国民年金制度の沿革からしても、第一号被保険者に関する保険関係が国民年金制度の根幹であると考えられることからすれば、この根幹との齟齬を極力排除するという要請が制度設計の際には働くように思われる。そうすると、適用拡大の閾値は、二〇一二年法改正で適用拡大が認められた範囲と同様に、「厚生年金保険料＝国民年金保険料」となる所得までとさしあたり考えることができよう。

なお、適用拡大の範囲を一定程度に止めると当然排除される短時間労働者が生じるが、第三号被保険者と低所得の短時間労働者とは連続性があることに照らせば、低所得の短時間労働者の問題は第三号被保険者制度の問題に吸収されることになろう。

おわりに

社会保障は、脆弱性を呈した者達への生活保障の仕組みであり、社会保険もそうした特徴を持つ。社会保険、とりわけ被用者保険では、長らく、失うものが少ない者（短時間労働者等）を、保障の必要性が低い者として被保険者から排除してきたが、非正規雇用の増加により、むしろ失うものが少ない者こそ老後の所得保障を充実させるべきとの認識が広がり、社会保険における伝統的な前提が変更されてきている。

こうした新たな「脆弱性」の発見により被保険者として取り込まれようとしている者は、往々にして、女性を中心とした低所得者である。これらの者は、社会保険においてはまた別の脆弱性を呈し、より深刻な問題を引き起こす。つまり、低所得者にとって、国民皆年金の実質的実現と拠出制の維持は、両立困難であるという問題である。社会保険の採用に伴うこうした「脆弱性」に対して、いかなる再分配（扶助原理）を機能させるべきかが問われることになる。

扶助原理の社会保険への取り込みは「脆弱」な個人の包摂を可能とするが、他方で、扶助原理を闇雲に取り入れることはかえって制度の本質を損ねる可能性もある。社会保険においてどの程度扶助原理を取り込むべきか、については、基本的に立法府の裁量に委ねられているだろう。いわゆる学生無年金訴訟において、最高裁平成一九年九月二八日判決（民集六一巻六号二三四五頁）は「立法府は、保険方式を基本とする国民年金制度において補完的に無拠出制の年金を設けるかどうか、その受給権者の範囲、支給要件等をどうするかの決定について、拠出制の年金の場合に比べて更に広範な裁量を有している」として、学生障害者に対する無拠出制年金を制度化しなかったことも違憲ではないと判断した。もっとも、扶助原理を取り込み過ぎた場合についての立法府の裁量統制については、（そのようなケースが憲法規範に抵触することが少ないためか）通常は想定されていないように思われる。

社会保険における扶助原理の取り込みは、平等原則のような憲法規範に抵触する場合を除けば、結局は財源負担者の合意の問題と捉えられる。つまり、どこまでの再分配を社会保険で行うかについては、被保険者間の合意とともに、税財源を用いる場合には国民間の合意に依存すると考えられる。(22)

もっとも、民主的に定められた法制度についてもしばしば不公平感・不満が表明されるように、どの程度の再分配なら合意が得られるのかは不明瞭である。本稿で検討した分配を限定づける視点（当該制度の根幹部分との均衡、カバーしているリスクの特徴、当該制度の目的との整合性等）は、社会保険における再分配の合意の限度を、制度の一貫性や合理性を手がかりに、客観的に推定する指標としての意義を持つだろう。そして、社会保険ゆえに「脆弱性」を呈する人々への扶助原理による包摂については、国民皆年金の意義や格差の是正といった包摂のモーメントを重視しつつ、制度の根幹部分との整合性・一貫性を常に意識しながら模索する必要があるだろう。

（1）岩村正彦『社会保障法Ⅰ』（二〇〇一年、弘文堂）一三‐一四頁参照。
（2）笠木映里「医療・年金の運営方式—社会保険方式と税方式」日本社会保障法学会編『新・講座社会保障法1 これからの医療と年金』（二〇一二年、法律文化社）一五頁以下。
（3）江口隆裕『変貌する世界と日本の年金』（二〇〇八年、法律文化社）一九三頁。
（4）江口・前掲注（3）一九七‐一九八頁。
（5）高畠淳子「社会保険料免除の意義—老齢年金における拠出と給付の関係—」社会保障法研究二号（二〇一三年）二一七‐二一八頁。
（6）第三号被保険者問題を中心とした公的年金制度と女性をめぐる問題状況を概観するものとして、神尾真知子「公的年金制度におけるジェンダー格差拡大の法政策と課題」ジェンダーと法一五号（二〇一八年）一六頁以下。
（7）近年の最高裁判決として、最高裁平成二九年三月二一日判決（判例時報二三四一号六五頁）。
（8）昭和五五年六月六日都道府県民生主管部（局）保険課（部）長あて内かん。
（9）台豊「被用者保険法における短時間労働者の取扱いについて—健康保険法、厚生年金保険法および1980年厚生省内かんに関する一考察—」季刊社会保障研究三八巻四号（二〇〇三年）三〇八‐三一二頁。

(10) 雇用者数全体に占める非正規雇用者数の割合は、約三七・九％（二〇一八年）である（総務省統計局「労働力調査（詳細集計）平成三〇年（二〇一八年）平均（速報）」）。
(11) 二〇一四年の厚生労働省「雇用の構造に関する実態調査」によれば、自分自身の収入が主な収入源である者の割合は、正社員以外の労働者全体の四七・七％（女性では二九・三％、男性では八〇・〇％）であり、短時間労働者に限ってみても、全体で三一・五％（女性で二二・〇％、男性で六四・八％）である。
(12) 堀勝洋『年金の誤解―無責任な年金批判を斬る』（二〇〇五年、東洋経済新報社）八八‐一〇三頁、倉田賀世「3号被保険者制度廃止・縮小論の再検討」日本労働研究雑誌六〇五号（二〇一〇年）四九‐五二頁。
(13) 嵩さやか「共働き化社会における社会保障制度のあり方」日本労働研究雑誌六八九号（二〇一七年）五四頁。
(14) 阿部彩「女性のライフコースの多様性と貧困」季刊社会保障研究五一巻二号（二〇一五年）一七四‐一七五頁によれば、七五〜七九歳の女性の相対的貧困率は二五・四％（二〇一二年）である。
(15) 本沢巳代子「女性と年金制度」法律のひろば五一巻四号（一九九八年）二九頁、竹中康之「公的年金と女性」日本社会保障法学会編『講座社会保障法第2巻　所得保障法』（二〇〇一年、法律文化社）一五一頁。
(16) 厚生労働省「平成二八年パートタイム労働者総合実態調査の概況」。これに対し、第三号制度が実際に就労抑制効果を持つかについて疑問を呈する見解として、堀・前掲注（12）八九‐九〇頁。
(17) 同制度が古典的性別役割分担観を維持ないし固定化するものとして、個人の自律的・主体的生の尊重の観点から問題視する見解として、尾形健「性に基づく区別と社会保障給付のあり方―憲法学の側から」甲南法学四六巻一＝二号（二〇〇五年）三〇‐三九頁。
(18) 衣笠葉子「女性と社会保険」日本社会保障法学会編『新・講座社会保障法1　これからの医療と年金』（二〇一二年、法律文化社）五八‐五九頁、嵩さやか「公的年金制度におけるジェンダー格差解消政策のあり方―公的年金制度におけるあるべき再分配の模索」ジェンダーと法一五号（二〇一八年）五七‐五八頁。
(19) 高畠・前掲注（5）三八頁。
(20) これに対し、「国民皆年金」の理念を重視し、被保険者集団に包摂されていた者をリスク保障集団から排除することは適切ではないと主張する見解として、倉田賀世「年金保険法における生計維持（被扶養）概念の検討―ジェンダー法学・社会保障法学に基づく複眼的視点を踏まえて」ジェンダーと法一五号（二〇一八年）四八‐四九頁。

(21) 衣笠葉子「非正規労働者への被用者保険の適用拡大の意義とジェンダー的問題」ジェンダーと法一五号（二〇一八年）三五頁。

(22) 倉田聡『社会保険の構造分析―社会保障における「連帯」のかたち』（二〇〇九年、北海道大学出版会）二六〇‐二六二頁。

「脆弱さ」と貧困・排除
――憲法学における認識論的障害物――

笹沼弘志
（静岡大学）

一　脆弱さ

人権論において問われるべき「脆弱さ」とは何か。弱さとは強さと対になる相対的概念である。人権を人間の権利と開いて捉えたとき、強弱が問われるのは、権利なのかそれとも主体たる人間の方なのか。権利について考えてみよう。憲法学の主流派リベラリズムによれば強い権利といえば前国家的自由権であり、手厚い保護を受け、国家権力の前に立ちはだかる切り札的な意義を有するものとみなされている。それに対し社会権は国家の積極的介入なくしては意味を持たず、国家権力を制約するどころかむしろ権力の恣意を支える弱い権利だとみなされてきた。(1)しかし、強・弱を権力との関係で捉え返してみるとどうか。自由権は防御権であり、権力の立入禁止領域を画したり、権力に対抗したりする不作為請求権である。つまり権力という相手がまず発動してから反応する専ら受動的な権利である。社会権は弱く裁判規範性さえ疑わしいものとされてきたが、権力に対して要求し、命じる権利、作為請求権である。憲法上の社会権は立法府に対して、立法を要請する制度構成的基本権であって、ポジティブな権利である。社会権という憲法規範の命令は、立法、行政を通じ具体化され、ついには個々人に対する個別具体的な財やサービスの給付を実現させるものである。それは権力の恣意を放任するのではなく、権力行使の中身や方法をも制約するものだ。社会権は権力に対して命令する強い権利なのだ。

次に、主体についてはどうか。もはや強弱を論じることなど陳腐になったが、リベラリズム憲法学にとっては人権主体が「強い個人」であるのは当然だとみなされている。もちろん「強い個人」というのは擬制であって生身の人を指す言葉ではないようだが、人権理論がそのようなフィクションを必要とするのか、説得力があるようには思われない。イェリネックによれば「権利主体の概念は純粋に法学的な概念であり、したがって人間に付着した事実上の性質をさすのではなく、あらゆる法概念と同様に、その性質上関係をさすのである。人間が権利主体であるということは、人間が、法秩序に対し、法によって規律されあるいは承認された一定の関係に立つことを意味する。それゆえに法的意味における主体というのは実在、実体ではなく、授与された、つまり法秩序の意思によって作りだされる能力である(2)」。つまり、権利主体の能力は法秩序によって創りだされるものであって、自己決定能力ある者こそ権利の主体だとして、主体の能力により権利、つまり法秩序を基礎付ける考え方は、それこそ転倒である。

強い弱いというのは、権利の主体という法的概念上の問題ではなく、生身の人間の世界以外には存在し得ない。他者を支配し服従させる力を持っているのが強い人であり、他者に支配され、保護されているから服従を強いられるのが弱い人である(3)。そうした生身の人間関係において人権というすべての人が平等に有するはずの権利を適用したらどうなるのか、何を語り得るのかが人権理論の課題である。つまり、人権理論には権力論が先立つのである。

二　排除と憲法上の認識論的障害物

貧困や社会的排除において問題となるのは、権利の弱いまたは不平等な保障より、権利を持つ権利や資格そのものの剝奪である。権利の弱い、不平等な保障であれば、法的権利侵害の問題だと認識され得る。しかし、社会的排除は法的な問題と認識され得ないものだ。例えば一九九六年東京都のＪＲ新宿駅西口の段ボール村強制排除事件がその典型である。当時、職も住居も失った多数の人々が、誰からも援助を受けず自力で路上に段ボールで小屋を建てて住んでいた。その段ボールハウスを東京都はゴミとして清掃し、住人たちを強制的に追い立てた。これに抗議した二名が威力業務妨害罪で起訴されたが、東京地裁は、段ボールは無価値なゴミではなく住居として利用していた財産だと認め、それを撤去するのは権力的公務で、威力業務妨害罪には該当せず無罪だとした。この判決に東京都や検察官は一様に驚愕した。それまでホームレス排除はゴミの清掃と同様のものとみなされてきたのだ[4]。社会的排除は不可視なものなのだ。そして、排除を不可視にし、正当化しているのが認識論的障害物[5]である。これは見ることや考えること語ることの障害となり、また見ること、考えること、語ることの規則として作用するものである。あるものを法や権利の問題として理解させない仕組みを憲法学上の認識論的障害物と呼んでおこう。これがいかなるものであり、どのようにして明らかにされ得るのか、憲法二五条生存権とその具体化たる生活保護法との関係から見てみよう。

三　保護からの排除と勤労の義務による生存権制約説

生活困窮者に必要な保護を行い健康で文化的な最低限度の生活を保障する義務を負っている福祉事務

所が、生活保護の申請を諦めさせたり、妨害したりする露骨な権利侵害、「水際作戦」を行ってきたのは周知の通りだ。こうした保護からの排除に最も便利に利用されてきたのが、生活保護法四条一項の稼働能力活用要件である。住居がないからなどといった違法な理由で保護を拒否する際に、稼働能力活用要件が打ち出の小槌のように用いられてきたのだ。そしてこれを支えてきたのが宮澤俊義に代表される「勤労の義務による生存権制約説」である。

勤労の義務に法的意義を認める説は美濃部達吉説[6]を継承したものである。『註解日本国憲法上』は、この美濃部説を批判し、勤労の義務は具体的な法律上の義務ではなく、[7]「生存権確保のための社会福祉の措置も、勤労の意思のないものには与えられない」という精神を表明したものに過ぎないと解し、その趣旨を明らかにしたものとして生活保護法第二条を挙げていた（同二四九頁）。これは旧法二条「能力があるにもかかはらず、勤勞の意思のない者、勤勞を怠る者」は保護しないという欠格条項のことである。しかし、日本国憲法制定前の一九四六年九月九日に制定された旧法の欠格条項（二条及び三条）は日本国憲法二五条、一四条に適合しないことが明白であり、一九五〇年改正で削除されたのである（法改正後、註解日本国憲法上は何の注記もなく二条を四条に変えているが（一九五三年版、四九一頁）、両者は全く別の条文である）。

欠格条項を削除した趣旨について当時の厚生省保護課長小山進次郎が「旧法の第二条や第三条のような絶対的欠格条項を受給資格の上に設けなかったことは、新法の特長の一つである。これは何等かの意味において社会的規準から背離している者を指導して自立できるようにさせることこそ社会事業の目的とし任務とする所であって、これを始めから制度の取扱対象の外に置くことは、無差別平等の原理からみても最も好ましくない所だからである。[8]」と述べていたように、勤労の意欲を失っている人々を保護し、援助するのが生活保護法の目的としての「自立の助長」である。自立とは保護に依存せず独りで頑張れという激励つきの排除ではない。勤労の義務による生存権制約説は憲法解釈及び生活保護法解釈を二重に誤ったものである。(9)

稼働能力活用要件については、林訴訟以後、国の実施要領で能力・意思・場三要素による審査基準が導入されたが、意思について真摯な求職活動が求められたため、稼働能力者が恣意的に排除されてきた。しかし、新宿七夕訴訟を初めとする一連の判決によって、排除の方便として使われてきた稼働能力活用要件に対する厳格な審査が確立し、保護実施機関による恣意的排除に歯止めがかけられることとなった。新宿七夕訴訟東京地裁判決（二〇一一年一一月八日賃金と社会保障一五五三・一五五四号六三頁）は、能力・意思・場三要素による稼働能力活用要件判断に抜本的な修正を加えた。最も重要なのが、①生活困窮者該当性、つまり要保護性の有無を第一の保護実施要件と位置づけたことである。要保護性が有る場合には、保護受給権及び保護実施義務の存在が推定され、稼働能力活用要件は保護受給権を妨げる権利障害事実ということになる。民事訴訟の通説である法律要件分類説では、権利の存在を主張する者が権利発生事実について立証責任を負い、権利障害事実については相手方が立証責任を負うので、生活困窮者の保護請求権を阻害する稼働能力活用要件は保護実施機関が立証責任を負うことになる。(10)

次に能力・意思・場の有無が判断される。②能力については「本人の意思のみに基づいて直ちに利用することができる」ものと、具体的に存在する就労の場で活用可能なものに限定した。③意思については「その具体的な稼働能力を前提」とし、「真摯」さを求めず不十分なものでも可とした。④場の存在は「現に特定の雇用主がその事業場において当該生活困窮者を就労させる意思を有していることを明らかにしており、当該生活困窮者に当該雇用主の下で就労する意思さえあれば直ちに稼働できるというような特別な事情」が有るときにのみ認められるものとした。「特別な事情」があることを保護実施機関が立証し得ない限り稼働能力不活用といえないということだ。憲法二七条勤労の義務に法的効力を認め、生活保護法四条一項を欠格条項のように解する「勤労の義務による生存権制約説[11]」は実定法上の根拠を失ったといえよう。

四　憲法二五条と生活保護基準――認識論的障害物としての憲法？

（一）生存権論をめぐる混迷

憲法二五条については、周知の通りプログラム規定説、抽象的権利説、具体的権利説、新具体的権利説などが説かれてきたが、現在では生存権が法的権利で、一定の裁判規範性を有することは自明である。しかし、それで問題が解決したわけでなく、むしろ混迷が深まっている。特に問題なのが、生活保護の基準と憲法二五条との関係である。この関係に迫る前に、そもそも憲法二五条生存権規定とはいかなる規範か、最高裁判例を参照しておこう。

①食管法違反事件最高裁判決（一九四八年九月二九日刑集二巻一〇号一二三五頁）は生存権に関するリーディング・ケースである。しかし、生存権の価値を低く見積もったものだと転倒した解釈が行われてきた。この判決は闇米売買という経済活動の自由を、国民の生存権保障目的で立法された食管法で制約することは合憲であると判断したものであって、生存権の経済的自由に対する優越を確認したものである。

②堀木訴訟最高裁大法廷判決（一九八二年七月七日民集三六巻七号一二三五頁）は食管法判決を受け、生存権の規範的意義を明示したものである。同判決の最大の意義は、二五条一項が「福祉国家の理念に

基づき、すべての国民が健康で文化的な最低限度の生活を営みうるよう国政を運営すべきことを国の責務として宣言したもの」であり、「個々の国民」に対して具体的・現実的な義務を国が負うことを規定したものではないとしても、「同条二項によつて国の責務であるとされている社会的立法及び社会的施設の創造拡充により個々の国民の具体的・現実的な生活権が設定充実されてゆくものであると解すべき」だと判示したことである。二五条は国に対して立法または行政作用を通じ個々の国民の具体的・現実的生活権を設定することを命じているということだ。[12]

③朝日訴訟最高裁大法廷判決（一九六七年五月二四日民集二一巻五号一〇四三頁）は傍論で、憲法二五条は国の責務を宣言したもので、「直接個々の国民に対して具体的権利を賦与したものではない」、「具体的権利としては、憲法の規定の趣旨を実現するために制定された生活保護法によつて、はじめて与えられている」と、憲法具体化法たる生活保護法により具体的法的権利としての生活保護受給権が与えられたとの解釈を示した。しかし、肝腎の大臣の基準設定権限統制規範については「厚生大臣の定める保護基準は、法八条二項所定の事項を遵守したものであることを要し、結局には憲法の定める健康で文化的な最低限度の生活を維持するにたりるものでなければならない」と述べるに止まった。これでは大臣の基準設定権限は生活保護法八条二項によって統制されるのか、憲法二五条によって統制されるのか、不明である。具体的法的権利たる保護受給権は、憲法二五条ではなく、生活保護法によってはじめて与えられたというなら、保護の基準が保護受給権を侵害するか否かも、憲法ではなく生活保護法により審査されるべきものだ。しかし、なぜか憲法が前面に押し出され、結果として大臣の基準設定権限に対する法的統制の仕組みが曖昧にされたのである。憲法二五条生存権の圧倒的なインパクトによって憲法具体化法としての生活保護法八条二項の意義がかき消されている。憲法二五条自体が認識論的障害物

となっているのである。

（二）生活保護基準と統制規範

保護の基準が憲法二五条生存権に違反するか否かばかり議論されてきたのは、極めて奇妙なことだ。なぜなら大臣の保護基準設定権限は憲法二五条ではなく、憲法具体化法たる生活保護法八条一項により授権されており、しかも、八条二項により厳しく制約されているからである。(13)大臣が設定した基準については違憲性を問う必要などなく、生活保護法八条二項違反を問えばよいのである。(14)奇妙な混乱が生じた背景には、憲法二五条生存権の法的権利性を擁護して生活保護法との一体性を説いた抽象的権利説(15)の影響もあるのだろう。

生活保護法八条一項により大臣が設定した保護基準の適法性について最高裁が初めて判決を下したのは老齢加算削減廃止の違法性が問われた一連の事件であり、またそれのみである。現在、二〇一三年の生活保護基準改訂による保護費減額処分の取消訴訟が全国的に争われているが、被告側は朝日訴訟最高裁大法廷判決、堀木訴訟最高裁判決、そして老齢加算最高裁判決を引き合いに出し大臣の基準改訂における裁量権が広範であるのは確立した判例法理であると主張している。堀木訴訟は周知の通り児童扶養手当法の併給調整規定の違憲性が問われたもので、生活保護法は無関係だが、なぜこのような奇怪な主張がなされているのか。

その責任の一端は、初めて大臣の保護基準決定権限に関する判決を下した老齢加算事件最高裁判決が、堀木訴訟最高裁大法廷判決を引用しつつ大臣の専門技術的及び政策的裁量権を認めたことにある。憲法二五条の文言が抽象的・相対的だとして立法裁量を認めた堀木訴訟判決をなぜ生活保護基準の司法審査において持ち出したのか、謎である。しかも、この判決の謎はそれだけではない。大臣の専門技術的及び政策的裁量権を認めながら、他方で大臣の判断過程について一定程度厳しい審査枠組みを適用したのである。[16] この謎は憲法具体化法たる生活保護法の憲法適合的解釈により解くことができる。

（三）憲法適合的解釈

千葉勝美裁判官率いる最高裁第二小法廷は、福岡老齢加算事件判決を下したおよそ半年後、二〇一二年一二月七日、国公法違反二被告事件判決（刑集六六巻一二号一三三七頁、刑集六六巻一二号一七二二頁）を下したが、そこで千葉裁判官は極めて注目される補足意見を書いた。千葉裁判官は、国家公務員法一〇二条の「政治的行為」を限定解釈した多数意見を擁護し、これは合憲限定解釈ではなく、「憲法の趣旨を十分に踏まえた上で立法府の真に意図しているところは何か、規制の目的はどこにあるか、公務員制度の体系的な理念、思想はどのようなものか、憲法の趣旨に沿った国家公務員の服務の在り方をどう考えるのか等々を踏まえて、国家公務員法自体の条文の丁寧な解釈を」行った結果だと主張した。また、「国家の基本法については、いきなり法文の文理のみを前提に大上段な合憲、違憲の判断をするのではなく、法体系的な理念を踏まえ、当該条文の趣旨、意味、意図をまずよく検討して法解釈」すべきであるとし、さらにこれは基本法のみならず「通常の法令解釈の手法」だと断言した。この「通常の法令解釈の手法」を憲法適合的解釈と捉えるものもおり、[17] 憲法適合的解釈をめぐる議論が活発化している。[18] 従来のいわゆる合憲限定解釈は違憲の疑いのある法律を限定的に解して憲法適合性を維持する機能を有するものだが、憲法適合的解釈は法律が合憲であることを前提として行われる場合を含む。自由権を制約する法律の違憲性の疑いを払拭するために行われる合憲限定解釈には批判もある。しかし、憲法具体化法として行政を統制する積極的役割を期待されながら、骨抜きにされがちな生活保護法など社会権保障立法については憲法適合的解釈の意義は極めて大きいと思われる。さて、それでは千葉裁判官のいう「通常の法令解釈の手法」によって千葉裁判長率いる第二小法廷判決を読み解いてみよう。

（四）老齢加算事件最二小判の謎

老齢加算削減廃止福岡事件最高裁第二小法廷判決（二〇一二年四月二日民集六六巻六号二三六七頁）は生活保護法と無関係な堀木訴訟最大判を引用し大臣の専門技術的かつ政策的裁量を肯定する一方で、「大臣の判断に……裁量権の範囲の逸脱又はその濫用がある場合に、生活保護法八条二項に違反して違法となり、本件改定に基づく本件各決定も違法となる」と大臣の基準設定権限が生活保護法八条二項で統制されることを明記し、「高齢者にはもはや老齢加算に見合う特別な需要が認められないとした厚生労働大臣の判断」に裁量権の範囲の逸脱又はその濫用があるか判断過程審査を行った。なぜこのようなより厳格な審査を行ったのか。岡田調査官のいうように憲法二五条の要請なのであろうか。注目すべきは次の大前提である。

「生活保護法八条二項によれば、保護基準は、要保護者（生活保護法による保護を必要とする者をいう。）の年齢別、性別、世帯構成別、所在地域別その他保護の種類に応じて必要な事情を考慮した最低限度の生活の需要を満たすに十分なものであるのみならず、これを超えないものでなければならない。そうすると、仮に、老齢加算の一部又は全部についてその支給の根拠となっていた高齢者の特別な需要が認められないというのであれば、老齢加算の減額又は廃止をすべきことは、同項の規定に基づく要請であるということができる。」

生活保護法八条二項の要請により「高齢者の特別な需要が認められないというのであれば、老齢加算の減額又は廃止をすべき」だという。これはどう理解すべきか。それには憲法の趣旨を踏まえた生活保護法の体系的な解釈が必要である。

生活保護法は、立法府が憲法の要請に従って制定した憲法具体化法である。憲法の要請とは何か。憲法二五条は、健康で文化的な最低限度の生活を営む権利の保障のために必要な立法により個々の国民の具体的生活権を保障すべし、と命じている。他方、憲法一四条は法の下の平等を保障している。すべての国民に健康で文化的な最低限度の生活を営む権利を平等に保障すべし、というのが憲法の命令である。ところで現実の個々の国民は多様であり、貧困の程度も様々である。個々の国民に一律の給付を行えば、ある者にとっては過剰である一方、他の者には過少になる。個々の国民に困窮の程度に応じて多様な給付を行えば平等原則違反が問われる。多様性と平等原則との対立を克服するのは容易ではない。そこで立法府が考案したのが生活保護法に具体化された次のような方法である。

保護の実施機関が個々の生活困窮者への給付を行う際には大臣が設定した共通の基準を用いて最低生活水準を維持するために必要な需要を測定し、その者の資産収入等で満たすことのできない不足分を給付する（八条一項）。これにより保護実施機関の恣意性が排除され、平等原則が貫かれる。次に大臣が保護の基準を設定する際には「要保護者の年齢別、性別、世帯構成別、所在地域別その他保護の種類に応じて必要な事情」（これを「法定考慮義務事項」と呼ぶ）を考慮すべきことを義務づける（八条二項）。これによって多様性に対応することができる。こうして「国が生活に困窮するすべての国民に対し、その困窮の程度に応じ、必要な保護を行い、その最低限度の生活を保障する」（一条）ことが可能となる。すべての者が「健康で文化的な生活水準を維持することができる」（三条）ようにするという点において「無差別平等」（二条）だということになる。

八条二項「必要な事情」考慮義務が明記されるに至った背景には、旧法以前、戦後直後の生活困窮者緊急生活援護要綱時の基準設定から第一〇次基準改訂までの試行錯誤があった。保護担当者の恣意性を排除し、生活困窮者の多様な需要に応え、かつ無差別平等原則に則るための努力の末に開発されたのが「要保護者の年齢別、性別、世帯構成別、所在地域別その他保護の種類に応じて必要な事情」を考慮して基準を設定するという「組合せ方式」であり、これが八条二項に明記されたのである。[19] この「組合せ方式」による法定考慮義務事項を考慮しない場合には多様性と平等原則との衝突が顕在化し、設定された基準は違法とならざるを得ない。

千葉最高裁第二小法廷は当然ながらこのような憲法の要請と立法・行政の努力を十分理解していたからこそ、八条二項の要請を適切に把握し得たのである。本判決のいう八条二項の要請とは、大臣が保護の基準を設定する際には「要保護者の年齢別、性別、世帯構成別、所在地域別その他保護の種類に応じて必要な事情」を考慮すべし、ということであり、だから高齢者の特別需要が認められなければ老齢加算を廃止すべきだというのである。しかし、大臣には専門技術的及び政策的裁量がある。もちろん、高齢者の特別需要があるのにも関わらず、老齢加算を廃止することは許されない。問題は高齢者の特別需要がない場合である。直ちに老齢加算を廃止せねばならないのかといえば、廃止するか否かは大臣の裁量に委ねられるというのが本判決の趣旨である。本判決は、仮に特別需要がない場合であっても、大臣の専門技術的または政策的裁量により、加算を設定する余地を認めたものである。こうした上乗せは民主的な政治過程によって裏づけられた政策により目的の正当性が担保され、専門技術的に把握され得る事実によって合理的根拠を与えられ得るのである。[20]

以上のように、憲法具体化法たる生活保護法の憲法適合的解釈を行えば、認識論的障害物を取り除き、法規範をクリアに認識することが可能となる。

(1) 杉山有紗は生存権の抑圧構造を強調するが、トマス・ペインのように平等権による補償請求として生存権を位置づけ直す試みをしているものと評価したい。杉山有紗「生存権対象者と無力化された『強い個人』」帝京法学三一巻一・二合併号(通巻五四号)(二〇一八年)。

(2) G・イェリネック『一般国家学』(学陽書房、一九七四年)一一八頁。

(3) 笹沼弘志「人権批判の現代的可能性について」早稲田法学会誌第四三巻(一九九三年)一九四頁以下。

(4) 笹沼弘志『臨床憲法学』(日本評論社、二〇一四年)一七、一八章及び同「傷ついた公共性と『社会的なもの』」杉原・樋口・森編『戦後法学と憲法』(日本評論社、二〇一二年)三六一頁以下。

(5) ガストン・バシュラール『科学的精神の形成』(平凡社、二〇一二年)。

(6) 美濃部達吉『新憲法概論』(有斐閣、一九四八年)一一八頁。

(7) 法学協会編(代表者石井照久)『註解日本國憲法上』(有斐閣、一九四八年)二六九頁。

(8) 小山進次郎『改訂増補生活保護法の解釈と運用』(中央社会福祉協議会、一九五一年)一〇六頁。

(9) 笹沼弘志「生活保護法における不利益処分と稼働能力活用要件の憲法適合的解釈について」賃金と社会保障一六四八号(二〇一五年)九頁以下。自律能力基底説に立ちつつ勤労の義務による生存権制約説を批判する辻健太「生存権と勤労の義務」尾形健編『福祉権保障の現代的展開』(日本評論社、二〇一八年)も参照のこと。

(10) 笹沼弘志『ホームレスと自立/排除』(大月書店、二〇〇八年)一一六頁。

(11) 尾形健「生存権保障」宍戸常寿・林知更編『総点検日本国憲法の七〇年』(岩波書店、二〇一八年)一七七頁。

(12) 橋本公亘『日本国憲法(改訂版)』(有斐閣、一九九〇年)三九三頁。

(13) 岡田幸人が「保護基準が憲法二五条一項の趣旨を具体化した」というのは完全な誤りである。同「老齢加算削減廃止事件最判判例解説」法曹時報六五巻九号(二〇一三年)二四二頁。

(14) 詳しくは笹沼弘志「憲法とその具体化としての生活保護法の解釈」賃金と社会保障(近刊)及び同「生活保護基準設定における大臣の裁量権と立憲主義的統制」賃金と社会保障一五二九-一五三〇号(二〇一一年)参照のこと。

(15) 樋口陽一『憲法〔第三版〕』(創文社、二〇〇七年)二八〇‐二八一頁、佐藤幸治『日本国憲法論』(成文堂、二〇一一年)三六四‐三六五頁とも朝日訴訟最高裁判決を抽象的権利説と解している。
(16) 柴田憲司「生存権訴訟」横大道聡『憲法判例の射程』(弘文堂、二〇一七年)一八二頁。
(17) 岩﨑邦夫「最高裁判所判例解説」法曹時報六六巻二号五五〇頁。
(18) 毛利透他「憲法適合的解釈の比較法的検討」比較法研究七八号(二〇一六年)、土井真一『憲法適合的解釈の比較研究』(有斐閣、二〇一八年)など。
(19) 木村忠二郎の『生活保護法の解説〔第二次改訂版〕』一四六頁以下参照。
(20) 実は、老齢加算自体が国民年金法制定の際に、参議院厚生委員会附帯決議で生活保護法の「老齢加算制度の創設」を求められた結果設けられたものである(第三一回国会参議院社会労働委員会昭和三四年四月八日議事録二六号)。

児童虐待についての権利論からの検討

岩元　恵
（一橋大学・院／弁護士）

はじめに

本稿では、『脆弱』な人々」の一例として虐待を受けた子どもを取り上げ、児童虐待について検討する。(1)

虐待を受けた子どもが「脆弱」と評価される理由として以下の二つが考えられる。第一に、虐待による子どもの死亡事例が発生するように、(2)自ら助けを求めることが困難であり、その存在や周囲の助けが必要であることが見過ごされ死亡の結果をも生じうるためである。(3)第二に、子どもが保護され生命の危険にさらされない状態になったとしても、親権喪失等がされていないケースでは、親権者による不適当な親権行使により子どもの生活に制約が生じる場合があり、親権者等の協力なくして子どもが生活することは困難であるためである。

本稿では、児童虐待保護に関する制度、親権制度を概観して、その実効性の点から検討し、さらに権利論との関係で考察する。

一　児童虐待保護の制度

（一）関係法令（4）

児童虐待保護制度の関係法令としては、虐待者の処罰という点で関係する刑法、親権等につき規定する民法、児童の保護等につき規定する児童福祉法、児童虐待の防止等に関する法律（以下「児童虐待防止法」という。）、子どもの権利について規定する児童の権利に関する条約がある。

被虐待児の保護等について規定する児童福祉法は、児童の福祉に関する総合的法律として一九四七年に公布されたもので、二〇一六年の改正により児童の権利に関する条約の理念を条文上大きく取り入れた（同法一条等）。

児童虐待に特化した児童虐待防止法は、二〇〇〇年に公布されたもので、児童虐待の禁止、児童虐待の防止に関する国及び地方公共団体の責務等を規定し、同法二条では、児童虐待を、保護者（親権を行う者、未成年後見人その他の者で、児童を現に監護するもの）が、その監護する児童（一八歳に満たない者）対して、①身体的虐待、②性的虐待、③ネグレクト、④心理的虐待を行う行為と定義する。

（二）児童虐待保護の流れ

被虐待児が保護されるまでには、被虐待児が発見され、児童相談所等への通告がなされる等し（5）、児童相談所等の関与が開始する。児童相談所等は、必要があると認めるときは、児童の安全を迅速に確保し適切な保護を図るため、又は児童の心身の状況、環境等を把握するために一時保護したうえで（児童福祉法三三条一項、同条二項）、援助等の措置をとる。援助方針の一つとして児童養護施設等の入所措置があり、親権者又は未成年後見人の意に反するときは、家庭裁判所の承認を得る必要がある（同法二八条一項一号等)。

(三) 検討

虐待による子どもの死亡事例では、適切に発見がなされなかった場合等が多いが、これに対応するには早期発見を実効的にすることが考えられる。

児童福祉法、児童虐待防止法は要保護児童発見者の通告義務を規定し、児童の福祉に関係ある職務にある者[6]についての早期発見努力義務(児童虐待防止法五条一項)を規定する。現在は努力義務となっているが、実効性の点から検討すると、早期発見について義務付け、懈怠の場合の罰則規定を設けるということがありうる。

二　親権制度の概要

(一) 問題の所在

被虐待児が「脆弱」と考えられうる理由として、親権者等の協力なく子どもが生活することの困難さがあり、親権行使等が問題になる場合がある。そこで、親権制度を概観し、実効性の点から検討する[7]。

現在、児童福祉法が児童を「満十八歳に満たない者」と定義する(同法四条)一方で、民法の成年年齢は二十歳とされ(民法四条)、未成年者は父母の親権に服する(同法八一八条一項)とされている。そのため、児童福祉法の対象外の未成年者が、不適切な親権行使の影響を受けることがありうるが、この点は、民法の成年年齢引き下げにより解消される見込みである。しかし、「民法等の一部を改正する法律」(平成二三年法律第六一号)により、一時保護中、施設入所中の児童についての、親権者等がいる場合の児童相談所長等の監護、教育及び懲戒に関する児童等の福祉のための必要な措置等が規定されたように（児童福祉法三三条の二、二項、同条三項、四七条三項、同条四項）、一時保護中の児童等についても親権者との関係は問題になる(8)。

（二）民法上の規定

民法は、未成年者が法律行為をするには、法定代理人の同意を得なければならないと規定し（民法五条一項本文）、成年に達しない子は父母の親権に服し、子が養子であるときは養親の親権に服するとされる（同法八一八条一項、同条二項）。親権者は、子の利益のために子の監護及び教育をする権利を有し、義務を負い（同法八二〇条）、子の財産の管理、財産に関する法律行為についてその子を代表する旨規定する（同法八二四条）。したがって、未成年者は、法律行為をする際に原則として親権者等の同意を得る必要がある。

民法では、親権者不在の場合につき、後見が開始する（同法八三八条一号）とし、未成年後見人の未成年被後見人の身上監護に関する権利義務（同法八五七条）や後見人の財産の管理及び代表（同法八五九条）を規定する。なお、遺言による未成年後見人の指定（同法八三九条）がない場合、未成年被後見人やその親族等の請求により家庭裁判所が未成年後見人を選任する（同法八四〇条一項）ため、後見が開始しても未成年後見人が選任されていない場合がある(9)。

そして、親権制限の制度として、親権喪失（同法八三四条）、親権停止（同法八三四条の二）、管理権喪失（同法八三五条）、親権又は管理権の辞任（同法八三七条一項）の規定をおき、これらの規定により民法八三八条一号規定の状態になった際には、後見が開始する。

（三）検討

上記のとおり、民法では、親権者を通じて子どもの権利を行使する仕組みをとり、親権の行使が困難又は不適当であることにより子の利益を害する場合等には親権停止等が可能となり、親権者不在の場合には未成年後見が開始し、親権者の不在を補うことにより解決する制度がとられている。

親権喪失等は家庭裁判所の審判によるため立証の問題はあるが、親権喪失等の要件からすると、虐待が立証された場合には要件を満たしうる。親権喪失等については、児童相談所長も請求等ができ（児童福祉法三三条の七）、「親権の喪失の制度は、児童虐待の防止及び児童虐待を受けた児童の保護の観点からも、適切に運用されなければならない」と規定される（児童虐待防止法一五条）。

したがって、親権者の親権行使が不適当である場合には親権喪失等を経て、親権者の死亡等による不在の場合と同様、未成年後見が開始することになり、法的には、虐待を受けているか否か、親権者の存否により、子どもの権利行使の面では大きな差はない。

この点で実効性が問題となるのは、なされるべき親権喪失等の手続きがとられないことによる。児童相談所等では、親権の不適切行使をする父母には、適切な行使をするよう指導し、不適切な行使が改まらず、子の福祉を守り難い場合には、家庭裁判所に対して親権喪失等の審判の請求を行うことを検討する必要があり、子の意向を十分配慮しながら、子の利益を最優先に考え、適切に親権喪失等の審判の請求を行う必要があるとされる[10]。

上記制度の利用を実効的にするには、親権喪失等の要否の検討を任意としない、あるいは、全件の親権喪失等の要否について児童相談所以外の機関の判断を経ることを必須とすることもありうる。

たとえば、アメリカの場合、保護拘束→民事児童保護手続き（一時保護審理、事実認定手続き、処遇決定審理、再審理、最終決定審問）という一連の児童保護手続の流れの中で、最終決定審問において、子どもを親元へ返しても子どもに危険はないか、親に更生の兆しが全くみえず親権剥奪をした方がよいのか等、親権終了の是非も裁判所において決定される。(11)

三　児童虐待をめぐる憲法上の権利

(一)　問題の所在

以上のとおり、実効性の観点から現在の法制度について検討したが、制度設計にあたっては、当該制度により誰のどのような権利が制約される可能性があるのか等を明らかにしたうえで、検討する必要がある。そこで、児童虐待保護の問題に関し、憲法上の権利の観点から分析し検討の枠組みを示す。

(二)　検討すべき権利

児童虐待をめぐる憲法上の権利の議論としては、主体として被虐待児（子ども）、親が存在し、場面の問題として、被虐待児を保護する場面、その後の場面がある。被虐待児が「脆弱」だと考えられる理由としてあげたもののうち、第一点目は主に保護の場面で問題になり、第二点目は主に保護後の場面で問題になる。

保護の場面と保護後の場面では、子どもが生命の危険にさらされる可能性に違いがあり、前者に比べて後者は緊急性が低く、子どもの権利と親の権利との対立等がより鮮明になる。子どもの生命の危険等の考慮要素に違いはあるが、本稿で行う問題になる権利等の検討では同様に整理できると考えられるため、場面での分類は行わずに検討の枠組みを示す。

被虐待児を虐待親等から保護する主体として都道府県知事等の公権力が存在するため、公権力との関

係を考慮したうえで子どもと親の権利を検討すると、以下のように分類することができる。(12)(13)

	子どもが保護相当と考える	子どもが不分離を希望する
親が保護相当と考える	A	B
親が不分離を希望する	C	D

Aは、子どもと親の意見が一致して保護を相当と考える場合で、Dは、親子が一致して不分離を希望する場合である。Aでは、公権力が保護相当と考えた場合には、子どもと親の同意により保護との関係で権利論の問題は顕在化せず、公権力が保護しない場合には、子どもと親の保護請求権が問題となる。これに対し、Dでは、親子双方の意に反しても子どもの安全確保のため職権による保護が必要になる場面もあり、「公の家庭への介入」が問題となる。また、親からの分離禁止原則（児童の権利に関する条約九条）も問題になりうる。BとCは、親子の意見が不一致の場合であるが、いずれも子どもの権利と親の権利が問題になり、保護を望む場合には、権利の内容として保護請求権があるのかが問題となる。

ここでは、公権力の介入に対する子どもの権利、親の権利が問題となる場面であるため、双方とも憲法上の権利の有無及びその内容を問題とする必要がある。「虐待」だとして親として不適切だと評価する範囲が広がることによりあるべき親の姿を描き出す可能性があること、実際には「虐待」をしていなかった場合も一時保護等の対象になりうることからすれば、公権力との関係では、子どもの権利の視点からでは捕捉しきれない親の権利について検討することが必要だと考えられる。(14)

（三）本稿での検討

子どもの権利を検討するに際しては、保護と自律の観点が必要だとされてきており、被虐待児の保護請求権については憲法一三条や生存権を根拠として検討しうる。本稿では、近年、保護を受けられなかったことを理由に国家賠償請求をした事案があることから同判決の紹介、検討を行う。

また、児童虐待の問題では親の意向に反して公権力が家庭へと介入する場面に関し、親の権利の存否および内容について検討する必要があることから、児童虐待保護制度において問題となりうる制度について指摘、検討する。

四　子どもの保護請求権

(一) 判例

子どもの保護請求権が問題となった判例として、長崎地判平成二八年十月一四日(LEX/DB25545026)、福岡高判平成二九年四月一三日(LEX/DB25545865)がある。

同事件は、未成年者である原告が、長崎県に対し、国家賠償法一条一項に基づき、慰謝料請求をした事案である。原告は、母や祖母が暴力をふるう、自宅はゴミ屋敷と化し充分に食事等を作ってもらえない等の事情を主張し、国家賠償法一条一項に関し、県の設置する児童相談所が、必要な指導として、母らに虐待の事実を認めさせ、児童虐待の指導に応じるため粘り強く指導を継続する義務があったにもかかわらず、支援を終結しそれ以降の指導を怠ったため虐待が継続した、要保護児童対策地域協議会における情報提供が児童福祉法上の通告にあたり、二四時間以内に原告の身体の安全を面談により確認すべき義務、二日後までに一時保護をすべき義務があったにもかかわらず、これらの義務を怠ったため、原告は精神的苦痛を被った等と主張した。

第一審判決は、一時保護すべき義務の点について、児童福祉法三三条が「児童相談所長が必要があると認めるときに児童に一時保護を加えることができる旨定めるのに対し、児童虐待防止法八条二項は児童相談所長が必要に応じ一時保護を行うものとする旨定めていることに照らせば、同条項は、児童相談所長に対し、通告を受けた場合に必要に応じて児童の一時保護をすることを法的義務として定めたものと解される」と判示した（控訴審判決も同旨）。

ただし、一時保護の必要性の有無については、児童相談所の合理的な裁量に委ねられているというべきであり、児童相談所長が一時保護の必要性を認めず児童を一時保護しなかったことが国家賠償法上違法となるのは、その判断が児童相談所長に与えられた裁量権の範囲を超え、又はその濫用があった場合に限られると解されるとし、同事件では違法はないとし請求を棄却した。

（二）検討

本判決では、児童福祉法の条文と比較しながら、児童虐待防止法を根拠に一時保護の義務を認めており、同法制定前には一時保護義務を認めていないと評価せざるを得ない。ただし、事後的な国家賠償請求訴訟のため、保護請求権ではなく一時保護義務の有無の判断となったものの、実務上の問題としては、一時保護に法的義務が認められたことから、すでに保護請求権の根拠の問題は解決済みといい得る。

なお、本判決では、一時保護の必要性の有無に関する判断について児童相談所長の裁量を認めているが、裁量の幅を検討するにあたっては、子どもの権利の検討が必要になると考えられる。

これに対し、アメリカでは、連邦最高裁は、通告により児童保護機関に一時保護されたが父親のもとに帰され、その後の通告の際にも保護されなかったところ、生涯後遺症の残るほどの障害を脳に負ったため、児童保護機関の怠慢のせいで一生涯残る後遺症を負うことになったとして、その子と離婚した子の母親がデュー・プロセス条項違反と主張し児童保護機関等に対し訴訟提起した事案について、被告がその子を父親の暴力から守らなかったことは、実体的デュー・プロセス違反にはならないとした

(DeShaney v. Winnebago County Dept. of Social Services, 489 U. S. 189 (1989))。[15] 同判決は、憲法上の保護義務を否定したものとされている。

五　保護制度についての再検討

(一)　制度

児童虐待保護制度について、権利論との関係で問題となりうる制度について指摘し、検討する。

児童虐待保護制度には、裁判所の関与しない立入調査(児童虐待防止法九条)等や、面会通信制限(同法一二条)等の規定がある。また、一時保護について、「児童福祉法及び児童虐待の防止等に関する法律の一部を改正する法律」(平成二九年法律第六九号)において、引き続いての一時保護につき家裁による一時保護審査が導入されたが(児童福祉法三三条五項)、親権者等の意に反して二ヶ月を超えて一時保護を行う場合以外には、事前の司法審査は予定されていない。

さらに、一時保護中の児童等について、親権者等がいる場合にも、児童相談所長等は、監護、教育及び懲戒に関し児童等の福祉のため必要な措置をとることができ、親権者等はその措置を不当に妨げてはならないとし(児童福祉法三三条の二、二項、同条三項、四七条三項、同条四項)、児童の生命又は身体の安全を確保するため緊急の必要があると認めるときは、親権者等の意に反しても、これをとることができる(同法三三条の二、四項、四七条五項)と規定する。

(二)　検討

調査、面会通信制限等や二ヶ月を超えない一時保護については、裁判所が事前に関与しない制度となっているが、これらは公の家庭内への介入と考えられうるものであり、権利の内容を明らかにしたうえで検討が必要となる制度であるといえる[16]。

また、一時保護、施設入所に関する家庭裁判所の関与の要件は、子どもの意思ではなく親権者等の意に反しているか否かであるが、この点は子どもの権利の内容との関係で検討を要すると考えられる。

これまで、一時保護については、制度を実効的なものにするため、親権に関する処分であるため手続の適正性を担保するためと、状況に応じた改正が重ねられてきた。二ヶ月を超えない一時保護の場合、親権者等の意に反していても事前の司法審査が行われないが、児童等の福祉のため必要な措置等との限定は付されているものの、実際には親権者等の意に反した措置が行われる可能性があり、親の権利の観点からの検討が必要だと思われる。

親からの分離禁止原則との関係では、「一時保護期間を最小限に限定すること、関係者の意見表明権を保障することなど、法改正を含めて手続的整備を行うことが必要[17]」と指摘されてきたが、二〇一七年の改正も、一部分のみの対応となっていると言わざるを得ず、今後も検討が必要である。

六　まとめ

本稿では、「脆弱」であることについて、虐待を受け保護が必要であること、親権者等の協力なくして子どもが生活していくことは困難であることに着目し検討してきた。

前者については、保護が必要であることを前提に、虐待を受けた子どもを発見するための制度の規定があり、後者については親権喪失等の規定があり、親権者不在の場合には未成年後見が開始することとされており、親権者不在や親権者の親権行使が不適切である場合に法的には不利益にならない形となっていることを整理した。

実効性のある制度に変更するにあたっては、子どもの権利、親の権利、公の家庭への介入という観点からの検討が必要であること、[18]それぞれに関係する判例の紹介、分析、問題となりうる制度について指摘した。

本稿では、あくまでも児童虐待をめぐる権利について、どのような視点から検討を行う必要があるのかとの枠組みを示したにとどまっており、各権利、理論の具体的な内容についての検討は今後の課題である。

（1）本稿は、憲法理論研究会七月ミニ・シンポジウム（二〇一八年七月二一日）報告を文書化したものである。

（2）児童相談所で迷子ケースとして関与があって以降、約十年にわたり関係機関において所在確認がされず、死後七年以上が経過した状態で遺体で発見されたケースなどがある（神奈川県児童虐待による死亡事例等調査検証委員会「児童虐待による死亡事例調査検証報告書（平成26年8月）」（神奈川県ホームページ「児童虐待による死亡事例調査検証報告書について」http://www.pref.kanagawa.jp/docs/he8/cnt/f531726/（二〇一九年六月二日最終閲覧）参照）。

（3）東京都目黒区で平成三〇年三月に発生した虐待による女児死亡事案、報告後の平成三一年一月に野田市で発生した虐待による女児死亡事案等を受け、平成三一年三月一九日の児童虐待防止対策に関する関係閣僚会議において、「児童虐待防止対策の抜本的強化について」が決定された（厚生労働省ホームページ「児童虐待防止対策」https://www.mhlw.go.jp/stf/seisakunitsuite/bunya/kodomo/kodomo_kosodate/dv/index.html（二〇一九年六月二日最終閲覧）参照）。

（4）関係法令のうち、児童福祉法、児童虐待防止法については、許斐有『子どもの権利と児童福祉法　社会的子育てシステムを考える［増補版］』（信山社、二〇〇一年）、佐柳忠晴『児童虐待の防止を考える―子の最善の利益を求めて―』（三省堂、二〇一七年）、小池泰「解説　児童虐待」松川正毅・窪田充見編『新基本法コンメンタール親族』二五三頁以下（日本評論社、二〇一五年）を参照した。

（5）要保護児童発見者の福祉事務所、児童相談所に対する通告義務（児童福祉法二五条一項）、児童虐待を受けたと思われる児童発見者の福祉事務所、児童相談所に対する通告義務（児童虐待防止法六条一項）が規定される。

（6）具体的には、学校、児童福祉施設、病院その他児童の福祉に業務上関係のある団体及び学校の教職員、児童福祉施設の職員、医師、歯科医師、保健師、助産師、看護師、弁護士その他児童の福祉に職務上関係のある者と規定する。

（7）報告後に篠原永明「親権制限とその周辺：憲法24条の観点からの分析」甲南法学第五九巻三・四号九一頁以下（二〇一九年）に接した。

（8）児童福祉法では、一時保護中もしくは施設入所中で、親権者や未成年後見人のないものに対する、児童相談所長、児童福祉施設長等の親権代行の規定もおく（同法三三条の二、一項、四七条一項、同条二項）。

（9）未成年後見人の選任請求について、親権を行う者のない児童についてその福祉のため必要がある場合における児童相談所長（児童福祉法三三条の八、一項）は選任請求義務者となる。

（10）「児童相談所運営指針について」（平成二年三月五日児発第一三三号、平成三〇年一〇月二五日子発一〇二五第一号による改正まで）参照。

（11）アメリカの制度については、池谷和子『アメリカ児童虐待防止法制度の研究』（樹芸書房、二〇〇九年）、同「アメリカにおける家族の崩壊と『子どもの権利』―児童虐待防止法制度を素材として―」東洋法学第五七巻第三号一七三頁以下（二〇一四年）、原田綾子『「虐待大国」アメリカの苦闘―児童虐待防止への取組みと家族福祉政策―』（ミネルヴァ書房、二〇〇八年）を参照した。

（12）子ども、親、政府の三者の関係を論ずるものとして米沢広一『子ども・家族・憲法』（有斐閣、一九九二年）等がある。

（13）公権力と家族、家族とその構成員たる子、親の関係も想定しうるが、本報告では対象としない。

(14)「日本では、親権を文字通り親の権利ととらえる傾向が強いけれども、親権とはもともと、子の監護・教育をする権利および義務を意味する（民法820条）。子の監護教育は親の義務であり、この義務を遂行するために他人からの干渉を防ぐときに権利性が現れるのである。」（横藤田誠・中坂恵美子『人権入門〔第3版〕―憲法／人権／マイノリティ』一五一頁〔横藤田誠〕（法律文化社、二〇一七年））と説明されるが、権利として検討が必要になる場合といえよう。

(15) 本判決について福岡久美子「児童虐待に関する合衆国憲法判例―DeShaney 事件を中心として―」阪大法学第四五巻第一号一三五頁以下（一九九五年）、同「児童虐待に関する憲法学的試論」阪大法学第五三巻第三・四号四二一頁以下（二〇〇三年）、内田真利子「アメリカ合衆国憲法第一四修正デュープロセス条項における『ステイト・インアクション』法理の憲法的考察―DeShaney 事件連邦最高裁判所判決を基軸として―」（一）（二）（三・完）早稲田大学院法研論集第七〇号五五頁以下（一九九四年）・第七三号一頁以下（一九九五年）・第七四号二七頁以下（一九九五年）、山本龍彦「アメリカ憲法―子どもの権利・親の権利・国家の役割―」小山剛・玉井真理子編『子どもの医療と法〔第2版〕』九九頁以下（尚学社、二〇一二年）等で検討されている。

(16) 面会・通信の制限について、児童相談所長等の判断にゆだねるのではなく、家庭裁判所のような第三機関の関与を検討すべき旨、指摘されている（福岡久美子「国家の家庭への介入―児童虐待とドメスティック・バイオレンス―」憲法論叢第一三号八七頁以下（二〇〇六年））。

(17) 喜多明人・森田明美・広沢明・荒巻重人編『［逐条解説］子どもの権利条約』九五頁〔許斐有〕（日本評論社、二〇〇九年）。

(18) 横田光平は、憲法上の「親の権利」と民法上の「親権」の関係について、「日本法においても、憲法上の『親の権利』と民法上の『親権』を包括的に捉えるための前提として、両者の理論的関係を明らかにする必要があるが、そのような問題の存在自体、未だ十分に意識されていないように思われる。」と指摘する（横田光平『子ども法の基本構造』五六一頁（信山社、二〇一〇年））。また、報告後に、横田光平「児童虐待への国家介入―分析的考察」法律時報九〇巻一一号三七頁以下（二〇一八年）に接した。

枠組的権利としての生存権

石塚壮太郎
（北九州市立大学）

はじめに

憲法二五条が保障する生存権とは何なのだろうか。この分野では、そのような素朴な解釈論上の問いがいまだ成立するように思われる。生存権については様々な方向や観点からの見解がある。本稿では、従来の判例・学説をある程度位置づけて整理したうえで、生存権解釈の新しい考え方——枠組的権利説——を示したい。

一　生存権判例に対する理解の新傾向

（一）近時の判例理解

判例は当初、食糧管理法事件判決（最大判昭和二三年九月二九日刑集二巻一〇号一二三五頁）および朝日訴訟判決（最大判昭和四二年五月二四日民集二一巻五号一〇四三頁）でプログラム規定説を採ったとして批判されたが、堀木訴訟判決（最大判昭和五七年七月七日民集三六巻七号一二三五頁）では明白性原則による司法的統制が認められており、具体的権利であることは一貫して否定されつつも、憲法二五条の法規範性はすでに承認されている。この点、判例は抽象的権利説を採っているとの見解もあるが、近時では最高裁が二五条を客観法（とりわけ国家目標規定）[1]として把握しているとの見解も有力である。[2]堀木訴訟判決は、「憲法二五条の規定は、国権の作用に対し、一定の目的を設定しその実現のための積極的な発動を期待するという性質のもの」としており、後者の見解に説得力を与えている。私見でも、その是非は別として、最高裁は国家目標規定説を採用している。

筆者が以前に行った分析では、国家目標規定が規定される論理的順序は、以下のようなものである。[3]通常、国家目標規定の導入に際しては、第一に、社会問題が存在し、これに対する認識が必要となる（社会問題の存在とその認識）。第二に、その問題を国家が解決すべきかどうかが判断される（国家任務か否か）。第三に、それを憲法レベルで規律するか否か、すなわち一般法律レベルの規律では不十分か否かが判断される（憲法任務か否か）。第四に、憲法上の規律方法が判断される（例えば、基本権か国家目標規定か）。食糧管理法事件判決は、まさにこの順序を辿った説示をしている（〔 〕、傍線は筆者）。

「〔①〕そもそも、人類の歴史において、立憲主義の発達当時に行われた政治思想は、できる限り個人の意思を尊重し、国家をして能う限り個人意思の自由に対し余計な干渉を行わしめまいとすることであつた。…そこで、諸国で制定された憲法の中には、多かれ少なかれ個人の自由権的基本人権の保障が定められた。かくて、国民の経済活動は、放任主義の下に活発に自由競争を盛ならしめ、著しい経済的発展を遂げたのである。ところが、その結果は貧富の懸隔を甚しくし、少数の富者と多数の貧者を生ぜしめ、現代の社会的不公正を引き起すに至つた。

〔②〕そこで、かかる社会の現状は、国家をして他面において積極的に諸種の政策を実行せしめる必要を痛感せしめ、ここに現代国家は、制度として新な積極的関与を試みざるを得ざることになつた。これがいわゆる社会的施設及び社会的立法である。〔③〕さて、憲法第二五条第二項において…規定しているのは、前述の社会生活の推移に伴う積極主義の政治である社会的施設の拡充増強に努力すべきことを国家の任務の一つとし宣言したものである。そして、同条第一項は、同様に積極主義の政治として、すべての国民が健康で文化的な最低限度の生活を営み得るよう国政を運営すべきことを国家の責務として宣言したものである。〔④〕…国家は、国民一般に対して概括的にかかる責務を負担しこれを国政上の任務としたのであるけれども、個々の国民に対して具体的、現実的にかかる義務を有するのではない。言い換えれば、この規定により直接に個々の国民は、国家に対して具体的、現実的にかかる権利を有するものではない。」

そして二五条が具体的権利ではない旨は、朝日訴訟判決に引き継がれ、堀木訴訟判決では、国家の目標を追求する客観法的規定であることが改めて積極的に明言されたのである。(4)

（二）判例の評価

憲法二五条は、判例の文言に即してみれば、国家目標規定であるというのが最も自然であるし、判例が説明する二五条の規範内容にも適合している。しかし、社会権に対して忌避感の強いドイツですら、二〇一〇年の連邦憲法裁判所判決（後述するハルツⅣ判決）により、「生存権」が憲法上の権利として承認されており、日本国憲法二五条一項の文言にあえて反してまで、同条項を国家目標規定と解する合理性があるかはもはや極めて疑わしい（もちろん形式だけの「権利」の承認に意味はなく、どのように権利としての実体が確保されたかが重要である）。

もっとも、国家目標規定であるとの解釈は、憲法二五条二項の文言とは適合的である。(5)

二　国家目標規定から主観的権利へ？

他方で学説は、判例が採用している客観法的理解に対して、生存権を主観的権利として構成しているようにみえる。しかし、従来の諸学説は、(6)——ことばどおりの具体的権利説を除き(7)——権利の性質、その構造や内容について不明瞭な点が多く、また実効的に生存権が保障されるような手立てを備えていないように思われる。

（一）従来の諸学説

学説で特に問題とされてきたのは、生存権の法的性質に関する議論である。生存権の法的性質論には、権利内容やそれに付随した名宛人の問題が含まれている点に注意が必要である。まず法規範かそうでないか（プログラム規定説）は、法的性質論に分類してもよいだろう。本来次に問題となるのは、法規範であったとして、主観的権利か、客観法かの分類である。客観法である場合には、国家目標規定という規範類型が有力である。仮に憲法二五条を一体として捉えた場合には、同条は——生活保障委託を伴う(8)——社会国家目標として理解されることになろう（先述した通り判例はこの立場に近い）。主観的権利である場合には、次にその内容が問題となるが、法的性質論レベルでは、抽象的権利か具体的権利（「ことばどおり」も含む）かを論じる必要はなく、それは権利内容の問題として取り扱えばよい。(9)なお、それぞれの権利内容は、抽象的権利説では立法・解釈指針（場合によっては制度後退禁止原則を含む）、具体的権利説ではそれに加えて生活保障の立法委託、ことばどおりの具体的権利説では一定額の給付となる。

諸学説は、憲法二五条に法的拘束力があり、権利であるとする点では共通しているが、裁判という場において、同条に基づいてどのような主張が可能かという観点から区別されてきた。しかし、これらの学説は、同条の権利内容の具体度に応じてどの国家機関を主たる名宛人とするかを区別するものとも解される。この点で法的性格論としては、同条はすべての国家機関を拘束する法的権利としておけば足りるとする法的権利説も有力である。この観点からすれば、諸説を分けるポイントは、法的性質ではなく、権利内容に対応した名宛人にあり、抽象的権利説は行政府に対する、具体的権利説は立法府に対する、ことばどおりの具体的権利説は裁判所に対する拘束力を強調したものとみることもできる。

仮に、法的権利の性質論として論じられるとすれば、それが防御権なのか、保護請求権なのか、（本源的または派生的）給付請求権なのかであろう。それについては、抽象的権利からことばどおりの具体的権利まで、給付請求権である点では変わりがない（後述する枠組的権利も給付請求権である）。

（二）学説の評価

生存権に関する諸学説は、社会扶助法がない状態で何が主張できるかを主眼としていた。それはもとより憲法上の独立した権利として生存権を成立させるために重要な作業であったが、生存権の特質、すなわち生存権が法律による具体化に依存するものであることを真に直視しておらず、憲法上の生存権から、額に至るまで具体化される社会扶助請求権までの距離――生存権と社会扶助法との親和性――を見誤っていたように思われる。また、二五条が権利であることを主張してきた諸説は、二五条が権利であることの意味を発揮させてきたとは言いがたい。

三　枠組的権利としての生存権

新しい生存権のあり方を考えるに当たって、筆者が参考になると考えているのが、二〇一〇年にドイツ連邦憲法裁判所が下したハルツⅣ判決における説示と、そこで承認された給付請求権としての生存権を「枠組的権利」として解説したゾンマーマンの論文「段階的な社会的諸権利」である。(10)

(一) ハルツⅣ判決の要旨(11)

〔生存権と立法者の形成の余地の承認〕人間の尊厳に値する生存最低限度の保障を求める基本権は、基本法二〇条一項〔社会国家原理〕と結びついた基本法一条一項〔人間の尊厳〕から生じる。同基本権は、その根拠に関しては任意に処分しえず、履行されなければならず、立法者による具体化と恒常的な更新作業を必要とする。立法者は、提供されるべき諸給付を、公共体のその都度の発展状況および既存の生活状況に適合させなければならず、その際、立法者には形成の余地が認められる（Rn. 133）。

〔生存権の内容〕直接憲法から生じる、人間の尊厳に値する生存最低限度の保障を求める給付請求権は、人間の尊厳に値する生存の維持に絶対的に必要不可欠な手段に対してのみ及ぶ。同請求権が基本権の一体的保障を通じて保障するのは、生存最低限度の全体である。そのような基本権の一体的保障は、人間の肉体的生存、すなわち食事、衣服、家具、住居、暖房、衛生および健康をも、人間関係を営むための可能性ならびに社会的、文化的および政治的生活に最低限参加する可能性の確保をも含んでいる。一個人としての人間は、不可避的に、社会的連関の中で存在するからである（Rn. 135）。

〔主観的権利原則＋議会留保〕人間の尊厳に値する生存最低限度の保障は、法律上の請求権を通じて確保されなければならない。要扶助者には、国家または第三者による任意の給付が宛がわれてはならない。人間の尊厳に値する生存最低限度は、主務官庁に対する市民の具体的な給付請求権を含んだ議会法によって、憲法上保障されなければならない（Rn. 136）。

〔需要充足原則〕法律上の給付請求権は、それが常に個々の基本権享有者の、生存に必要不可欠な需要全体を充足するように形成されなければならない（Rn. 137）。

〔権利の未確定性と立法者による具体化の必要〕基本法一条一項から生じる給付請求権は、その根拠に関しては（dem Grunde nach）[12] 憲法上所与である。しかし、この請求権の範囲は、需要の種類やそのために必要不可欠となる手段という観点からして、直接憲法からは導かれえない。その範囲は、人間の尊厳に値する最低限度の生存に必要不可欠なものに関する社会的見解、要扶助者の具体的な生活状況ならびにその都度の経済的・技術的な実情に依存し、したがって立法者によって具体的に定められなければならない。立法者には、給付請求権を、要件と効果の中で具体化することが課せられる。立法者が、金銭、現物またはサービスのうちどの給付で、生存最低限度を確保するかは、基本的に立法者に委ねられている（Rn. 138）。

〔透明かつ適正な手続〕請求権の具体化について、立法者は、生存に必要不可欠なすべての消費を、首尾一貫した形で、透明かつ事柄の性質に適した手続で、実際の需要に基づいて、すなわち現実適合的に算定しなければならない。これにつき、立法者はまず、需要の種類とそれに使われる費用を調査し、この基礎に基づいて、需要全体の額を規定しなければならない。基本法は、立法者に対し、そのための特定の手法を規定していない。立法者は、むしろ有用性と事項適合性の枠内で、その手法を自ら選ぶことが許される。もっとも、選択された手法からの逸脱は、事柄の性質に即した正当化を要する（Rn. 139）。

〔予防措置の要請〕さらに、そのようにして得られた結果は、継続的に審査され、さらに発展させられなければならない。なぜなら、人間の基礎的な生活需要は、原則的としてそれが存在するわずかの間でのみ満たされるにすぎないからである。したがって、立法者は、その時々の実際の需要の充足を確保するために、例えば物価上昇や消費増税のような経済的枠条件の変化に迅速に対応する予防措置を講じなければならない（Rn. 140）。

（二）枠組的権利とは何か

ゾンマーマンによれば、ハルツⅣ判決が承認した憲法上の給付請求権は、「まず考えられるような意味で、直接的なわけではない[13]」。同権利は、「第一に、『規範給付を求める請求権』である」。なぜなら、「人間の尊厳に値する生存最低限度の保障は、法律上の請求権を通じて確保されていなければならない」からであり、「ここで第二段階、つまり一般法律上での生存最低限度を求める権利の主観的権利化段階が論じられる」。これに「以前の判例に依拠して維持される実体的な明白性の統制を付け加えれば、枠組的権利の像が現れる。その角の各頂点において連邦憲法裁判所によって統制されうる枠組みは、具体化する一般法律上の一定の給付権を通じて充填されなければならない。この意味で、二段階の主観的権利化、ないし……『権利を求める権利』が語られうる」。

（三）枠組的基本権の特徴

ゾンマーマンの「枠組み基本権」論は、第一段階で憲法上の枠組的権利（Rahmenrecht）[14]を創出し、その補充として、第二段階で一般法律上の給付権が求められる。第一に、枠組みそれ自体が権利内容であり、第二に、そこで要求される一般法律上の給付権の内容も、権利内容と解することができる。

仮にゾンマーマンの考えを敷衍して、同基本権が一般法律上の社会扶助請求権と一体であり、単に規範ヒエラルキーの都合上、多層的に設定されているのだと考えると[15]、その権利構造は、社会扶助請求権の構造を当然に引き継ぐことになる。すなわち、給付条件と給付内容（それぞれ要件と効果に対応する）という構成である。社会扶助請求権の性質からしても、それを引き継いだ連邦憲法裁判所の判示からしても、給付要件は要扶助性の存在であり、給付内容は人間の尊厳に値する生存の維持に必要不可欠な手段である。より単純に同基本権の構造を考察すると、社会扶助請求権を構成する給付条件と給付内容が、抽象的なレベルでのみ、憲法上規定されていると見ることも可能である。

（四）「枠組み」の内容

では一体、生存権の憲法上の枠組みとして何があるのか。ハルツⅣ判決によれば、第一に、主観的権利原則、すなわち一般法律上での権利形式の憲法上の保障である。第二に、需要充足の原則(Bedarfdeckungsprinzip)、第三に、需要充足のための（透明かつ適正な）手続の保障、第四に、予防措置の設置である[16]。これらの諸原則の一部は、ドイツの社会扶助法上の原則が生存権保障のために格上げされたものとみることができる。

未確定要素の具体化の際であっても、生存権保障の当然の帰結として遵守されなければならない諸原則を以って、立法・行政裁量に枠をはめる枠組的権利説は、日本においても主張可能であるように思われる。同説によれば、生存権は憲法上抽象的な給付条件と給付内容しか定めていないが、生存権の具体化の際には、生存権保障を実質化するために、例えば以下の諸原則の遵守が憲法上求められると考えうる。①法律上主観的給付請求権として具体化されるべきこと（主観的権利原則）、②「健康で文化的な最低限度の生活」に必要な需要が全体として満たされなければならないこと（需要充足原則）、③需要充足のためには透明かつ適正な手続で需要が確定されなければならないこと、④経済・社会条件の変化

（物価上昇など）に迅速に対応するための予防措置（例えば定期的見直し）を設けなければならないこと、⑤類型化されづらい非典型需要も考慮に入れられなければならないこと（個人化原則）、⑥給付基準の改定の際に生活実態を変化させる猶予を与えなければならないこと（激変緩和措置の要請）である。

日本の生活保護法上の原則としては、いわゆる三原理四原則があるとされている。[17] すなわち、生活保護法に示された生活保護制度の解釈及び運用の基本となる原理として、①無差別平等の原理、②最低生活の原理、③保護の補足性の原理があり、生活保護を実施するときに守られるべき原則として、④申請保護の原則（生活保護法七条）、⑤基準及び程度の原則（同八条）、⑥必要即応の原則（同九条）、⑦世帯単位の原則（同一〇条）がある。これらの諸原理・諸原則間の関係性はあまり整理されているようには思われないが、①＋②＝需要充足原則、⑥＝個人化原則と見ることもできる。[18] 教科書によっては、主観的権利原則[19]を挙げるものもある。

（五）従来の判例・学説との関係

朝日訴訟判決が、憲法二五条一項は「直接個々の国民に対して具体的権利を賦与したものではない」としたのも、憲法上の抽象的な基準である「健康で文化的な最低限度の生活」という文言から、憲法上一定の「額」を導きだすのには無理がある――したがって、憲法二五条は〇〇円を支給せよという意味での（ことばどおりの意味の）具体的権利ではない――という程度の意味で読めば受け入れることができ、その点では抽象的権利説の趣旨も異ならない。枠組的権利説も、法的性質としては法的権利説に属し、また、権利内容の出発点において「一定額」にまで至らない点では、抽象的権利説と同位相にある。もっとも、権利内容の具体化の際に遵守されなければならない諸原則を生存権の内容とする点では、統制力を発揮する端緒を備える。

他方で、枠組的権利説は、日本の抽象的権利説の給付法一体化（憲法化）論と似ているように思われるが、次の点で決定的に異なる。枠組的権利の補充にあたっては、立法者に形成の余地が与えられているため、憲法上の枠組みを満たしうる給付請求権は複数存在することになる。したがって、生存権の枠組みに適合する一般法律上の給付請求権の行使が、同時に憲法上の生存権の行使でもある一方で、生存権は、他の「枠組適合的」な一般法律上の給付請求権への変更に対して抵抗力を持たない[20]。このことは、生存権自体の具体化に、立法者の形成の余地が認められていることの帰結である。憲法上示されているのは、権利の枠組みにすぎない。

おわりに

判例が一項をも含め、文言をあえて無視してまで憲法二五条を国家目標規定だと解することは、給付請求権としての生存権に一貫して否定的だったドイツにおいてすら、不文の生存権が承認されたという憲法状況をみるに、もはや説得力がない。司法府に過度な負担をかけず、かつ立法・行政府への介入を少なくすませる枠組的権利説が、生存権の特質に適合した権利構成の仕方だと思われる。そして、この枠組的権利の考え方も、判例に一定の端緒が見られる。老齢加算廃止訴訟最高裁判決の須藤意見が「激変緩和措置を採るべきことを、単なる恩恵としてではなく、いわば生存権の保障の内容として求めることができるというべき」（傍点筆者）と述べているのは、そのような要請が、実効的な生存権保障のコロラリーとして、枠組みの一角を形成すべきことをすでに示しているように思われる[21]。このように見ることにより、立法・行政上の裁量指針を明確化し[22]、裁判上の統制力を発揮することも可能となる。もっとも、枠組内容の確定と審査手法のあり方については、なお検討の余地が残ろう。

（1）国家目標規定とは、「市民に主観的権利を与えることなく、国家権力（立法、執行、司法）を特定の目標の遂行に向けて法的拘束力をもって義務づける憲法規範」である（*K.-P. Sommermann*, Staatsziele und Staatszielbestimmungen, 1997, S. 326）。小山剛『基本権の内容形成』（尚学社、二〇〇四年）二六二頁以下、浅川千尋『国家目標規定と社会権』（日本評論社、二〇〇八年）七三頁以下参照。

（2）小山剛「生存権の制度後退禁止？」慶應法学一九号（二〇一一年）一一五頁、高橋和之「生存権の法的性格論を読み直す」明治大学法科大学院論集一二巻（二〇一三年）一二頁以下。そのような認識として、長谷部恭男『憲法の理性〔増補新装版〕』（東京大学出版会、二〇一六年）六六頁・注九、小山・前掲注（1）二七三頁参照。

（3）拙稿「国家目標規定と国家学」法学政治学論究九七号（二〇一三年）三六六頁以下・注七〇。なおヴァールによれば、「基本権か、それとも国家目標かという二者択一は、憲法生活及び政治課題をどこまで法化し、どれだけ強く法化すべきかについての決断を含んでいる」。ライナー・ヴァール（小山剛・中野雅紀訳）「日本とドイツの比較憲法」ドイツ憲法判例研究会編『先端科学技術と人権』（信山社、二〇〇五年）一七頁。

（4）この点が影響を及ぼすのは、外国人の生存権享有主体性に関する問題である。判例は生存権を客観法的に捉えているため、権利主体はそもそも観念されえず、給付対象が誰かは基本的に立法裁量の問題となる。もっとも、文言上「国民」が対象になることについて裁量はなかろう。それらの点で、塩見訴訟判決（最判平成元年三月二日集民一五六号二七一頁）が福祉給付につき「自国民を在留外国人より優先的に扱うことも、許されるべき」としたのは首尾一貫している。

（5）岡田裕光「ドイツの国家目標規定について」関西大学法学論集五〇巻四号（二〇〇〇年）、六五八頁以下参照。

（6）整理として、芹沢斉ほか編『新基本法コンメンタール 憲法』（日本評論社、二〇一一年）二一六頁以下〔尾形健〕参照。

（7）棟居快行「生存権の具体的権利性」長谷部恭男編『リーディングズ 現代の憲法』（日本評論社、一九九五年）一五六頁以下。もっとも、立法裁量を経由せずに「健康で文化的な最低限度の生活」を裁判所が確定できるという点について原則としては賛同できない。

（8）「一項の存在意義は、それが主観的な権利形式で書かれていることよりも、『健康な最低限度』と『文化的な最低限度』という概念を打ち出して、二項の国家目的を具体化しているところにある」との指摘として、石川健治「憲法改正のディスクール」ジュリスト一三二五号（二〇〇六年）九六頁以下。

（9）棟居快行「生存権と『制度後退禁止原則』をめぐって」『国民主権と法の支配 下巻』（成文堂、二〇〇八年）三七〇頁参照。

（10）Vgl. *K.-P. Sommermann*, Soziale Rechte in Stufen, in: Calliess/Kahl/Schmalenbach (Hrsg.), Rechtsstaatlichkeit, Freiheit und soziale Rechte in der Europäischen Union (2014), S. 225. むしろ同判決が用いた「保障権」という語に注目するものとして、西村枝美「経済的社会的権利」憲法問題二九号（二〇一八年）一〇三頁以下。拙稿「『生存権』の法的性質」法学政治学論究一一〇号（二〇一六年）一一五頁以下でも、「保障権」の語についても検討したが、防御権とは異なるという程度の消極的意味しか見出せなかった。

（11）BVerfGE 125, 175. 〔〕内は筆者。（）内は欄外番号。ドイツ憲法判例研究会編『ドイツの憲法判例Ⅳ』（信山社、二〇一八年）二三八頁以下［工藤達朗］参照。同判決を主に扱ったものとして、玉蟲由樹『人間の尊厳保障の法理』（尚学社、二〇一三年）二〇四頁以下、拙稿・前掲注（10）一〇一頁。

（12）dem Grunde nach の意味につき、拙稿・前掲注（10）一一〇頁以下。

（13）ゾンマーマンの説明を含め、拙稿・前掲注（10）一一四頁以下。

（14）枠組的権利の用語は、社会保険給付請求権の説明としても用いられる。詳しくは、笠木映里『公的医療保険の給付範囲』（有斐閣、二〇〇八年）五五頁以下参照。

（15）枠組的権利が成立するのは、憲法上の権利と法律上の給付請求権がシームレスに連結され、総体として一つの権利が成立する場合であると考えられる。

（16）さらに個人化原則（Individualisierungsprinzip）も同判決から読み取りうるかもしれない。嶋田佳広「ドイツの保護基準における最低生活需要の充足」賃金と社会保障一五三九号（二〇一一年）二一頁参照。最判平成二四年四月二日民集六六巻六号二三六七頁（老齢加算廃止訴訟判決・須藤意見）でも、「個々の生活保護の実施は、『…その個人又は世帯の実際の必要の相違を考慮して、有効且つ適切に行』わなければならない…のに対し、保護基準は一律に給付水準を定めるものであるから、多面的かつ複雑な要因を抱えている個々の高齢困窮者の具体的生活状況における需要いかんによっては、本件改定を機械的に適用した個々の保護減額決定が同条の定める必要即応の原則に反するという場合もないわけではない」とされている。そこから法律上の「特別基準設定権」を論じるものとして、常岡孝好「生活保護基準改定の合理性と必要即応の原則に基づく特別基準設定申請権（一）・（二・完）」自治研究九〇巻（二〇一四年）二号三五頁・三号一九頁。

(17) 菊池馨実『社会保障法』（有斐閣、二〇一四年）二〇六頁以下。

(18) 憲法次元では、ある程度類型化された形で非典型需要が考慮されるとすれば、両者にはズレが生じうる。駒村圭吾『憲法訴訟の現代的転回』（日本評論社、二〇一三年）一八一頁注一一参照。

(19) 西村健一郎『社会保障法』（有斐閣、二〇〇三年）四九五頁。

(20) このことは、同一枠組内における裁量縮減を否定するものではない。小山剛『「憲法上の権利」の作法〔第三版〕』（尚学社、二〇一六年）一七八頁以下参照。

(21) 枠組みの他の頂点（例えば必要即応原則≠個人化原則）については、生活保護法上の原則として一部具体化されていたため、憲法上の生存権保障の内容として、あえて積極的には明言されなかったのではないかという指摘を、プレ報告（二〇一八年八月一一日）時に山本真敬会員からいただいた。

(22) 西村枝美「ドイツにおける社会権の法的性質と審査基準」関西大学法学論集六二巻四・五号（二〇一三年）一三二三頁以下、拙稿・前掲注（10）一一三頁以下参照。フーバーは、実体法的規準が役に立たないところでの「プロセス化への転調」を、立法者の圧力を軽減するものとし、その例としてハルツⅣ判決を挙げる。ペーター・M・フーバー（拙訳）「国民発案と憲法裁判権との間の議会制」日本法学八三巻二号（二〇一七年）一五五頁。

第四部　立法と財政をめぐる理論的挑戦

立法不作為事案と国家賠償法「二」条の理論的な親和性

青　木　誠　弘
（宮崎産業経営大学）

はじめに

本報告は、従来国家賠償法一条一項の下で争われてきた立法不作為違憲訴訟(1)に関し同法二条一項を用いるという一見奇妙な試論を立てて検討するものである。尚、本報告の目的はあくまで思考実験的な考察にあり、実用を意図したものでないことは、あらかじめ述べておきたい。

この試論に至ったきっかけは、在宅投票制度廃止事件控訴審判決(2)に対する一つの疑問にある。同事件で学説の注目を最も集めたのは上告審判決(3)だが、控訴審判決にも特徴的な議論が存在していた。即ち、何故、同制度を廃止したことではなく、廃止後に復活させなかったことの違法性を問題にしたのかという点に関する議論である。その概要は次の通りである。

「被控訴人は、在宅投票制度を廃止することにした……当時においては、……投票所へ赴き投票することができ、現に昭和二八年の参議院議員の選挙の際には投票所へ行つて投票しているのであるから、……在宅投票制度の廃止は、……被控訴人に対する関係で違憲、違法なものでなかったことは明らかであ」る。

「……本件立法不作為のうち昭和二九年までのものは、……被控訴人に対する関係ではなんら違憲、違法なものでないというべきであるから、本件立法不作為のうち、被控訴人に対する関係で、その違憲、違法が問題になる（その憲法適合性判断をなしうるか否かが問題になることをも含む）のは、昭和三〇年以降のもののみである」。

このように、控訴審判決では、違憲、違法の問題を原告（被控訴人）との関係における問題と捉え、ある行為（同制度を廃止する行為）は、その時点でその行為の被害を受ける範囲にいない者（同制度を必要としていない者）との関係では、不法行為にはならないという前提で議論を進めている。

この前提は、確かに、自動車事故のような典型的な不法行為を考えると、理に適ったものであるといえる。仮に、不法行為責任が、当該行為の後に現れた者との間で成立するということになれば、自動車を運転する者は自分が運転を終えた後に道路に立ち入った歩行者の安全にまで配慮しなければならないことになってしまう。

しかし、この前提は、立法行為には当てはまらないのではないだろうか。立法行為は、一度作り出されれば半永久的に存在し続ける「もの」（法律）を作り出す行為であり、その行為により損害を生じる危険性は、その「もの」が存在する限り残り続ける。この点で、自動車の運転のように行為の終了とともに危険性が消失するものとは、行為の性質が異なる。立法に関しては、立法者に対し将来の国民の不利益も考慮せよと要求することも不当ではないはずである。

このように考えると、自動車事故のような典型的な不法行為の事案に妥当するはずの議論が、立法不作為のような長期間にわたって存在し続ける「もの」に関する責任を問う事案には妥当しないことが分かる。

そこで、存在し続ける「もの」に関する責任を問うことに適した条文である同項を用いることを考える。その場合、どのように問題を捉えることができるか。

同項は、公の営造物の設置又は管理に関する瑕疵によって損害が生じた場合に国家賠償責任を認める条文である。そして、その瑕疵が問題になる状況を整理すると、瑕疵のある公の営造物が存在し、その瑕疵が営造物の設置者又は管理者によって是正されておらず、その瑕疵によって損害が発生した状況、と整理することができる。一方、立法不作為が問題になる状況を整理すると、憲法違反等の欠陥のある法律が存在し、その欠陥が立法者によって是正されておらず、その欠陥によって損害が発生した状況、と整理することができる。つまり、同項が想定する状況と立法不作為の状況は、問題の構造が類似しているといえる。

では、同項を立法不作為の事案に適用することは可能か。

同項の「公の営造物」は、国または公共団体が公の目的に供する有体物、と定義される。(4) そして、法律は、国が公の目的に供するものではあるが、無体物である。このため、「有体物」との定義を形式通りに当てはめれば法律は「公の営造物」ではないことになり、同項の適用は不可能であるかのように見える。

しかし、そうであるならば、「公の営造物」の定義に「有体物」との文言が用いられている意図は何か。そこには、無体物を積極的に除外する意図が含まれているのか。そうでないとしたら、「公の営造物」に無体物を含める余地もあるのではないのか。また、その余地がなければ、同項を法律に関して適用するよう解釈することは不可能なのか。

本報告は、このような観点から、前述の試論を検討するものである。

一　国家賠償法二条一項を法律に適用する余地の検討

(一)　若干の考慮要素

まず、いくつかの考慮要素を明確にしておきたい。

①国家賠償法二条一項の「公の営造物」

国家賠償法は、一九四七年、憲法十七条に基づいて制定された。尚、明治憲法下では国家無答責が認められていたが、実務上は戦前から民法七百十七条(土地工作物責任)の下で公共団体の損害賠償責任が認められることもあった(5)。

そして、「公の営造物」に由来する損害賠償責任に関して、同条の延長線上で捉えるべきか、それとも国家賠償法に独自の領域を認めていくべきかについては同法の制定時から議論があったところであるが(6)、現在では、「公の営造物」の範囲は広く解され、学説上も、動産や自然物、他主公物までもが含まれると解されている(7)。また、物理的な設備自体には故障等の欠陥(物的瑕疵)はないが管理者による義務の懈怠(人的瑕疵)があったために損害が発生した事案において、物的設備と人的設備が一体となって「公の営造物」となる領域がある旨を認める判例も登場している(8)。

このような経緯から推察するに、同法二条一項の趣旨は、国または公共団体がその目的のために設置した「もの」ないしはその管理下に置くべき「もの」によって損害が生じた場合に広く国家賠償を認めていくことであって、その「もの」が有体物であるか無体物であるかは重要な問題ではないと考えられる。この点、確かに、同項には「物」の文字が用いられており、法律用語としては「物」と「もの」は違うものであるため、文言上は同項の対象が有体物に限定されるとも解せないわけではない。しかし、同項がそれほどまでに厳密に有体物と無体物を区別した上で「物」の文字を用いたのであれば無体物を除外すべき実質的な理由が何かしら存在すべきであるところ、それは見当たらない。

②民法の規定との比較

民法は七百十七条及び七百十八条において「物」に由来する損害賠償責任を規定しているところ、これらはいずれも有体物（土地工作物及び動物）に関する規定である。では、このことは、法律を国家賠償法二条一項の適用対象とする上での障害となるか（民法が対象を有体物に限定しているのだから国家賠償法も対象を有体物に限定せよという要請は成り立つか）。この点を、伝統的な公法私法二元論をもとに検討する。

公法私法二元論の下では、私法関係においては、「嫌なら関係を断てばよい」という類の主張が成り立つ余地があった。そして、無体物は、物理的な接触がある有体物とは異なり、関係を持たない者には本来影響を与えないものである。このため、民間企業の就業規則や約款等（いずれも無体物）に男女差別等の不当な内容があったとしても、それは「嫌なら関係を断てばよい」ものでもあるため、殊更に損害賠償を観念する必要はなかったともいえる。

一方、公権力による強制が働く公法関係においては、無体物に関しても、「嫌なら関係を断てばよい」という主張は成り立たない。特に、法律は、自らそれに関わろうとしない者までをも拘束する、関係を持つことを強制された無体物である。そして、関係を持つことを強制されている以上、国民は、自ら法律に関わりたくなくとも法律によって損害を受けることがあり得る。つまり、公法私法二元論の下でさえ、公法関係においては、私法関係と異なり、無体物によって生じた損害の賠償について規律をする必要があったということになる。

そして、現代では公法私法二元論の基盤が失われているところ、それは、例えば民間企業の就業規則における男女差別が禁止されるといったように、「嫌なら関係を断てばよい」という主張自体を認めないという方向への変遷である。このことを加味すれば、尚更、無体物に対する規律は強められるべきことになるだろう。

③公物との対比

ところで、「公の営造物」は公物と同義にも解し得るものであり、公物は財産である。このため、「公の営造物」に法律を含めた場合、法律は財産だということになる可能性がある。では、このことは「公の営造物」に法律を含める上での障害になり得るか。

この点に関しては、二通りの回答が可能である。

第一に、法律を財産と呼ぶことは不可能ではない。財産という言葉は日常的にも広い意味で使われるものであり、その範囲は、知識や技能、人脈や評判、環境や景観、伝統や文化といった換価価値のないものや無体物まで含む。そして、法律、特に良法は、制定に相応の時間と労力を要し、人権保障や公益の実現に有用な作用をもたらすものである。この意味で、法律は社会にとっての「財産」とも呼べるものだろう。

第二に、法律を財産とは呼べない、即ち、法律が「公の営造物」ではないと前提したとしても、後述する類推ないし勿論解釈を用いれば、同項を立法不作為の事案に適用することは可能になる。

（二）国家賠償法二条一項を法律に適用するための解釈論

次に、同項を法律に適用するための解釈論の構築を試みる。ここでは、①同項の「公の営造物」の定義を変更し無体物を含むものとする方法、②拡張解釈によって「公の営造物」の範囲を広げ無体物まで含める方法、③「公の営造物」に法律は含まれないという前提に立ちつつ類推によって同項を立法不作為の事案に適用する方法、④同じく「公の営造物」に法律は含まれないという前提に立ちつつ勿論解釈によって同項を立法不作為の事案に適用する方法の四通りを考える。

①「公の営造物」の定義自体の変更

この方法は、従来の「公の営造物」の定義の末尾を「有体物又は無体物」等の文言に変更するという方法である。この方法は、「営造物」という言葉の通常の用法に無体物が含まれると解することができれば、可能となる。

この点、「営造物」の原語であるドイツ語の Anstalt の複数形 Anstalten には「準備」や「支度」といった意味も含まれていることや、同項の実際の運用上、「造」の字義に反して自然物や人的設備も含まれると解されていること、条文にも河川という「営造」の語感から離れたものが列挙されていること等から、「営造物」という言葉を有体物に限定して定義する必要はないように思われる。

②拡張解釈による方法

拡張解釈は、法の文言の意味を通常のものよりも拡げて解釈する方法である。「営造物」という言葉が通常は無体物を含まないとしても、言葉の意味としては無体物を含み得るのであれば、拡張解釈により「公の営造物」の範囲に法律を含めることは可能となる。これが可能かどうかを判断する上でも、①に挙げたことが考慮要素となるだろう。

③類推による方法

類推は、ある事項を直接規律する法がない場合に類似の事項を規律する法を適用する方法である。法律が従来の定義通りの「公の営造物」には含まれないとしても、両者が類似するといえるのであれば、同項の類推適用が可能となる。

そして、ここまでの議論で見てきたように、従来の定義通りの「公の営造物」と法律は多くの点で類似している。特に、その「もの」を社会に存在させ続けるという判断を行ったのが国であるという点で両者は完全に一致しており、被害者救済の観点からはその点こそが重要といえる。少なくとも、その「もの」が無体物であることは、救済の必要性を否定するほどの事情にはならないだろう。

④勿論解釈による方法

また、法律による損害と従来の定義通りの「公の営造物」による損害を比較した場合に前者のほうがより救済の必要性が高いといえるのであれば、勿論解釈によって同項を適用することも可能になる。

この点、法律によって損害が生じることは確かに頻度としては稀であるものの、損害が生じる状況であるとすれば被害者の範囲は国民全体に及び、また、個々の国民には国籍離脱か脱法行為以外に損害を回避する方法がない。そして、損害が名目的なものにとどまることも多いとはいえ、ハンセン病訴訟(9)の事案のように深刻な損害が生じる例もある。少なくとも、従来の定義通りの「公の営造物」による損害と比べ、救済の必要性が低いとはいえないだろう。

二　国家賠償法二条一項の利点

次に、立法不作為事案において同項を用いる利点について検討する。

（一）国家賠償法一条一項に関する理論上の難点の回避

国家賠償法一条一項を立法不作為の事案に適用する際の理論上の難点は、前述したこと以外にも存在する。国会と国家議員はそれぞれ別の存在であるところ、立法を行うのは国会議員ではなく国会であるのに対し、同項が対象とするもの不法行為の主体が公務員である点である。この「公務員」に国会議員が含まれることに関しては学説の対立は見られないものの、その解釈に立ったとしても、国会そのものの行為が同項の対象となるわけではない。このため、立法行為（立法不作為を含む）に対して同項を適用すると、条文上の要件となる行為の主体と実際に行為を行った主体との間に齟齬が生じてしまうことになる。

そして、この齟齬は判例の議論にも現れている。例えば、再婚禁止期間訴訟上告審判決[10]は、㋐同項が「公務員が個々の国民に対して負担する職務上の法的義務に違反して当該国民に損害を加えたとき」の賠償責任を規定するものである旨、㋑「国会議員の立法行為又は立法不作為が同項の適用上違法となるかどうかは、国会議員の立法過程における行動が個々の国民に対して負う職務上の法的義務に違反したかどうかの問題であり、立法の内容の違憲性の問題とは区別されるべき」である旨、㋒「法律の規定が憲法上保障され又は保護されている権利利益を合理的な理由なく制約するものとして憲法の規定に違反するものであることが明白であるにもかかわらず、国会が正当な理由なく長期にわたってその改廃等の立法措置を怠る場合などにおいては、国会議員の立法過程における行動が上記職務上の法的義務に違反したものとして、例外的に、その立法不作為」が同項の適用上違法と評価される旨を述べる。

この議論のうち、㋐は条文の文言通りの議論であるため特に問題はなく、㋑と㋒も趣旨は理解できるものである。しかし、判決文を字義通りに読むと、㋑では国会ではなく個々の国会議員が行い得る行為

（審議中の発言や表決等）が違法性評価の対象とされていることになり、㋒では国会議員が法的義務を果たしたか否かが国会の決議によって左右される旨が述べられていることになってしまう。

この齟齬の原因は、実質的には国会の行為を問題にしているにも関わらず、条文に合わせて「国会議員」との記述を用いざるを得ない点にあるのだろう。この難点は、同法二条一項を用いれば回避することができる。

（二）国家賠償法二条一項に関する議論の応用

同項に関する議論の中には、以下の通り、立法不作為の事案への応用が可能なものが多い。

①危険責任としての立法責任の把握

同項による公の営造物の設置管理責任は危険責任として捉えることも可能である[11]。

一方、法律は、内容に憲法違反等の問題があれば、それによって国民の権利を不当に侵害してしまう危険を含むものでもある。このことを危険責任として把握すると、立法者には法律の制定及び改廃を適切に行い前述の危険が現実化しないようにする責任があり、立法不作為の問題はこの責任が適切に果たされなかったために生じた問題と理解することができる。

②供用関連瑕疵の議論の応用

判例では、供用関連瑕疵、即ち、幹線道路からの振動や空港からの騒音のように、「その営造物が供用目的に沿つて利用されることとの関連において危害を生ぜしめる危険性」も、同項にいう設置又は管理の瑕疵に含まれる旨が示されている[12]。即ち、一定の限度での利用では危害を生じない営造物について、その限度を超える利用によつて危害を生じる危険性がある場合、そのような利用に供される限りにおいて設置又は管理に瑕疵があるといえるところ、特段の措置や適切な制限なしに利用に供し現実に危害を生じたときは、それが予測し得ない事由によるものでない限り、同項の責任が成立するとされる。

この議論を法律の違憲性に当てはめると、合憲的に適用され得る（一定の限度での利用では危害を生じない）法律が違憲的に（限度を超えて）適用されると国民の権利を不当に侵害する（危害を生じる）危険性があるという状況がある場合には、その法律には、違憲的に適用される限りにおいて瑕疵があるということになる。

この供用関連瑕疵による事案の解決は、監獄法事件[13]のような事案、即ち、法令に上位法の範囲を超える部分がありその限度において無効であるがそれを適用した公務員に過失を認めがたいという事案において、一つの落としどころとなるだろう。

③人的瑕疵の考慮

同項の瑕疵の判断においては、人的瑕疵が考慮されることもある。そして、判例には、営造物に物的瑕疵があったが人的瑕疵が認められないことを理由に同項の瑕疵の成立を否定したものもある[14]。

この概念を本報告の試論に当てはめると、法律に憲法違反等の問題が存在するものの、問題が不明確だった、あるいは、時間的に不可能だったため、立法者にその是正を期待し得ない状況にあったならば、同項の瑕疵が否定されることになる。これは、法律の憲法違反が明白であるにもかかわらず国会が正当な理由なく長期にわたって立法措置を怠る場合に立法不作為の違法が成立するとする、同法一条一項に関する現在の判例の基準（前述（一）の㋒）と重なるものといえる。

以上のように、同法二条一項に関する議論と立法不作為が問題になる事案や法律の違憲性が問題になる事案における議論には、考え方が共通する部分が多い。このため、同項を法律に適用しても従来の議論を難なく応用することができる。また、仮に同項を用いないとしても、同項に関する議論を、立法不作為の事案を（同法一条一項の下で）問う際に参考にすることはできるのではないだろうか。

おわりに

以上の通り、国家賠償法二条一項が想定している状況と立法不作為が問題となる状況は、有体物と無体物の違いを除けば、ほぼ違いがない。無論、法律は立法権が、従来の定義通りの「公の営造物」は行政権が備えるものであることからすると、法律と従来の定義通りの「公の営造物」をあらゆる場面で全く同一に扱うわけにはいかないだろう。しかし、国家賠償においては、現に同法一条一項が立法権にも適用されているように、立法権だからといって条文の適用そのものを排する理由はないように思われる。

そもそも、自由の保障という観点からいえば、国は行政権を適切に制御して国民の人権や権利が不当に侵害されないように努めるべきであり、その制御という役割を行政自身に担わせるか三権分立を採用して他の機関（議会）に担わせるかは、国の内部における制度設計の違いに過ぎない（そもそも、三権分立自体が、それ自身で自明のものではなく、人為的に作り出された制度のはずである）。行政に対する制御装置である法律の制定と改廃を国の機関が担っているのであれば、その制御装置の不備によって生じた損害の賠償は、国が負担するのが筋合いである。

そして、このことを考えると、現在の実務の状況は、立法権が作り出した「もの」に由来する損害の賠償に関しては同項、行政権が作り出した「もの」に由来する損害の賠償に関しては同法二条一項を適用しているものと整理することができる。この現状に至った原因は、おそらく、立法不作為を訴訟上争う手法として同法一条一項を用いる手法が先に確立されたために他の手法を模索する必要がなかったことにあるのだろう。

確かに、憲法訴訟を政治的闘争の場として捉えるならば、それで十分なのだろう。また、既に同項で争う手法が確立している中、援用する条文を無暗に変えるというのは実用的ではないだろう。しかし、前述したように立法不作為の事案と同項との間には理論的な齟齬がある。同項を使い続けるにしても、この齟齬の存在は意識の片隅に置いておくべきだろう。そうでなければ、条文の運用が条文の構造から乖離してしまうことになりかねない。

（1）本報告では、改廃されるべき法律が改廃されない立法不作為が国家賠償訴訟で争われる状況を念頭に置く。
（2）札幌高判一九七八年（昭和五三年）五月二四日民集三九巻七号一五九〇頁。
（3）最一判一九八五年（昭和六〇年）十一月二一日民集三九巻七号一五一二頁。
（4）今村成和『国家補償法（法律学全集9）』（有斐閣、一九五七年）一〇二頁、原田尚彦『行政法要論』（学陽書房、全訂第七版〔補訂二版〕、二〇一二年）三〇三頁、櫻井敬子＝橋本博之『行政法』（弘文堂、第五判、二〇一六年）三八〇頁、宇賀克也『行政法概説Ⅱ 行政救済法』（有斐閣、第六版、二〇一八年）四六七頁等。
（5）有倉遼吉「立法行為による国家賠償責任」同『公法における理念と現実』（多摩書店、一九五九年）二三七頁〔二六六頁〕、宇賀・前掲注四・四六三頁、小幡純子「国家賠償法二条の再構成（上）」上智法学論集三七巻一・二号八三頁〔八七－八八頁〕等。
（6）小幡・前掲注（5）・八八頁。
（7）原田・前掲注（4）・三〇三－三〇四頁、櫻井＝橋本前掲注（4）・三八〇頁、宇賀・前掲注（4）・四六八－四七〇頁。
（8）大阪地判一九七二年（昭和四七年）一一月一五日訟月一八巻一二号一八三七頁。公営プールに関し、プール利用者の危険防止のため設けられる物的人的設備はこれと合して全体として一つの営造物をたすとみるべき、と述べる。

(9) 熊本地判二〇〇一年（平成一三年）五月一一日判時一七四八号三〇頁。
(10) 最大判二〇一五年（平成二七年）一二月一六日民集六九巻八号二四二七頁。
(11) 今村・前掲注（4）・九八頁、原田・前掲注（4）・三〇三頁。
(12) 最大判一九八一年（昭和五六年）一二月一六日民集三五巻一〇号一三六九頁、最二判一九九五年（平成七年）七月七日民集四九巻七号一八七〇頁。
(13) 最三判一九九一年（平成三年）七月九日民集四五巻六号一〇四九頁。
(14) 最一判一九七五年（昭和五〇年）六月二六日民集二九巻六号八五一頁。時間的に安全な状態に回復することが不可能であったことが理由とされている。

スコットランド地域自治保障から見た憲法的制定法の法的意義

本　庄　未　佳
（成城大学・院）

はじめに

イギリスの地方自治は国会主権原理に基づく権限踰越の原則によって、イギリス議会が制定する法律及び慣習法のもとに統制されている(1)。それは、広範な立法権限を移譲し、スコットランド議会が設置されることとなった根拠法である一九九八年スコットランド法（以下「一九九八年法」という。）からもこの法理に基づく授権関係を読み解くことができる。同法二十八条七項には、「(立法権限規定である)本条は、イギリス議会がスコットランドに制定する法律に対して、イギリス議会の権限に影響を及ぼすものではない」と規定されており、後法優位の原則に基づけば、イギリス議会は同法に対する修正が可能であるのみならず、スコットランド議会の改廃権限をも有していると理解することができる(2)。

しかし、単なる講学上の問題に過ぎない。イギリス議会とスコットランド議会権限移譲に関する法規範の矛盾抵触問題に最高裁が介入したことは過去十数年に亘る権限移譲の歴史の中で稀なことであり、イギリス政府側が提起した訴訟はほぼ皆無であった(3)。

本稿は、スコットランド地域自治の観点から、両議会の立法権の競合問題を通じて展開されているイギリス憲法への影響を検討する。

一　権限移譲判決に見る目的的解釈

本稿で扱う事案は、スコットランド域内において免許停止中に自動車運転をした者が略式起訴による有罪判決を受け（以下、「当該有罪判決を受けた者」という。）、禁錮刑を言い渡された事件に関連する。スコットランド議会制定法では当該有罪判決を受けた者に対する禁錮期間を最大十二箇月と規定（二〇〇七年スコットランド刑事手続等（改正）法第四十五条第一項、以下「二〇〇七年法」という。）しているのに対し、イギリス議会制定法では、当該有罪判決を受けた者に対する禁錮期間を最大六箇月と規定（一九八八年道路交通違反法第三十三条スケジュール二第一章表一・四、以下「一九八八年道交法」という。）しているため、両議会の制定法が矛盾抵触関係にある。本稿で扱うのは、この矛盾抵触する二つの法の関係に関して、二〇〇七年法が留保事項に当たらず、スコットランド議会の立法権限の範囲内の制定法であったか否かについて争われた事件である。

（1）Logan v Harrower［2008］HCJC 61（以下、「Logan 判決」という。）

本件は、スコットランド議会の立法権限の範囲が争われた最初の事件である。一九八八年法にはスコットランド議会が留保事項にかかわるような立法を行った場合についていくつかの規定が存在する。同法第二十九条第四項但し書によれば、スコットランド議会制定法が留保事項に抵触する場合であったとしても、その法律が留保事項を修正することだけを目的として立法されたものではなく、留保事項以外の事項にも一貫して修正を加えることを目的とする立法の場合には、スコットランド議会制定法は、留保事項には当たらずスコットランド議会の立法権限の範囲内と判断されることが明示されている。また、同法スケジュール四第一章パラグラフ三においても、スコットランド議会制定法がイギリス議会の制定法に対して、何らかの修正を加える効力がはたらいたとしても、その修正が留保事項に関連する目的で立法された規定ではなく、留保事項に対する付随的・結果的に生じた修正であった場合、又は、規定の効力が留保事項に対し、必要以上に影響を与えない修正である場合には、スコットランド議会の立法権限の範囲内と判断されることが規定されている。

スコットランド刑事法院の判事らは、道路交通に関する立法は留保事項に当たることを確認したうえで、二〇〇七年法の修正目的を判断した。[4] 当該法律の修正目的は、上級裁判所に対する裁判業務の負担を軽減する必要性から、熟練の判事らであればより広範囲な訴訟をも略式手続きに基づき判断することが可能であるという理由から、「略式裁判権を有する裁判所における判事の刑事司法管轄権を一般的に拡大すること」であったと解した。[5] また、当該修正の目的は権限移譲分野であるスコットランド刑法の罰則、手続き及び裁判権に関するものである。したがって、当該修正がコモン・ローと制定法の両法に一貫して適用されることを目的としていることからも、留保事項に当たらないと判示された。そのうえで、当該修正は、制定法上の犯罪に関する裁判官の権限にかかわる一般的な規定であり、その一般性に単に付随して生じる、又は単に結果的に生じるものであると解された。加えて、当該有罪判決を受けた者の禁錮期間を最大十二箇月とした修正は、当該法律の目的を実現するうえで、必要以上に留保事項に対して多大な影響を与えてはいないとも判示された。

（11）Martin v Her Majesty's Advocate（Respondent）（Scotland）; Miller v Her Majesty's Advocate（Respondent）（Scotland）［2010］UKSC 10（以下、「Martin 判決」という。）

本件は、スコットランド刑事法院がLogan判決と同様の判決を下したことを経て、一九九八年法第十一条の特別手続きにより最高裁に上訴された最初の事件である。

最高裁の判事らは、二〇〇七年法が留保事項にかかわる立法であるか否かを判断するには、当該法律が留保事項やそれ以外の事項に対して一貫して適用されることを目的とする修正であるのか、また、修正によってもたらされ得るあらゆる状況への影響を考慮する必要があることを述べた(6)(一九九八年法第二十九条三・四項)。そして、二〇〇七年法が留保事項に包含される特定事項に対する修正とみなされるか否かも判断しなければならないことを示した(一九九八年法スケジュール四第一章パラグラフ二(二))。

まず、判事らは枢密院司法委員会の先例に従い(7)、スコットランド議会はイギリス議会及び政府の政策責任に従属していることから、移譲事項と留保事項をより細分化するような高度な権限移譲法を制定したとしても、それらを完全に区分することは不可能であり、移譲事項と留保事項は、ある程度の重複が不可避であることを述べた。また、イギリスは単一国家型の地方自治制度を採用している。一方で、イギリス議会は各地域の私法及び刑法を全土統一してこなかった。以上のことに鑑みれば、イギリス議会の立法がスコットランド議会の立法と競合的な側面を有していることは不可避であり、むしろ、同じ分野にイギリス議会とスコットランド議会の法律が立法できるということ自体が、重複的な立法をしなければ法律の実効性を担保できない構造にあると言える(8)。

従来から、競合する法規範を審理する場合に枢密院司法委員会は、「本質と実体」又は「真の性質と性格」の原則を用いて精査し、問題となっている法規範の「本質と実体」を確定してきた(9)。その上で、判事らはこのような審理こそが地域に独自の立法を確保してきた意味であると強調した。また、上院での一九九八年法に関する法案審理過程においても、スコットランド議会制定法が留保事項にかかわる立法であるか否かを決定するには、「本質と実体」又は「目的」に基づくことが確認されていた。(10) したがって、問題となるスコットランド議会制定法が、権限の範囲外である留保事項に付随的に影響を与える場合であったとしても、立法目的を実現するうえで本質的に抵触しているといえるのかを考慮し、その目的実現の手段が違法なものでない限りは、法制定の実体としてスコットランド議会制定法を立法権限の範囲内であるものと判断しなければならないことが判示された。(11)

二〇〇七年法は、法案審理段階において、移譲事項であるスコットランド刑事手続法に対する多くの修正が裁判全体の迅速化に寄与することを目的とし、その中でも判事の量刑権限の拡大が上級裁判所の重責を軽減することを確実にすると説明されていたことからも、(12) これらの修正が、スコットランド政府による、より広範な略式裁判制度を確立するための目的で行われたものであることが確認された。(13) これらを踏まえ判事らは、スコットランドの判事の司法管轄権が移譲事項の領域であること、また司法管轄権はスコットランド刑法の最重要事項の構成要素であることも加味すれば、二〇〇七年法は実体として留保事項にかかわる修正ではなかったと判示した。(14)

加えて、制定法上の犯罪に関して留保事項と移譲事項で区別をすることについて、法の平等性の観点から人権にかかわる罰則規定に一層の混乱を生じさせたことのある事例が指摘され、その上で、略式裁判制度の全面的かつ価値ある修正を遂行するためには、制定法上の犯罪の全範囲に及ぶ量刑権限の修正が不可欠であったと判示された。(15)

裁判において唯一見解が分かれたのは、二〇〇七年法の修正は、留保事項に対する特定事項であるのかという争点である。なぜならば、修正が特定事項であった場合、たとえ移譲事項であるスコットランド刑法の領域であったとしても留保事項として修正を加えることができないと一九九八年法スケジュール四パラグラフ二（三）に規定されているからである。多数意見は、目的的解釈に基づき、当該修正は留保事項である1988年道交法に対して「特定」的に修正を加えたのではなく、他のスコットランド議会制定法にも適用されるような重要な修正であったと判示された。[16]それに対し、少数意見では、「本質と実体」の原則に基づくならば、当該修正の目的は判事の司法管轄権拡大による裁判全体の効率化であったかもしれないが、仮に、禁錮期間を縮小するような修正であった場合、イギリス議会の一九八八年道交法の立法目的を侵害する恐れもあることを指摘した。したがって、当該修正は、イギリス運輸大臣及びイギリス議会が判断をするべき重要な道路交通政策の内容を当然に含み、本質的にも実体的にも、特定事項と言えるため留保事項であり、スコットランド議会の立法権限の範囲内の修正ではなかったと解された。

二　目的的解釈に対する検討

イギリス裁判所で用いられた目的的解釈は、立法目的が留保事項を修正することを目的としたものではなく、他のスコットランド議会制定法に対しても一貫して修正を加えるような効果があり、かつ、その手段が留保事項に必要以上に影響を与えない場合（Logan 判決）、又は、当該修正があらゆる状況を考慮した場合（Martin 判決）、文理解釈上及び実体が矛盾抵触していたとしても、本質的にみて留保事項ではないと判断するものである。つまり、この目的的解釈とは、立法目的が本質的に正当性及び必要性を有していれば、実体が抵触していたとしても、その目的実現の手段が違法でない限りは、スコットランド議会制定法を立法権限の範囲内と判断する論理である。この点において、日本における法律と条例の抵触問題を争った徳島市公安条例事件で用いられた目的効果基準論と共通性を見出すことができる[17]。ただし、イギリス最高裁が、修正の目的を留保事項に特定された事柄に該当していなかったため、スコットランド議会の立法を認めたと判示したのに対して、日本の最高裁は、法律と条例の立法目的が同一の領域を対象としていたとしても、条例が各地方の実情に応じて、別段の規制を施すことを容認する趣旨であるときは、条例は国の法律に違反しないとした点には差異がある。これは、イギリスには違憲審査制が存在せず、イギリス議会の一九八八年道交法の立法目的を審査することができないことに起因すると考えられる。しかし、両議会の立法のもつ性質が一程の重複を不可避としていると判示している以上、国会主権原理を徹底するならば、イギリス議会から見て安定的で実効可能にする立法目的に基づく目的的解釈が必要であったように思う[18]。

国会主権原理を尊重するはずのイギリス最高裁が、スコットランド議会の立法を支持し、スコットランドの地方自治制度に優位な判断を下した判決は、否定的な判決に比べて、数を多くしている[19]。このような判決傾向の中でイギリス最高裁の目的的解釈には、その内容の不明確な基準が多い。たとえば、「一貫性」の基準は、両議会での一程度の重複的な立法を不可避とするイギリスにとって、留保事項と移譲事項の一貫性が、スコットランド議会への一程度の信頼性を保つためには、必要不可欠な基準であると考えられる[20]。しかし、イギリスの法制度において重複的な立法分野が存在していることを認める一方で、法律の適用の一貫性を求めるということは、牽制的にスコットランド議会が留保事項にかかわるような立法を行うことを一切排除し、スコットランド議会が委縮することで、権限移譲分野においてすら地域に自律的立法を保障することを困難とするおそれもある。また、一九九八年法スケジュール四に規定する法審議段階で、「特定性」の基準の内容について混乱が生じていた[21]。貴族院スコットランド法案委員会では、スコットランド議会の立法権限に制限をかけるために留保事項に「関する」事柄を厳密かつ簡明に示すことが不可欠であると主張していた[22]。

加えて、一九九八年法第一〇四条には、スコットランド議会が移譲事項に対して行う立法は、留保事項に何らかの影響を必然的に伴っていることから、クロスボーダー的な立法範囲については、イギリス議会や政府が「必要若しくは、適切」と考える場合には、「(立法するべき) 規定を結果的にスコットランド議会の法律にする、又は規定をスコットランド議会によって精査させる権限」を与えることが規定されている。このことからも、法的に見れば国会主権原理を徹底している外観を有しているが、裁判所は、目的論的解釈に用いられる判断基準の解釈は、スコットランド法に基づくべきであることを主張し[23]、スコットランドの自治権保障する解釈論が展開されていると考えられる。

三 憲法的制定法に基づく解釈の展開

最高裁がスコットランド議会の立法権限競合問題に対して用いた目的的解釈は、EC(EU)法とイギリス議会制定法の争いにおいても確認することができる。イギリス裁判所が伝統的に用いてきた文理解釈、つまり「後法は前法を廃す」という原理ではなく、目的的解釈に基づいて判断が下されるようになったのは一九八〇年 Macarthy v Smith の控訴院判決が起端と考えられる[24]。

その後イギリス裁判所は、EU法とイギリス議会制定法の抵触問題において、国会主権原理に違反することなく、EU法の優位性を認めるため、イギリス国会が重要な権利や原則を侵害する意図なく新たな立法を行ったという「合法性」の原則に基づいた目的的解釈を展開するようになる[25]。さらに、イギリス裁判所は、「憲法的コモン・ローの諸権利 (constitutional common law rights)」を保護するという名の下で、ますますこの目的的解釈に依拠した判断傾向を強めていった㉖。

そして、二〇〇二年の Thoburn v Sunderland 判決では、ジョン・ローズ判事がイギリス議会制定法には、「憲法的制定法（constitutional statutes）」と「通常の制定法」が存在しており、憲法としての法的部分は「合法性」の原則の下でコモン・ローと同程度の保護を受けるものと判示し、憲法的制定法に基づく解釈によって判断がなされた。判決には「憲法的制定法」に該当する法律が例示され、「憲法的制定法」の判断基準として、㈠市民と国家との間の法的関係を何らかの一般的または包括的な方法で調整する法律、㈡我々が基本的憲法上の権利と現在考える範囲を拡大または縮小する法律、が該当することが明示されている。加えて「憲法的制定法」は、黙示の廃止は不可能であり、後の制定法に照らして明らかな文言によって根本的権利として、又は、その他の方法で市民と国家の関係に触れている規定に重大な影響を与えているものである場合にのみ、明示的な廃止あるいは修正を行うことができると解された㉗。

翌年十一月には、イギリス両議院・合同委員会の民間緊急事態法法案審理において、同法のある規定のもつ権限が非常に広範であり、過去のすべての憲法的な基本法を廃止するために用いられる危険性があると指摘され、特に基本的なイギリス議会制定法が例示されている㉘。もちろん、イギリス政府も内閣執務提要においてイギリスの憲法秩序が一般的に「憲法的」と解されている様々な制度、制定法、裁判所の判決、原則及び慣習から構成されるとして、憲法的制定法を列挙して示している㉙。

しかし、その一方で、二〇〇六年判決では、「憲法的権利」の概念や「憲法的制定法」の関連する概念が使われることを否定しなかったが、それらが特に役立つかどうかについて懐疑的であると主張されている㉚。確かに、ローズ判事が例示した法律の多くが改廃の対象となっていることから、それらの法律を憲法的制定法と位置付けるということは、憲法としての安定性が失われる可能性もある。[31] また、廃止や改正に必要なものが「明示すること」であるだけであれば、ある程度の法的永続性がなければならないはずの憲法的制定法は、他の通常の法律との改正手続上、特段の差異があるとは言えないとも考えられる。[32] したがって、仮に積極的に憲法的制定法を認めたとしても、軟性憲法としての性格が強く、頻繁に内容の変化が考えられる。更には何を憲法的制定法と位置付けるかという問題もある。[33] また、憲法的制定法、通常の立法が矛盾抵触する場合に、憲法的制定法が通常の立法よりも上位の法律として位置づけられる法的正当性の基準も不明瞭である。

それでもなお、消極的な見解も多いなか、二〇一一年にウェールズ法が憲法的制定法に包摂されるかを争った事件[34]では、ウェールズ法を憲法的制定法と認め、イギリス議会が立法する際に、現行法と矛盾抵触することなく一貫性をもち、立法するであろうという「一貫性の推定」は、文理解釈に対して適用するべきではなく、憲法的制定法に対して適用されるべき推定であると述べた。[35] また、ローズ判事の例示した憲法的制定法には、既に一九九八年法がリストに含まれていたが、二〇一二年の最高裁判決で、一九九八年スコットランド法によって達成されているイギリス議会とスコットランド間の合意は、基本的な憲法上の性格を有しているため、黙示の廃止が不可能であることが改めて全会一致で判示された。[36] 更に、二〇一四年最高裁判決の中では、ローズ判事が憲法的制定法という概念を示したことが、「重要な洞察」であったと積極的に評価されている。[37]

これらの判決は、ダイシーが否定してきた憲法的価値をもつ制定法という概念を真っ向から否定するものであったと評価することができる。[38] それだけでなく、これらの判決は、どの法律が憲法的制定法となり得るのか、憲法的制定法の内容を決定することは、裁判所に委ねられていることを示している。また、「憲法的制定法」と「通常の立法」を区別することは、イギリス議会の立法行為を憲法制定権者としての立法行為と国の立法機関としての立法行為を区別することができる可能性を示唆している。

また、憲法的制定法の判断基準としては、ローズ判事が示したように、市民と国家に関連する事柄として、議会、行政府、及び裁判所等への権限配分、その権限が行使される方法や手続き、そして当該機関相互の関係といった、イギリス政府の構造と権限についてのすべてを憲法的制定法として位置付けることもできる。さらに、個人の自由や権利を保障する基本権が社会の基本的価値又は憲法上の構造と密接に結びついていることから憲法的制定法として位置付けることも可能である。こうしたことから、イギリス法体系の実質論から考えて、「憲法的」と評価する基準を定式化することがそれほど困難ではないという考えもある。(39)

加えて、憲法的制定法は、国家機関に関するものであり、法律の国家機関へ与える影響が直接的重要性を持ち、あるいは、影響を与える法規範の数や依存の強さ等といった間接的重要性を加味した上で、それらの国家機関の権能に実質的な影響を与える法律と考えるべきである(40)、というより明確な基準を定立する見解も存在する。

しかしながら、裁判所に委ねられていることは、憲法的制定法と通常の立法の区別や憲法的制定法の内容を決定することだけではない。裁判所は、「通常の立法」であるはずのスコットランド議会制定法の立法目的が憲法的制定法の立法権限の範囲内であったと解釈することで、通常の立法を憲法的制定法に適合するように読み直しているのである。具体的に言えば、本稿で取り上げた判決の中で、二〇〇七年法は通常の立法であるが、禁固期間の修正目的が憲法的制定法の範囲内であると解釈することで、二〇〇七年法が、憲法的制定法である一九九八年法に適合するように解釈している。

したがって、国会主権原理を徹底するイギリス憲法にとって、憲法的制定法の現在の発展状況は、国会の優位性と憲法の優位性の中間段階にあるといえるかもしれない。(41)

おわりに

以上の考察に照らして考えるならば、イギリス議会とスコットランド議会の立法権限の矛盾抵触問題に対して、イギリスの裁判所が目的的解釈によりスコットランド議会制定法を憲法的制定法である一九九八年法に適合的に解してきた。ただし、国会主権原理に基づけば、司法が法律に対する明示的廃止の条件を確立させるということは、イギリス公法に不確実な要素をもたらし、法律を弱体化することにも繋がりかねない可能性を考えれば、主権としての議会が立法権限の範囲をどのように明確にしていくかという問題に直面しているとも考えられる。(42)

しかし同時に、イギリス司法が現在のイギリス議会の立法権限を実質的に制限している目的的解釈や憲法的制定法の存在を認めることは、少なくともイギリスで絶対的であった国会主権原理が、立憲主義を発展させるうえでの障害にはならないことを示唆していると解することができる。(43)

（1）和田武士「権限踰越の法理の下での英国地方自治―司法的統制の歴史的展開―」立教大学（二〇一五年）博士論文一頁。

（2）加藤紘捷『概説イギリス憲法第二版』（勁草書房、二〇一五年）百十七頁。山田邦夫「イギリス議会主権の変容と対話的司法審査の可能性」レファレンス（七八八）（国立国会図書館、二〇一六年九月）十四頁。「シーウェルの習律」や「了解覚書」については別稿にて検討をしたい。

（3）クリス・ヒムズワース著、愛敬浩二・本庄未佳共訳「イギリス憲法の諸相――スコットランドの観点から」法政論集二七一号（名古屋大学、二〇一七年三月）二四九頁。

（4）修正目的を判断する上で、二〇〇四年にMcInnes上席執行官裁判所判事が議長を務めた略式裁判審査委員会（the Summary Justice Review Committee）によって提出された報告書及び、スコットランド政府から発行された『Smarter Justice, Safer Communities: Summary Justice Reform――Next Steps』にある政策覚書と注釈も参照している。The Scottish Executive's proposed reforms for the summary justice system, *Smarter Justice, Safer Communities: Summary Justice Reform――Next Steps*, 2005, p. 50. Policy memorandum, CHANGES TO THE SENTENCING POWERS OF THE SUMMARY COURTS, Policy Objectives, 206.

（5）Logan v Harrower［2008］HCJC 61, 2008 SLT1049, 1054.

（6）特定事項とは、留保事項を修正の対象事項として特定していることをいう。

（7）Poter卿は「さまざまな立法府の権限間にくっきりと切れ目を入れることは不可能である。それらは、往々にして重なり合ってしまうものである。」と解している。Prafulla Kumar Mukherjee v Bank of Commerce Ltd, Khulna（1947）LR 74 Indian Appeals 23, para 42.

（8）Martin判決paras11, 68, 69, 70, 73, 74.

（9）「本質と実体（pith and substance）」の原則の初出：Union Colliery Co of British Columbia Ltd v Bryden［1899］AC 580, para 587.「真の性質と性格」の原則の初出：Russell v The Queen（1882）7 App Cas 829, paras 839-840. 当該判決：para 11.

（10）*supra* note 5, para 14. 上院でのシーウェル卿の発言はHansard HL Debates（21 July 1997), vol.592, col 818-819. を参照。

（11）*supra* note 5, paras11-13, 15, 17-19.

（12）Stage 1 Report on Criminal Proceedings etc (Reform)（Scotland）Bill, 14th Sep, 2006, paras 293-294.

（13）スコットランド議会の二〇〇七年法法案審理は、スコットランド政府内に設置された略式裁判審理委員会の報告書を基に行われ、最終的に委員会の発起人のスコットランド司法大臣が略式裁判制度の改革の必要性を述べている。当該委員会は、スコットランド政府内の司法大臣からの執行官（sheriff）の略式裁判をより効率的・効果的に遂行するという勧告を実施するため、民事裁判所の判事を議長として設置された。また当該報告書は、裁判を刑事上級裁判所から執行裁判所及び陪審裁判へ移し、次に、執行裁判所及び陪審裁判から略式手続に移す必要性があることを暗に示すものだった。この報告書のpara7.87において、今後、略式で審問する裁判を扱う必要がある処分を伴う略式裁判に備えるため、略式裁判の刑事裁判権は、最大十二箇月の拘留若しくは禁錮、又は罰金二万ポンドに拡大するべきであると勧告された。

（14）*supra* note 5, paras 25-33.

（15）*supra* note 5, paras 32-33.

（16）*supra* note 5, paras 38-40.

（17）最大判一九七五・九・一〇刑集二十九巻八号四八九頁。条例が国の法令に違反するかどうかは、それぞれの趣旨、目的、内容及び効果を比較し、両者の間に矛盾抵触があるかどうかによってこれを決しなければならない。詳細は別稿で検討する。主な参考文献：大津浩「『対話型立法権分有』の法理に基づく『目的効果基準』論の新展開：神奈川県臨時特例企業税条例の合憲性・合法性についての一考察」等。

（18）CMG Himsworth, CM O'Neill, *Scotland's Constitution: Law and Practice, third ed.*, Bloomsbury Professional Limited（2015）, p. 466.

（19）op. cit., p. 466. スコットランド議会制定法の正当性が肯定された事件：Imperial Tobacco Ltd, Petitioner, 2013 SC（UKSC）153, Joint Liquidators of Scottish Coal v SEPA, 2014 SC 372, etc. 否定された事件：Salvesen（Appellant）v Riddell and another（Respondents）, Lord Advocate intervening（Scotland）[2013] UKSC 22, [2012] CSIH 26etc.

（20）Alan Page, *Constitutional Law of Scotland*, the Scottish universities law institute（2015）, p.128.

（21）Chris Himsworth, "Nothing Special About That? Martin v HM Advocate in the Supreme Court" 14

Edinburgh L. Rev. 487（2010）490.

（22）HL, Deb 21 Jul 1998, cols 822–25.

（23）*supra* note 5, paras 38, 66.

（24）Macarthy v Smith［1981］QB 181;（Case 127/79）All ER［1981］111. 詳細は別稿で検討する。主要な参考文献は、加藤紘捷「イギリス議会主権と議会制定法の階層化について―EU法の優位性とイギリスにおけるコモン・ローの発展」日本法學七十七巻二号（二〇一一）五十六頁等。

（25）R v Secretary of State for Transport, ex p Factortame Ltd（No 2）［1991］1 AC 603（HL）.

（26）R v Secretary of State for the Home Department; ex p Pierson［1998］AC 539, paras 573-4; R v Secretary of State for the Home Department; ex p Simms［2002］2 AC 115, para 131, etc.

（27）Thoburn v Sunderland City Council［2002］EWHC 195［2003］QB 151;［2002］3 WLR 247;［2002］4 All ER 156.

（28）Draft Civil Contingencies Bill, House of Lords & House of Commons, Joint Committee on the Draft Civil Contingencies Bill, Sesson2002-03, 11 November 2003, para 183.

（29）Cabinet Office, The Cabinet Manual: A guide to laws, conventions and rules on the operation of government, 1st edition, October 2011, para4-5. 憲法的制定法として例示されている法規範については、政治議会調査室・国立国会図書館 調査及び立法考査局「イギリスの内閣執務提要」（二〇一三年三月）三二－三三頁。尚、二〇一〇年一二月の審議段階と正式文書に含まれている憲法的制定法にはいくつかの違いが見られる。

（30）Watkins v Secretary of State for the Home Department［2006］2 AC 395.

（31）Colin Munro, *Constitutional Statute*, University of London Undergraduate laws blog, Stories, news and updates from our team and our students.
http://lawsblog.london.ac.uk/2015/03/16/constitutional-statutes/（二〇一九年五月二十五日閲覧）

（32）Mark Elliott & Robert Thomas, *Public Law* 2nd ed.,（Oxford University Press, 2014）42.

（33） ed.cit.16, 143.

（34） R（Governors of Brynmawr Foundational School） v The Welsh Ministers（'Brynmawr'）［2011］ EWHC 519.

（35） ibid., para 77.

（36） BH（AP）（Appellant） and another v The Lord Advocate and another（Respondents）（Scotland）; KAS or H（AP）（Appellant） v The Lord Advocate and another（Respondents）（Scotland）［2012］ UKSC 24, ［2013］ 1 AC 413, para 30.

（37） R（HS2 Action Alliance Ltd） v Secretary of State for Transport ［2014］ UKSC 3, ［2014］ 1 WLR 324（'*HS2*）, para 208.

（38） Farrah Ahmed & Adam Perry, "Constitutional Statutes",（2017） 37 OJ LS 461, 465.

（39） エリック・バーレント著・佐伯宣親訳『英国憲法入門』（成文堂、二〇〇四年）、三十五—三十六頁

（40） *supra* note 36, 470–2.

（41） International Transport Roth GmbH v. Secretary of State for the Home Department ［2003］ Q.B. 728, para 71（C.A.）.

（42） Mike Gordon, Parliamentary Sovereignty and the Implementation of the EU Withdrawal Agreement（Part Ⅱ）, UK Constitutional Law Association（January 18th, 2018）, https://ukconstitutionallaw.org/2018/01/18/mike-gordon-parliamentary-sovereignty-and-the-implementation-of-the-eu-withdrawal-agreement-part-ii/（最終閲覧二〇一九年五月二十五日）。

（43） Mark Elliott, "United Kingdom Parliamentary Sovereignty under Pressure"（2004） 2 Int'l J. Const. L. 545（2004）, 551.

ドイツにおける予算概念の変遷

鎌塚有貴
（三重短期大学）

はじめに

「財政処理の権限が、国民代表機関たる議会の議決に基づかなければ行使できないことは、近代の民主主義財政制度の基本原則として、各国において確立されてきた。[1]」このような予算制度が明治憲法下の日本で採用された際に影響を受けたのはドイツの予算制度であるといわれる。本稿では、「国のすべての収入に対する国民の承諾（租税法）と、すべての支出に対する国民の承諾を規定したものであると考えられてきた[2]」予算制度および予算法が、日本に影響をあたえるまでの間、ドイツ国内でどのように発展してきたかについて敷衍したい。

一　プロイセン期

（一）予算制度の成立

ドイツでは、一八五〇年のプロイセン憲法で初めて予算制度を取り入れるに至った。ここで採用された予算制度は、前述のイギリス型の予算とは異なり、「むしろ国の課税権により国民から一方的に金銭を徴収するものであ」ったといわれている。(3) プロイセン憲法で採用される以前、一九世紀の南ドイツ諸国においては、君主による課税要求を議会が承認するにあたって、君主の要求の正当化根拠として「国家予算の不足」が必要とされ、その立証のための資料として「予算」が議会に提出されていた。この段階での予算は、君主の課税要求の正当化資料として要求されるものであったことから、予算作成を政府が行っていた。また、議会の関心は、「租税徴収に向けられたため、政府が議会の租税承認をとりつけてしまえば予算の役目は完全に終わり、その後政府は自由な支出をなしえた」とされる。(4) このように、州レベルでは議員の租税承諾権に代わって予算議決権が生じたが、専制政体を維持していた国、とくにプロイセンには、根拠となるべき租税承諾権が存在しなかった。(5) そのため、会計年度の開始以前に、財政計画、すなわち予算を定める従来の制度に基づいて、この予算を定めるにあたって議会の議決を必要とすることにした。そしてベルギー憲法にならって、予算を議決による立法行為としたといわれる。(6) この際参考にしたベルギー憲法では、予算は議会が議決し、決算の承認の際に法律形式がとられることが定められていたようであるが、一八五〇年に成立したプロイセン憲法九〇条では、予算の確定のために法律形式が採用された。これに加えて決算書が責任解除のため両議院に提出される旨規定する一〇四条が設けられることになった。(7) 九九条では予算を法律の形式で確定することが定められていた。また、一〇四条一項には「予算超過のためには、議院の事後の承認が必要である」とあり、当初の予算を超過する場合にも議会の承認を必要としている。そして、法律で定められる予算は通常の立法と同じく、第六二条に基づき確定される。また、租税については、一〇〇条に規定され、ここでいう「特別法」という限定は解釈上無視されて、単に「法律」と等しいとされた。そして一〇九条の「現行の租税および公課は引き続き徴収され、現行の諸法典、個別的な法律および命令の規定で現在の憲法に違反しないものはすべて、法律によって改正されるまでは、引き続きその効力を有する。」という規定とともに租税等が一度法律によって定められればそれ以降は永久的に徴収しつづけられることになった[8]とされる「政府の支出をめぐって、政府と議会との間に紛争を招くことは避けがたく、こうして議会が「予算の審査はするが予算によって拘束できない」というシステムは、必然的に破綻」した[9]。

（二）プロイセン憲法争議

こうした憲法をもちながらも、政府と議会の対立が最も顕著になったのが一八六二年におきたプロイセン憲法争議である。この憲法争議は、一八六〇年に提出された軍制改革案を衆議院が否決したことに始まる。これにより政府内でも無予算統治を超えて憲法破棄までも国王に迫る「クーデター派」と妥協派の激しい対立をもたらしていた。そして一八六二年九月、首相に就任したビスマルクは[10]、衆議院を非難するとともに、暫定支出の承認を求めたものの[11]、衆議院は、無予算統治に反対する議決を行った。しかし貴族院では、衆議院案は否決、政府原案が承認されたことにより、予算法成立に必要な国王および両院の意思の一致の欠如が明白となり、一八六二年度予算法の成立は不可能となり、政府は全経費支出のための法的基盤を欠くこととなった[12]。そして一〇月一三日、国王ヴィルヘルムは両院を閉会した。ビスマルクによって読み上げられた閉院式の勅語は、事態を反映して、議会に「無予算統治」を通告した。

このような経過の中で、無予算統治を行うにあたってなされた政府側の説明は以下の通りである。君主権力の制約に関して、成文プロイセン憲法のみを拘束規範と考えていたビスマルクによれば、議会の国政参与権は立法協働権以外に全体の福祉に危機を及ぼさない範囲における統治行動に対する制約的統制権が認められるにすぎず、君主の行政権、とりわけ大臣任免権への干渉は許されないという[13]。このような思想の下でビスマルクは、議会の予算権を排除し、無予算統治の実現のための理論を展開する。まず、憲法九九条に基づいて衆議院に排他的な支出同意権が帰属するのではないとされた。そして立法に関する憲法上の規定では、「同意」という表現ではなく「合意」という表現がなされていることを挙げ、予算法も例外ではないとする。すなわち、立法の三要素中の一要素が予算案に賛成しない場合に生じる空白の状態を放置するのではなく、そこから予算法がなくても行政を継続執行する政府の緊急権が生ずるという。さらに、憲法が明示的にほかの立法諸機関に移譲していない権限は国王にとどめられる。したがって予算不成立の場合にも国務の継続を確保するという憲法上規定されていない権限は行政部に属するということになる。(14) これが衆議院から激しく批判された、いわゆる「欠缺理論」である。以上のような政府の説明に対して、衆議院内では様々な理論で反対意見が主張されたが、無予算統治は認めないという点でおおむね一致していた。

(三) 欠缺理論に対する主張

まず、衆議院予算委員会において、政府の無予算統治に最も強硬な姿勢を示したのがマックス・フォン・フォルケンベックである。予算委員会で報告したフォルケンベックは、憲法九九条および一〇四条を指示しつつ、六三年度予算が当該会計年度開始までに成立するために、新しい予算法案を早急に衆議院に提出することを政府に要求すること、衆議院によって否決された経費支出の執行は憲法違反であると宣言すること、の二点を衆議院に提案した。(15) 当時通説であったレンネの所説に依拠しながら憲法第九九条および一〇四条の解釈論を展開し、予算法が国王の衆議院解散権の対抗物であるとみなして議会の財政権を擁護した。(16)

ルートヴィヒ・フォン・レンネは、予算法は政府に対して定立される財政処理の授権規範であるとしたうえで、予算法の毎年度における成立に際し国民代表に無制約の参加権を承認している憲法九九条は厳守されなければならない、という。九九条が予算法は毎年「法律により」確定されると明確に規定し、それによって「暫定的な法律効力を有する命令」による確定は排除されている。そのため、予算法は六二条の正規の立法の方法によってのみ、すなわち、立法の三要素の一致によってのみ成立しうるのであるから、ここでは国王の勅令による予算の欽定が無条件に許容されないことは疑問の余地がない、ということである(17)。欠缺理論に対しては、憲法典はあらかじめ予算否決の場合に備えることを必要とみていなかったとするが、現実に予算法不成立の状態が生じた場合に、「憲法による国家統治を維持するために」何が行われるべきかについて憲法は明示してはいない。しかし、レンネはこの点において衆議院反政府派と見解を同じくし、内閣の更迭、衆議院の解散、貴族院構成の改正がそれに属するとみていた(18)。

左翼中央派のルドルフ・フォン・グナイストは、より穏和な態度で予算委員会提案に賛成し、政府の欠缺理論に反対した(19)。まず、議会の予算議定権を認めたうえで、プロイセン憲法のうちで最も重要なものであると強調する。それはプロイセンにおいては大臣責任法もなく、租税拒否権もなく、予算拒否権もないからである。そして、欠缺理論に基づく政府の財政措置は違憲行動にほかならないと明確に指摘した。ただ、財政緊急状態とこれによる予算緊急権が生ずる余地を認めており、国民代表の予算議定権の重要性を強調しても、その無制約の行使を是認したのではないとした(20)。

その後一八六六年に普墺戦争で大勝利を収めたのちに、政府は下院との和協をはかり、議会に対して免責を求め、議会はこれを承認して、ここ数年にわたる争議は解決した。

その後発表された勅語では、必要な限り政府は無予算統治の権利を保持する旨を示し、かつ憲法争議全体を予算争議に限局し、免責の対象を予算問題にのみ限定している。すなわち、争議の中心的テーマであった軍制改革問題は勅語においては触れられず、むしろ、すべての軍制改革は国王の統帥権の対象であるという法見解を依然堅持したのである。

このことから、ビスマルクが先の憲法争議の際に議会を無視して予算を執行したことを決して正常なものとは思っていなかった。そしてそれ以降ビスマルクは再び議会の予算なしに政治を行ったことはないといわれる。(21)

以上にみた一八六二年から一八六六年までの五カ年度にわたって下院によって否決され続けた予算法を実行した政府の行為、さらには一八六六年の下院による事後承諾という一連の行為が有効であるか無効であるかについて、ドイツ国法学者の間に議論がわきおこった。(22)

(四) 予算理論

この時代の予算についての穂積八束による学説類型は以下の六つである。(一)憲法上の「予算は法律で定める」という文言上、予算は法律でしかないとする説、(二)人民を法律に順法させるために、立法官が法律を作って行政官に全権を委託することが必要であり、予算は法によって租税を取り立てるという委任をするための委任状であるする説、(三)国民と人民との関係は法律によって定めたもので、予算によって定めるものではない、しかし国会と政府の間の権限は予算がなくては定まらないため、予算はこの権限移譲のために存在するという説、(四)内容は委任説と同様ではあるが、三権分立との批判を受けて言葉を変えただけと揶揄される条件説、(五)予算は全くの行政事項であり、したがって予算と法律が抵触すれば当然法律が勝つという説、(六)予算は会計を審査するために設ける前勘定にして後日の決算に対するものである、国会が租税を承認する権限と調べる権限は異なっており、予算は歳計決算の下拵えにすぎず、予算を調べる根拠と法律を作る根拠は違うものであるとする説、である。(23)このうち、(一)の説以外は、表現の差異はあれど、予算法は法律ではなく予算の支出は行政行為であるという点では一致している。とくに、㈤の説は予算活動全体から議会の権限を排除しようとしている。この説はプロイセン憲法争議以降にパウル・ラーバントによって主張され、当時の通説となったとされる。

ラーバントはまず法律の効力について、制定された後には永久に効力を有するとし、法律であるかどうかを判断するには、その外形ではなく実態がどのようなものであるかで判断するべきであるという。(24) そのような判断のもとで法律は、「実質的法律」と「形式的法律」に区別され、前者は人民の権利関係に関わるものであり、後者はそうではなく、たとえば「検察官は公訴を提起しなければならない」というような内容のものであると説明する。ある規定がただちに法律と呼ばれるのではなく、法律としての性質を有して初めて法律と呼ばれる。(25) ラーバントは、法律の理解についてこのような前提を置きながら、「予算法」について議論している。結論からいえば、予算法は「形式的法律」に区分されることになる。次に、予算法の構成について、予算法は種類の異なる二部からなっており、そのうち一つが本来の予算であり、もう一つは歳計を規定する法律であるという。予算のうち収入にあたる租税の徴収は、予算法ではなく、独立の法規としての租税法を根拠に行われる。また、議会は税目の新設に関する承認権は有するが、既に存在する税目に基づく税の徴収の拒否権は有していない。(26) したがって、税は一度承認されると永遠に徴収されつづける。次に、予算の確定が法律によって行われるということは、議会が租税法によって確定されている収入について予算から削除できないように、支出についても、現存の法律に基づく支出の承認を拒否することはできない。(27) つまり、予算の削除が間接的に法律を改廃することになるという下院的理論によれば、国王と両院の合意が必要な法律の改廃が、予算案の拒否を通じて一院のみによってなされることになるため、当然許されないのである。(28) それゆえ、政府と議会との間に一度成立した合意は、構成員が変わってもなくなることはなく、両者の合意によって取り消されるまで有効である。したがって予算についても、恒久的支出について政府が提出した予算案について議会が一度承認すれば、議会が一方的に破棄することはできない(29)。

このように、ラーバントは一貫して予算を行政行為であると主張することによって、プロイセン憲法争議時の政府の無予算支出を正当化しようと試みた。

二　ヴァイマル期

(一) ヴァイマル期の予算制度

ヴァイマル憲法は予算についての一般的な事項を規定していた。この四、五項の規定によって、財政削減のために特殊な機関による濫費削減を規定し(30)、特に四項に新たに明文化された修正権は、議会が歳出の増額修正を行う可能性を開いたものであるといわれる(31)。

そして以上の手続を経て可決された予算案は、通常の法律と同様、大統領によって公布されるのである(32)。ちなみに、立法手続においては共和国議会が中心的な決定機関であり、立法府および行政府における複数の機関が協働することになっていた。この機関とは、議会、参議院であり、場合によっては経済評議会であった。参議院の立法への参画は憲法制定のための国民議会において様々な構想があったが、最終的に、参議院は最終的に議会と同等の地位を持った第二院にはならなかった。そして、参議院に与えられたのは同意権ではなく異議申し立て権のみであった。したがって議会は、参議院の意思表明なしに法案を成立することもできたのである(33)。

（二）七三条 国民投票

この条項は、四一条の大統領の選出、四三条の大統領の国民投票による解職と並んで、直接民主制を規定したものである。ただし、四項では「予算案、租税法および俸給法についてのは、ライヒ大統領の提案によってのみ、これを国民投票に付すことができる。」と、この三種についての法律案が国民請願の対象から外されていた。(34) ドイツの国状は憲法成立後も、内乱がたえずつづいていたため、予算の基本的原理をめぐる議会と政府との対立はみられなかったといわれるが、(35) 予算に関連する議論が行われたのが、この国民投票の例外規定についてであった。ヴァイマル憲法七三条の国民請願の対象から予算案、租税法、俸給法を排除するこの規定は、国民が財政を公正に判断することはできないという点や予算の一部の変更を許すとその体系が崩れてしまうことを理由としていた。(36) しかし、一九二五年に衆議院が交付した「価格騰貴法」の変更を目指して、一九二六年に勤倹同盟（Sparerbund）が提起した法案が七三条四項の「予算案」に該当するかどうかということについて、一番大きな議論がなされたのである。(37) この法案について、政府は予算案の変更の必要が生じることを理由に、勤倹同盟の国民請願を却下しようとする。法的根拠をもって却下するために、請願の対象となる法律が金切り下げ（貨幣価格下落）の結果を規定する場合には七三条四項のいう予算案や租税法と同じ扱いを受けるとする国民表決法の改正法を着想した。これに対しては一部の学説から激しい批判がなされた。(38) つまり、「七三条四項のいう「予算案」は議会の承認を経て成立する「予算法」に限定されるべきであるという。つまり、憲法上は予算案を確定する法律の作成（補正予算を含む）のみが考慮されており、七三条四項の「予算案、租税法、俸給法……」という列挙からは、最終的に予算に影響するすべての法律からまさに租税や俸給法だけが排除されるべきである。そして、政府の見解や多くの学説による広い解釈は、本来例外規定であるはずの四項が二、三項の保障する直接民主制を意味のないものにしてしまう」という。[39]ほかには、七三条四項が「予算案」を排除する時に、本質的に財政の性質をもつ法律をも含めることには賛成だが、ここにいう「本質的」とはその法律の内容に基づく金銭的な措置によって国家予算に新しい収入をもたらすまたは新しい支出を課すものであるべきで、このような法律は、財政的な副作用を持つ法律とは区別され、[40]したがって、「制限法」の制定は憲法改正に値するものであるという見解もあった。[41]このような批判を受けた上に、この法案は議会を通過する見込みもなかったため、政府は法案を撤回することになった。その後、政府は先に断念した改正法案の主旨を憲法解釈によって、すなわち七三条四項の例外規定である「予算案」に予算に関連する法律も含んで解釈することで、問題となっている国民請願を却下しようとした。ただし、政府の見解は予算全体に影響する法律を「関連する法律」として国民請願から排除するもので、予算に多少の影響しか与えないものはこの限りではない、というものであった。[42]この一連の政府の行動に対して、多くの学説が政府の意見に賛成した。七三条四項に規定している「予算案」は「予算法律」に限定しておらず、[43]「予算を発生させるような内容の法律」をも含んでいると解したのである。

以上のような経緯で、七三条四項のいう「予算案」は拡大解釈され、国民議会の側の財政の影響はいつも狭く見積もられたといわれる。[44]このことから、ヴァイマル期においても予算を行政行為とする説の影響を受け、予算事項を広く行政の裁量に委ねる傾向にあった。

（二）予算理論

ヴァイマル期における予算についての議論は少ない。通説はプロイセン時代から変わらず、予算は行政行為であるとしたうえで、議会の予算権も相変わらず軽視されていたことは以上にみたとおりである。

しかしながらヴァイマル憲法によって君主制から民主主義に移行したドイツにおいて、君主制下の議論をそのまま受容することはできるのであろうか。これについてハチェクはこのラーバントの理論を激しく批判し、議会の予算権を広範に認めている。[45] そして、予算法の効力については、ラーバントのいうような予算承認によって政府が免責されるという見解を否定している。[46] そのほかに、ノイマルクは、議会の予算権を認めたうえで、予算権を政府に対するコントロールとしてみている。[47] また、オットー・マイスナーは、予算の法的側面として「全国家行政に対する議会の重大なコントロール権」と「予算案にしたがって行動した場合に限り、予算の承認と法律による確定によって政府は初めから国民代表に対する責任を免除される」という二つの機能を挙げている。[48] 以上のように、ヴァイマル期になると予算案の承認は政府に対する議会のコントロール権であるという見解も見受けられる。また、シュミットは、従来法律をつくるための法と税を徴収するための法を区別してきたといったうえで、この時代には租税法と俸給法は「実質的」法律であると理解されていることに言及している。[49] したがって、通説は変わらなかったものの、学説上は民主主義に対応していたことがわかる。

むすびにかえて

これまでにみたとおり、プロイセン期からヴァイマル期にかけての予算実務においては、当時の通説のいうように、予算を行政行為としてとらえ、行政府の裁量を広げようとしていたいことがわかった。その一方で学説においては議会主導での予算統制の重要性や国民が予算を監視することの意義を説くものがみられた。日本の予算制度で国民主権原理をより反映する方策を検討するにあたり、立憲君主制から国民主権への転換を経たドイツでの議論をいまいちど考察される必要がある。

(1) 石森久広『財政民主主義と経済性—ドイツ公法学の示唆と日本国憲法』(有信堂、二〇一一)三三頁。
(2) 安澤喜一郎『予算制度の憲法学的研究』(成文堂、一九七四)三一頁。
(3) 安澤・前掲注(2)三三頁。
(4) 櫻井敬子「予算制度の法的考察」会計検査研究二八号(二〇〇三)二五頁。
(5) 小嶋和司『憲法と財政制度』(有斐閣、一九八八)二二二頁、安澤・前掲注(2)(13)一三二-一三三頁。
(6) 安澤・前掲注(2)一三二-一三三頁。
(7) 櫻井・前掲注(5)二七頁。
(8) 小嶋・前掲注(6)二一七頁。
(9) 櫻井・前掲注(5)二五頁。
(10) 前田光男『プロイセン憲法争議研究』(風間書房、一九八〇)二一二-二一三頁。
(11) 前田・前掲注(11)二二六頁。
(12) 前田・前掲注(11)二二七-二二八頁。
(13) 前田・前掲注(11)二一七頁。
(14) 前田・前掲注(11)二二一頁。
(15) 前田・前掲注(11)二二〇頁。
(16) 前田・前掲注(11)二二二頁。
(17) *Ludwig von Rönne*, Das Staatrecht der Preußischen Monarchie, 1881, S. 591f.
(18) 前田・前掲注(11)二四四-二四七頁。
(19) 前田・前掲注(11)二二三-二二四頁。
(20) 前田・前掲注(11)二二四-二二五頁。
(21) 林健太郎『ドイツ史論集』(中央公論社、一九七六)一〇一頁。

（22）安澤・前掲注（2）一三七頁。
（23）穂積八束「予算ノ法理」穂積重威編『穂積八束博士論文集』（有斐閣、一九四三年）二〇六頁。
（24）*Paul Laband*, Das Budgetrecht nach den Bestimmungen der Preussischen Verfassungs-Urkunde unter Berücksichtigung der Verfassung des Norddeutschen Bundes., 1871. 邦語訳は、ラーバント『歳計予算論』（法制局、一八九〇）。
（25）*Laband*, a.a.O.（Fn. 25）S. 12.
（26）*Laband*, a.a.O.（Fn. 25）S. 22.
（27）ただし、ラーバントも既存の法律に基づくもの以外の支出については議会の拒否権や修正権を認めている。*Laband*, a.a.O.（Fn. 25）S. 36.
（28）*Laband*, a.a.O.（Fn. 25）S. 8.
（29）小嶋・前掲注（6）二二〇頁。
（30）小嶋・前掲注（6）五九頁。
（31）吉田善明「ドイツにおける予算概念および予算制定過程の問題性」法律論叢四一巻四＝五＝六号（一九六七）三五二頁。小嶋は「議院に増額修正権あることを「疑なく」したという意味にとらえることもできる」としている。小嶋・前掲注（6）六〇頁。
（32）*Otto Meißner*, Das neue Staatsrecht des Reichs und seiner Länder, 1921, S. 173.
（33）グズィ原著（原田訳）・前掲注（64）八三‐八四頁。
（34）河村又助『直接民主政治』（日本評論社、一九三四）一六八頁。
（35）吉田・前掲注（32）三五三頁。
（36）河村・前掲注（35）一六〇頁。
（37）*Jürgen Krafczyk*, Der parlamentarische Finanzvorbehalt bei der Volksgesetzgebung, S. 99. グズィ原著（原田訳）・前掲注（64）一五‐一六頁。

(38) *Krafczyk*, a.a.O, (Fn. 38) S. 98f.

(39) *Krafczyk*, a.a.O, (Fn. 38) S. 101.

(40) *Carl Schmitt*, Volksenrscheid und Volksbegehren, Ein Beitrag zur Auslegung der Wemarer Verfassung und zur Lehre von der unmittelbaren Demoktratie, 1927, S. 23.

(41) *Schmitt*, a.a.O. (Fn. 41), S. 17.

(42) 河村・前掲注(35)一六九頁。

(43) "Über den Haushaltsplan, über Abgabengesetze und Besoldungsordnungen kann nur der Reichspräsident einen Volksentscheid veranlassen.", Art. 73, Abs. 4 WRV.

(44) *Lars Hummel*, Versassungrechtsfragen der Verwendung staatlicher Einnahmen:zugleich ein Beitrag zum Finanz- und Haushaltsverfassungsrecht, 2008, S. 71.

(45) *Julius Hatschek*, Das Reichsstaatrecht, 1923, S. 382.

(46) *Hatschek*, a.a.O. (Fn. 46), S. 383.

(47) *Fritz Neumark*, Der Reichshaushaltplan ein Beitrag zur Lehre vom öffentlichen Haushalt, 1929, S. 98f.

(48) *Otto Meißner*, Das neue Staatsrecht des Reichs und seiner Länder, 1921, S. 172.

(49) *Schmitt*, a.a.O. (Fn. 41), S. 22f.

書評

上田宏和『「自己決定権」の構造』（成文堂、二〇一八年）

大野友也
（鹿児島大学）

一　二一世紀以降、合衆国最高裁は同性愛に関し重要な判決をいくつも下してきた。日本でもこれらの判決に関する重要な業績が数多くあり、本書もその一つである。二〇〇三年に合衆国最高裁が下したLawrence v. Texas判決（以下、L判決と表記）は同性愛行為を憲法上のプライバシーと位置づけた判決として理解されてきた。しかし上田は、そのような理解にとどまらず、L判決がアメリカ憲法学における「自己決定権」(1)の構造に変化をもたらしたと捉え、それを論証しようとする。この点が本書の特徴である。

二　本書において上田は、L判決が「人格的関係性」という文言を用いた点に従来の「自己決定権」論とは異なる論理を見出し、その論理を、「自己決定権」の意義、保護範囲、保護理論の三つの観点から検討する。

第一章ではL判決とL判決で破棄されたBowers v. Hardwick判決（以下、B判決と表記）が比較検討される。両判決の結論が異なった理由として、B判決が私的行為につき公衆の評価を持ち込んで処罰を正当化したのに対し、L判決は私的行為の処罰が公的な差別を正当化し同性愛者の尊厳性を損なうとして処罰を否定することで公私の関係の捉え方を転換させた点、また問題の所在を、B判決が同性愛行為の権利の有無としたのに対し、L判決は私的行為を行うような「人格的関係性」の選択に対し公権力が制約を加えることの是非へと転換した点に見出す。さらにここから、「自己決定権」の意義、保護範囲、保護理論について、両判決の差異を見出す。

第二章では「自己決定権」の意義が論じられる。上田は、夫婦間の避妊具使用の禁止を違憲としたGriswold判決、未婚女性への避妊具配布禁止を違憲としたEisenstadt判決、中絶の禁止を違憲としたRoe判決を比較する。上田は、Griswold判決が夫婦の寝室の保護という「私事の秘匿」を根拠としたのに対し、Eisenstadt判決は「避妊」という行為の性質などの要素を踏まえ、プライバシー権を「私事の秘匿」から「自律」へ展開したものだとする。またEisenstadt判決が実体的デュー・プロセス理論への批判を恐れて半影理論を用いたのに対し、Roe判決は半影理論の欠点を踏まえて実体的デュー・プロセス理論を用いたとする。そしてRoe判決を、中絶が女性の生き方の選択に関わることや公的生活における女性差別の問題を孕むことから、単なる私的行為の保護を超えて公的な領域の問題とも関連性を有するものとした判決と捉え、そこにL判決の論理の萌芽と「自己決定権」の意義を見出す。

第三章では「自己決定権」の保護範囲が論じられる。上田は合衆国最高裁が「自己決定権」によって保護した事案と保護を否定した事案を検討し、保護した内容につき「人格的関係性」の選択という共通点を見出す。これは、「自由人としての尊厳性を有する個人が、自身の人格性に基づいて、他者とより良い関係性を選択することができる自由」とされる。従来は「自己決定権」の内容が別個独立に検討されてきたのに対し、この枠組みであれば、保護範囲を鮮明化できるとする。さらに公的な領域内での関係をも包摂することで、公的な場における差別などの是正が可能になるとする。

第四章では「自己決定権」の保護理論である実体的デュー・プロセスに対しL判決がもたらした影響が論じられる。上田は、B判決が同性愛行為の基本的権利性を検討したのに対し、L判決では同性愛行為の処罰についての公権力行使の正当性が検討されたとし、この転換は同性愛者である個人の尊厳性、生き方を保護するためだったとする。続いてCasey判決の検討がなされ、Casey判決が公権力の行使の正当性に焦点を当てたのは、問題となる自由の基本的権利性の有無に焦点を当てる従来のアプローチへの限界によるものだとする。さらに、トライブらの見解を検討し、L判決が実体的デュー・プロセス理論の新たな展開を示した判決だとの評価が妥当なものであるとする。

第五章では、これまでの検討を踏まえた「自己決定権」論の再構成として、「人格的関係性の理論」に基づく「自己決定権」論が目指される。従来、「自己決定権」は私的領域の事柄と捉えられた。しかしL判決が示唆した「人格的関係性の理論」では、個人の決定が他者との関わりを持つことに着目することから、「自己決定権」の保障は、社会で生きる個人が私的・公的の両領域で自由と平等を享受し尊厳を保って生きられることを目指すものと捉えられる。この関係性志向の「自己決定権」論を用いたL判決は、同性愛行為を「人格的関係性」に関する自由として一般化して捉えることで、問題となる自由を「基本的権利」か否かの検討から、公権力による制約の正当性の検討へと審査の視点を転換させた。これにより、裁判官の主観だとするデュー・プロセス理論批判を克服し、かつ憲法で保障される自由の範囲を拡大し得たと上田は評価する。

第六章では結論と今後の課題が述べられる。これまでの検討から、上田は、L判決がアメリカにおける「自己決定権」につき、憲法に明示されない個別具体的な行為を選択する概括的権利というよりも、私的・公的な領域双方において個人が自身の人格性に基づいて他者とより良い関係を構築する「人格的関係性」の選択に関わる自由を保護する基幹的権利へと変化させたとする。その保護理論としては実体的デュー・プロセスを用いるべきだとし、さらにその権利制限に対しては、公権力による制約の正当性の是非の視点からの検討が重要であるとする。最後に、アメリカにおける「自己決定権」論の構造変化が日本の自己決定権論にどのような有益性を持つのかについては今後の課題とする。

本書には三つの補論が付されているが、紙幅の関係上、紹介は省略する。

三　以上紹介したように、本書はL判決を画期とするアメリカの「自己決定権」論の構造変化を丹念に分析したものである。上田は、このアメリカの議論が日本にもたらす有益性については今後の課題としているが、もともと日本の自己決定権論がアメリカの影響を受けてきたことからすれば、(2)日本においても示唆に富む内容と言える。

だが、「人格的関係性」という点からのアプローチに疑問がないわけではない。これまで日本において自己決定権といえば、校則による髪型の規制や、治療拒否・安楽死といった問題領域で語られてきたものである。これらの問題は、同性愛行為や同性婚のように他者との関係構築が関わるとは言い難く、むしろ私的領域の問題、あるいは関係の断絶であるように思われる。アメリカでもCruzan v. Director, Missouri Department of Health, 497 U.S. 261 (1990) のような治療拒否・尊厳死がプライバシー権の問題として議論されており、これも「自己決定権」に含まれると思われるが、本書では触れていない。これらの問題が「人格的関係性」という切り口でいかに論じ得るのか、上田の検討に期待したい。

（1）本書では、アメリカでの議論は「自己決定権」とカギ括弧付きの表記、日本の議論は自己決定権とカギ括弧なしの表記をしている。

（2）参照、山田卓生『私事と自己決定』（日本評論社、一九八七年）。

手塚崇聡『司法権の国際化と憲法解釈 「参照」を支える理論とその限界』（法律文化社、二〇一八年）

河北洋介
（名城大学）

本書は、カナダの議論を基に、裁判の場で国際法規範を憲法解釈の際に「参照」するための手法を明らかにしようとするものである。そして、著者は、「国際法規範の『参照』が実質的かつ対等な『参照』の促進（裁判官による国際法規範との『対話』の機会の提供）につながるという点を前提としつつ、憲法解釈における国際法規範の『参照』の意義・類型・対象・素材を踏まえた正当化を行う必要がある点、こうした正当化議論は憲法解釈理論との関係で捉えることができるが、そこには限界がある点」（二九頁）を本書で詳細に検討している。

第一部で、著者は、国際法規範の「参照」を積極的に行い、かつ、国家が国際的義務を負っていない国際法規範（以下、「国際的義務のない国際法規範」という。）をも憲章解釈の場面で「参照」しているカナダ最高裁の判例動向から、カナダ最高裁における国際法規範の「参照」についての解釈がどのように変化していったのかを示す。

まず、著者は、カナダ最高裁における国際法規範の「参照」について、一九八七年の公務員労働関係法照会事件におけるディクソン裁判官の反対意見において、国際法規範の「参照」に関して「ディクソン・ドクトリン」と呼ばれる解釈方法が提示され、その後、様々な事例で用いられたとする（三九-四四頁）。また、著者は、国際的義務のない国際法規範の「参照」に関する一九九〇年のキーグストラ事件最高裁判決において、ディクソン・ドクトリンが修正されることを示す（四八-五五頁）。著者によれば、ディクソン・ドクトリンは、「①国際法規範の法源は『憲章の重要で説得的な解釈源』であり、『不明確な概念を明確にする補助』とされること、そして解釈にあたって、②『憲章は一般に、カナダが批准した国際人権文書の規定が与える保護と少なくとも同程度の保護を提供しているものと推定すべきである』という『一致の推定』がなされること」であり、修正されたディクソン・ドクトリンは、「①については、憲法の保障範囲の確定と立法目的審査の過程において、締結された国際法規範だけでなく、それ以外の国際法規範をも『指針』として『参照』できること、②については、国際的義務のない国際法規範の規定が与える保護とも同程度の保護を憲章は保障している、と裁判所は推定すべきであること」とされる（五六-五七頁）。それを受けて、第一部第二章で、国際的義務のない国際法規範の「参照」に関するカナダ最高裁判例の展開が詳細に検討される。そして、著者は、ルベル裁判官とバスタラシェ裁判官が国際的義務のない国際法規範の「参照」において「ディクソン・ドクトリンの否定」と評価できる意見を述べた二〇〇一年のＡＣＣ事件最高裁判決以降、国際的義務のない国際法規範において、解釈指針としての「参照」ではなく、結果の補強としての「参照」が増加したことを示す（七三-一〇九頁）。

次に、著者は、国際法規範の「参照」を支える理論とその限界を明らかにするため、第二部では、その第一章で制度的・歴史的要因とそれに繋がる司法積極主義、「生ける樹」理論を詳細に検討したうえで、第二章で憲法解釈における「参照」の正当性とその限界を示す。

まず、著者は、カナダ最高裁における司法積極主義について、一九八二年以降の各コート期の特徴を検討したうえで、ローチ等の議論を基に、カナダ最高裁における司法積極主義の特徴を示す（一一一－一二七頁）。また、著者は、制度的要因として、憲法に関する訴訟提起方法と救済方法やカナダ最高裁裁判官の構成と任命について検討し、さらに政治的背景や司法積極主義批判、カナダ特有の憲法解釈として「生ける樹」理論（一九三〇年のエドワーズ事件イギリス枢密院司法委員会判決における「一八六七年憲法はその本質的範囲内（within its natural limits）において、カナダにその成長と拡大が可能な生ける樹を植えた」という判示を起源とする憲法解釈理論）を提示する（一二七－一三八頁）。そのうえで、著者は、国際法規範の「参照」についての各コート期における展開を検討し、司法積極主義批判と国際法規範の「参照」との関係を示す（一三八－一四二頁）。そして、そこでは、司法積極主義の要素であった「生ける樹」理論に基づく国際法規範の「参照」と司法積極主義批判の要素であった憲章起草者の意図に基づく「参照」との関係性が問題になることから、著者は、「生ける樹」理論を詳細に検討し、「生ける樹」理論と原意主義との関係から、国際法規範の「参照」の限界を提起する（一四二－一六六頁）。著者は、「生ける樹」理論と新原意主義の解釈手法との類似性を指摘し、「生ける樹」理論で言われる「本質的範囲内」がディクソン・ドクトリンを生み出す土台にもなった一九八五年のビッグエム薬事会社事件最高裁判決で示された「適切な言語的、哲学的、そして歴史的文脈」の範囲内に拘束される場合があると理解し、国際法規範の「参照」とは、「適切な言語的、哲学的、そして歴史的文脈」のある国際法規範の「参照」であり、そうした「文脈」のない国際法規範は「参照」してはならないものとし、その点で、裁判官の行う「参照」に限界がありうるとする（一六六－一九〇頁）。さらに、著者は、カナダにおける国際法規範の「参照」に対する批判と国際法規範の「参照」に関する正当化議論を検討し、国際法規範の「参照」の類型・素材などを踏まえたうえで、国際的義務のない国際法規範を解釈指針とする場合など、個別的に正当化議論を提示する（一九一－二二〇頁）。そして、著者は、カナダで提唱されるそれぞれの正当化議論が国際法規範の「参照」を正当化する議論たり得ているのかを検討する（二二〇－二二九頁）。

最後に、著者は、カナダにおける外国法および外国判例の「参照」の問題にもふれつつ（第二部補論）、第二部終章において、これまでの議論を基に、日本国憲法における「参照」の議論への架橋を行い、日本国憲法九八条二項との関係で、国際的義務のない国際法規範の「参照」の可能性を示唆する（二四九－二五七頁）。

本書の意義は、カナダの議論を基に、裁判所における国際法規範の「参照」についての意義とその限界を明らかにしたことがまず挙げられるが、それ以外にも、カナダにおける憲法解釈論やカナダ憲法政治を理解するのに有益な内容を提示し、カナダ憲法研究全体を考えるうえでも示唆に富む内容を含んでいることが挙げられる。また、国際法規範の「参照」の限界との関係で、国際法規範の「参照」という形で、一九八二年憲法以降のカナダにおける司法積極主義との繋がりを示すとともに、カナダにおける司法積極主義批判にも応え、著者が原意主義を参考に「生ける樹」理論の限界を提起している点は興味深い。これは、著者自身が裁判官の選り好みという問題を真摯に受け止めたためであると思われる。ただ同時に思うことは、日本における現状が国際法規範の「参照」にあまり積極的ではないと考えた場合に、日本とカナダの違いがどこから生じているのかということである。それについては、著者も指摘するように、様々な要因から生じたカナダにおける司法積極主義というものにあると考えることもできる。

そして、その「要因」となるものがカナダにおける積極的な国際法規範の「参照」を生んでいるとすれば、日本との関係において、「裁判官による国際法規範との『対話』の機会の提供」を増やすために、カナダおいて国際法規範の「参照」が積極的に行われる要因そのものが、日本にどの程度受け入れ可能なものであるのかも考える必要があるのかもしれない。

本稿では十分に紹介できなかった点も含めて、本書は、重要な指摘を多くしており、カナダ憲法に関して広範に知見を提供し、「司法権における『国内人権』と『国際人権』の新たな『対話』の可能性」（ii頁）を提示するものとして、貴重な研究である。

憲法理論研究会活動記録

（二〇一八年六月〜二〇一九年五月）

一　研究活動

(1)　概観

二〇一八年六月からの年間テーマを、「憲法の可能性」として研究活動を行った。研究総会のみならず、月例会においても、年間テーマを意識しつつ報告を依頼するとともに、従来の枠組みを引き継ぎ、月例会において二名の報告者を立てた。

(2)　七月ミニ・シンポジウム「危機の中の人権と憲法―『脆弱』な権利に対する排除構造の分析とその対処―」（二〇一八年七月二一日、明治大学駿河台キャンパス）

嵩さやか氏（東北大学）「社会保険における『脆弱』な人々の排除と包摂―公的年金におけるジェンダー問題」／笹沼弘志会員（静岡大学）「貧困・排除と権利～認識論的障害物による排除の正当化・不可視化は超えられるか？」／岩元惠会員（弁護士／一橋大学・院）「児童虐待についての権利論からの検討」

(3)　夏季合宿研究会（二〇一八年八月二一日〜二三日、iichiko 総合文化センター、【幹事】青野篤会員（大分大学））

【報告者】鎌塚有貴会員（明治大学・院）「ドイツにおける予算概念の変遷」／波多江悟史会員（早稲田大学）「ヨーロッパの放送の自由の比較法的特質―ドイツ、フランス、イタリアを素材として―」／石塚壮太郎会員（北九州市立大学）「枠組的権利としての生存権」／青木誠弘会員（宮崎産業経営大学）「立法不作為事案と国家賠償法『一』条の理論的親和性」／徳田靖之氏（弁護士）「ハンセン病隔離政策と日本国憲法」

(4)　月例会

二〇一八年

《六月例会》（六月一六日、國學院大學渋谷キャンパス）

【報告者】本庄未佳会員（成城大学・院）「『対話型立法権分有』の法理に基づく英国型『目的効果基準』論のスコットランドからの視座」／栗島智明会員（慶應義塾大学・助教）「ドイツにおける学問の自由解釈の新展開―連邦憲法裁判所の近年の判決を素材に」

《一〇月例会》（一〇月一四日、専修大学神田キャンパス）

【報告者】館田晶子会員（北海学園大学）「人権としての国籍の可能性」

《一一月例会》「違憲審査における国賠訴訟の可能性」

（一二月一五日、法政大学市ヶ谷キャンパス）

【報告者】作花知志会員（弁護士）「憲法判例を通して家族を考える―女性の再婚禁止期間、嫡出否認制度、新しい夫婦別姓に関して―」／戸波江二会員（早稲田大学）「憲法上の人格権の意義と射程、その人権問題の解明のための民刑事法への照射力」

二〇一九年

《三月例会》（三月一六日、東京経済大学国分寺キャンパス）

【報告者】根田恵多会員（早稲田大学）「アメリカ連邦最高裁の判例法理における『宗教に対する敵意』位相／山本健人会員（大阪経済法科大学）「信教の自由の保護領域と正当化―カナダ憲法判例からの示唆」

(5)　春季研究総会「憲法裁判の現在」（二〇一九年五月一二日、龍谷大学深草キャンパス）

【会場校幹事】丹羽徹会員

【報告者】畑尻剛会員（中央大学）「ドイツの連邦憲法裁判所―その普遍性と特殊性」／福嶋敏明会員（神戸学院大学）「アメリカにおける憲法裁判の現在」／池田晴奈会員（近畿大学）「フランス憲法院の事後的違憲審査（QPC）九年間の動向」／水島玲央会員（名古屋経済大学）「民主化三〇年後と韓国の憲法裁判の現在」

【司会】菅谷麻衣会員（常葉大学）・吉田栄司会員（関西大学）

(6)　憲法理論叢書二六号『岐路に立つ立憲主義』が二〇一八年一〇月敬文堂より出版された。本号には、二〇一七年六月から二〇一八年五月までの研究報告と活動の記録などが収められている。

二　事務運営

(1)　概観

二〇一八年六月から一〇月までの事務運営は、二〇一六年一〇月に発足した運営委員会、建石真公子運営委員長（法政大学）及び植村勝慶事務局長（國學院大學）によって行われた。

二〇一八年五月に運営委員会選挙が行われた。一〇月に開催された運営委員会において、加藤一彦会員（東京経済大学）が新運営委員長に選出され、同日の臨時事務総会において、斎藤一久会員（東京学芸大学）が新事務局長に選出された。二〇一八年一一月から二〇一九年五月までの事務運営は、この体制で行われた。

(2) 事務総会

a 臨時事務総会（二〇一八年一〇月一四日、専修大学神田キャンパス）

運営委員会での審議に基づいて、任期満了により建石真公子運営委員長が退任し、運営委員の互選により加藤一彦運営委員が次期運営委員長に選出されたことが報告された。

また任期満了により植村勝慶事務局長が退任したことに伴い、運営委員会により推薦された斎藤一久会員が次期事務局長として選出され、運営委員会により推薦された江藤英樹会員（明治大学）が会計監査として選出され、四名の入会申込が承認された。

さらに三名の退会申出、事務員の交代（二〇一八年一〇月に、菅沼博子会員（一橋大学・院）が退任し、田中美里会員（一橋大学・院）が就任）、憲法理論叢書編集委員会の交代（編集委員長が大藤紀子会員（獨協大学）から志田陽子会員（武蔵野美術大学）へ、編集委員が、大津浩会員（明治大学）、山本真敬会員（下関市立大学）、茂木洋平会員（横浜桐蔭大学）から、植村勝慶会員（國學院大學）、根田恵多会員（早稲田大学）、馬場里美会員（立正大学）へ）、憲法理論叢書二六号の編集・刊行状況、今後の研究活動について報告された。

b 通常事務総会（二〇一九年五月一二日、龍谷大学深草キャンパス）

一五名の入会申込、二〇一八年度決算及び二〇一九年度予算案、二〇二〇年の春季研究総会の日程について承認された。

また運営委員会での審議に基づいて、今後の研究計画、次期年間テーマを「憲法の可能性」とすること、事務局員の新規委嘱・交代（二〇一八年一二月に、斉藤拓実会員（中央大学）が就任し、二〇一九年五月に久保田祐介会員（専修大学）が退任し、小川有希子会員（帝京大学）が就任）、憲法理論叢書二七号の編集状況、六名の退会申出が報告された。

(3) 運営委員会

a 構成

この期の運営委員会は、二〇一八年一〇月に発足した以下の運営委員によって構成されていた。

愛敬浩二（名古屋大学）、青井未帆（学習院大学）、新井誠（広島大学）、植松健一（立命館大学）、植村勝慶（國學院大學）、上村都（新潟大学）、江島晶子（明治大学）、榎澤幸広（名古屋学院大学）、大河内美紀（名古屋大学）、岡田順太（白鷗大学）、加藤一彦（東

京経済大学）、木下智史（関西大学）、小山剛（慶應義塾大学）、斎藤一久（東京学芸大学）、齊藤正彰（北海道大学）、宍戸常寿（東京大学）、志田陽子（武蔵野美術大学）、只野雅人（一橋大学）、建石真公子（法政大学）、寺川史朗（龍谷大学）、糠塚康江（東北大学）、南野森（九州大学）、毛利透（京都大学）、安原陽平（沖縄国際大学）、山元一（慶應義塾大学）〔なお、任期は、二〇二〇年一〇月まで。この運営委員会は、二〇一八年五月一三日の選挙で選ばれた委員及び七月二一日の推薦運営委員会候補者選考会議で選考された委員で構成されている。〕

b　二〇一八年度第二回運営委員会（二〇一八年一〇月一四日、専修大学神田キャンパス）

加藤一彦運営委員が運営委員長として選出された。斎藤一久会員を事務局長候補者として臨時総会に提案することが承認された。今後の研究計画（二〇一八年一〇月・十二月月例会、二〇一九年三月月例会、五月の春季研究総会）、四名の入会申込、事務局員の交代（菅沼博子会員（一橋大学・院）から田中美里会員（一橋大学・院）へ）、会計監査の推薦（江藤英樹会員（明治大学））、憲法理論叢書編集委員会の交代（編集委員長が大藤紀子会員（獨協大学）から志田陽子会員（武蔵野美術大学）へ、編集委員が、大津浩会員（明治大学）、山本真敬会員（下関市立大学）、茂木洋平会員（横浜桐蔭大学）から、植村勝慶会員（國學院大學）、根田恵多会員（早稲田大学）、馬場里美会員（立正大学）へ交代）が承認された。三名の退会申出、憲法理論叢書二六号の刊行について報告がなされた。

c　二〇一八年度第三回運営委員会（二〇一八年一二月一五日、法政大学市ヶ谷キャンパス）

今後の研究計画（二〇一九年五月の春季研究総会、三月・六月の月例会、七月のミニ・シンポジウム、八月の夏合宿）、次期年間テーマを「憲法の可能性」とすること、事務局員の新規委嘱（二〇一八年一二月から斉藤拓実会員（中央大学）が就任）、二名の入会申込が承認された。憲法理論叢書二六号の編集状況、二名の退会申出が報告された。

d　二〇一九年度第一回運営委員会（二〇一九年五月一二日、龍谷大学深草キャンパス）

一三名の入会申込、二〇一八年度決算及び二〇一九年度予算案、二〇二〇年の春季研究総会の日程、事務局員の交代（二〇一九年五月に久保田祐介会員（専修大学）が退任し、小川有希子会員（帝京大学）が就任）について承認された。また今後の研究計画、憲法理論叢書二七号の編集状況、四名の退会申出が報告された。

(4)　憲法理論叢書編集委員会

憲理研叢書二六号の編集は、大藤紀子会員（編集委員長・獨協大学）、大津浩会員（明治大学）、山本真敬会員（下関市立大学）、茂木洋平会員（横浜桐蔭大学）の四名によって行われた。その後、編集委員長が志田陽子会員（武蔵野美術大学）に、編集委員が、植村勝慶会員（國學院大學）、根田恵多会員（早稲田大学）、馬場里美会員（立正大学）に交代した（任期：二〇一八年一〇月～二〇二〇年一〇月まで）。

現在、二七号の編集は、この四名によって行われており、持ち回りで編集委員会が開催され、タイトル『憲法の可能性』、構成案、執筆要項及び締切が決定された。

(5)　執行部及び事務局の構成

二〇一九年五月現在の執行部は、加藤一彦運営委員長と斎藤一久事務局長により構成され、事務局は斎藤一久事務局長、事務局員として、小川有希子会員（帝京大学）、斉藤拓実会員（中央大学）、田中美里会員（一橋大学・院）、望月穂貴会員（早稲田大学）、吉川智志会員（帝京大学）からなる。

三　会員移動

(1)　新入会員（一九名）

棟形康平（九州大学・院）、井上一洋（宮崎産業経営大学）、井上幸希（広島国際学院大学）、小出幸祐（明治大学・院）、池田晴奈（近畿大学）、土屋武（新潟大学）、山﨑皓介（北海道大学）、吉岡万季（中央大学・院）、横堀あき（北海道大学・院）、金子匡良（法政大学）、小牧亮也（名古屋大学・院）、内藤陽（北海道大学・院）、新井貴大（慶應義塾大学・院）、清末愛砂（室蘭工業大学）、栖崎洋一郎（成蹊大学・院）、李侑娜（慶應義塾大学・院）、黒野将大（一橋大学・院）、山本響子（早稲田大学・院）、五十嵐宙（青山学院大学）（申込順）

(2)　退会者（九名）

高見勝利氏、阪口正二郎氏、渡辺美樹氏、若林威郎氏、前田真之氏、黒川功氏、浦田一郎氏、隅野隆徳氏、吉田善明氏（申出順）

※長年にわたる本会へのご協力に心より感謝申し上げます。

〔氏名の後の所属は原則として当時のものを使用していいます。助教、助手又は研究員などについては、実態が多様なため所属大学名のみを使用し、非常勤先の場合も大学名のみを記載しております。敬称略の点を含めて、どうかご了解ください。〕

憲法理論研究会規約

（一九九二年七月二〇日決定
一九九二年八月二〇日施行
一九九七年五月一一日改正
二〇一〇年五月　九　日改正
二〇一八年五月一三日改正）

（名称）

第一条　本会は、憲法理論研究会（Association for Studies of Constitutional Theory）と称する。

（目的）

第二条　本会は、次のことを目的とする。

一　日本国憲法の基本理念の擁護

二　総合的で科学的な憲法理論の創造

三　会員間の、世代を越えた自由で学問的な交流と協力の促進

（事業）

第三条　本会は、前条の目的を達成するため、次の事業を行う。

一　学術研究総会の開催

二　研究会の定期的開催

三　研究成果の公表

四　前条第一号及び第二号に掲げる目的を共有する内外の学術機関・団体との交流の促進

五　その他必要と認められる事業

（会員）

第四条　次に掲げる者は、会員二名の推薦に基づき、事務総会の承認により、本会の会員となることができる。

一　憲法を研究する者であって、本会の目的に賛同する者

二　本会の目的に賛同し、本会の事業に協力する者

（会費）

第五条　会員は、別に定めるところにより、会費を納入しなければならない。

（事務総会）

第六条　本会の運営に関する基本方針を決定する機関として、事務総会をおく。

2　事務総会は、原則として毎年一回、運営委員会委員長（以下「委員長」という。）が招集する。ただし、必要と認められる場合は、随時開催する。

（運営委員会）

第七条　本会に運営委員会をおく。

2　運営委員会は、事務総会の決定を受け、本会の運営に関する事項を審議する。

3　運営委員の定数及び選出方法は、別に定める。

4　運営委員の任期は二年とし、再任を妨げない。
5　運営委員会に委員長をおく。委員長は、運営委員の互選による。
6　委員長は、運営委員会を招集し、その議長となる。
7　委員長は、本会を代表する。
（事務局）
第八条　本会の事務を処理するため、事務局をおく。
2　事務局は、事務局長及び事務局員をもって構成する。
3　事務局長は、運営委員会の推薦に基づき、事務総会で選出する。
4　事務局員は、会員のなかから、事務局長が委嘱する。委嘱に際しては、運営委員会の承認を必要とする。
（編集委員会）
第八条の二　本会の研究成果を公表するために、編集委員会をおく。
2　編集委員会は、編集委員長及び編集委員をもって構成する。
3　編集委員長及び編集委員は、委員長の推薦に基づいて、運営委員会で選出する。
（会計年度）
第九条　本会の会計年度は、毎年四月一日から翌年三月三一日までとする。
（会計の承認）
第九条の二　会計については、運営委員会の審議を経た上で、事務総会の承認を得なければならない。
（会計監査）
第一〇条　本会の会計につき監査を行うため、会計監査をおく。
2　会計監査は、委員長の推薦に基づき、事務総会において選出する。
3　会計監査の任期は二年とし、再任を妨げない。
4　会計監査は、毎会計年度末に監査を行い、その結果を事務総会に報告するものとする。
（改正）
第一一条　本規約は、事務総会において、出席会員の過半数の賛成により改正することができる。

附　則

本規約は、一九九二年八月二〇日より施行する。

附　則

本規約は、一九九七年五月一一日より施行する。

附　則

本規約は、二〇一〇年五月九日より施行する。

附　則

本規約は、二〇一八年五月一三日より施行する。

Constitutional Theory Review

No.27 October 2019

Potentialities of the Constitution

Contents

I

Die Eigentümlichkeit und Allgemeingültigkeit des Bundesverfassungsgerichts in der BRD ······ Tsuyoshi HATAJIRI

The Current Situation of Judicial Review in the United States ··· Toshiaki FUKUSHIMA

9 ans du contrôle a posteriori de la constitutionnalité des lois (QPC) par le Conseil constitutionnel en France ······ Haruna IKEDA

Thirty Years of Democracy and the Constitutional Litigation in South Korea ······ Leo MIZUSHIMA

II

Wissenschaftsfreiheit als wertentscheidende Grundsatznorm ······ Tomoaki KURISHIMA

Rundfunkfreiheit in Europa ······ Satoshi HATAE

Nationality as a Human Right ······ Akiko TATEDA

Japan's policy to segregate Hansen's disease patients and the Constitution of Japan ······ Yasuyuki TOKUDA

Consideration about Family from three Constitutional Cases ······ Tomoshi SAKKA

Trump's Travel Ban and "Religious Hostility" in the U.S. Supreme Court ······ Keita KONDA

The Scope of Protection and Justification in Religious Freedom ······ Kent YAMAMOTO

III

The Inclusion of the Vulnerable People in the Pension System ······ Sayaka DAKE

Social Exclusion and Epistemological Obstacles in Constitutional Theory ······ Hiroshi SASANUMA

A Study on the Child Abuse from the Rights ······ Megumi IWAMOTO

Grundrecht auf menschenwürdiges Existenzminimum als Rahmenrecht ······ Sotaro ISHIZUKA

IV

Affinity between Legislative Nonfeasance Cases and State Redress Act Article "2" on Theoretical Basis ······ Nobuhiro AOKI

Legal significance of Constitutional Statutes from the perspective of guarantee of local autonomy in Scotland ······ Mika HONJYO

Übergang der Haushaltstheorie im deutschen Recht ······ Yuki KAMATSUKA

Association for Studies of Constitutional Theory

編集後記

二〇一九年夏、本書の原稿取りまとめの最終作業が、ちょうど七月の参議院議員選挙と重なった。選挙では、憲法改正の発議に必要な議席数を改憲派が獲得するかどうかが大きな関心事となったが、今、世間にいわゆる「護憲」「改憲」のカテゴライズを超えて、この国が憲法という《柱》を維持できるのかどうかが、危ぶまれている。

筆者は最近、憲法解釈は単なる言葉ではなくその言葉に基づいて各種の政策実施や予算措置が行われる「実践」である、という言明に出会い、はっとする経験をした。同時に、言葉というものは多様に改変・変遷させられる可能性をもつもので、言葉によって書かれている「法」とくに「憲法」は、常に改変によって意味内容を簒奪される可能性と隣り合わせなのだと考えさせられた。そうであれば、一二条「不断の努力」という言葉は、私たち研究者が直面する課題を示すものとして、あらためて強い意味を帯びて感じられる。

政治・経済・外交は常にルールなき《力》の競合に陥る危険と隣り合わせである。その中で憲法は、これらを方向づけ枠づける規範として存在している。しかし、二〇一五年九月からの安保法制の改変と施行、その周辺で起きてきた公文書の扱いなどによって、日本ではこの立憲的統制の全般が崩れつつあることが明らかになってきた。こうした中では、司法の役割に関する議論、憲法の意味が変わることで最も深刻な影響を受ける社会的弱者への視点、財政に関する議論などが重要でリアルな意味を持つ。

本書は、憲法理論研究会の二〇一八年六月から二〇一九年五月までの研究成果をまとめたものである。本書の編集作業過程で、寄稿された原稿を拝読させていただきながら、どの論稿にもこのような現状の中で《立憲的規律》の確認・回復に貢献する強い意志を感じ、頭の下がる思いがした。寄稿された著者の方々には、心から感謝を申し上げたい。今、ブレることのない「理論」を模索し提示するという、研究者にとっての当然の営為が、ある種の勇気を必要とする時代になりつつあるかもしれない。その中で、本書の編集に携わらせていただけたことを名誉に感じた。

本書の編集にあたっては、植村勝慶（國學院大學）、馬場里美（立正大学）、根田恵多（早稲田大学）各会員と志田（武蔵野美術大学）が作業にあたった。また、出版事情の厳しい中、本書の刊行を支えてくださった敬文堂・竹内基雄社長に、感謝を申し上げたい。

（編集委員長　志田陽子）

憲法の可能性〈憲法理論叢書27〉

2019年10月15日　初版発行　　定価は
カバーに表示してあります

編　著　憲 法 理 論 研 究 会
発行者　竹　内　基　雄
発行所　㈱　敬　文　堂
東京都新宿区早稲田鶴巻町538 平成ビル1F
電話（03）3203-6161㈹
FAX（03）3204-0161
振替 00130-0-23737
http://www.keibundo.com

印刷・製本／信毎書籍印刷株式会社
ISBN 978-4-7670-0234-7　C3332

憲法理論叢書④

戦後政治の展開と憲法

本体二七一八円

議会制民主主義と政権交代吉田善明／議会と民意岩間昭道／議会制の原点と現点糠塚康江／「多数派」民主主義の再検討近藤敦／戦後における政党と憲法上脇博之／財政議会主義の五〇年小沢隆一／宗教法人法と課税問題笹川紀勝／地方分権と沖縄基地問題仲地博／戦後五〇年と地方自治緒方章宏／憲法改正手続と司法審査久保健助／アジア太平洋地域の人権憲章構想稲正樹／「人権」と「市民的自由」の間植村勝慶／ドイツにおける国家目的論の再考石村修／「法治国家」論から「立憲主義的民主主義」論へ山元一／書評・元山健／吉田栄司／小野善康／長谷川憲／福岡英明

憲法理論叢書⑤

憲法五〇年の人権と憲法裁判

本体二八〇〇円

わが国違憲審査の五〇年—総論的概観小林武／憲法裁判の五〇年植野妙実子／憲法裁判所案の系譜と問題点畑尻剛／憲法訴訟論の問題と課題戸松秀典／最高裁判決における憲法訴訟要件論の問題点渋谷秀樹／憲法訴訟論の展開と裁判実践諸根貞夫／外国人の参政権と国籍条項後藤光男／〈社会権〉の保障と個人の自律西原博史／教育裁判における教育人権論の展開成嶋隆／平等権論の問題点と課題安西文雄／アメリカ司法審査制の連邦的特質森山弘二／討議理論による人権の基礎づけについて渡辺康行／九〇年代のフランス憲法院今関源成／朝鮮開化期における人権思想の継受國分典子／書評・岡田俊幸／横坂健治／矢口俊昭

憲法理論叢書⑥

国際化のなかの分権と統合

本体二八〇〇円

地方自治の五〇年について思うこと杉原泰雄／統合と分権のなかの公共性鳥居喜代和／グローバリズム立憲主義下の地方自治権論の課題大津浩／地方分権推進委員会の勧告と市町村合併小林博志／統合の手段としての日本のＯＤＡと憲法の平和主義清水雅彦／リゾート法満一〇年藤原信／イギリスにおける「地方分権」松井幸夫／フランスにおける地方分権と住民投票福岡英明／ベルギーの連邦化武居一正／ヨーロッパ地方自治憲章の一〇年廣田全男／欧州統合とドイツ憲法岡田俊幸／欧州統合とフランス憲法学南野森／「ヨーロッパ人権基準」の確立における主権と人権建石真公子／阪神・淡路大震災と憲法論の課題浦部法穂／『こだわり』から『かかわり』へ孝忠延夫／ボランティアと日本国憲法近藤真／学問の自由・大学の自治の保障からみた大学教員の任期制根森健／書評・鴨野幸雄／緒方章宏／柳井健一

憲法理論叢書⑦

現代行財政と憲法

本体二八〇〇円

新ガイドラインと日本の軍事化岡本篤尚／行政機構の改革と憲法宮井清暢／市場、規制、憲法中島徹／ドイツ宰相の基本方針決定権限の由来毛利透／平和・福祉憲法と行財政北野弘久／フランスにおける国家による経済介入多田一路／ドイツにおける税務訴訟の現実と税務行政三木義一／社会保険制度の改革・再編と行財政坂本重雄／社会権の今日的課題中村睦男／財政構造改革と生存権柳眞弘／財政からみた社会保障藤野美都子／臓器移植における脳死の憲法問題柏﨑敏義／四日市反公害と私澤井余志郎／「盗聴立法」について倉持孝司／書評・本秀紀／小林武／角替晃

憲法理論叢書⑧

憲法基礎理論の再検討

本体二八〇〇円

近代個人主義と憲法学中山道子／憲法学と思想史の対話愛敬浩二／レッセ・フェール憲法学への新たな視座飯田稔／僕らの生き苦しさと人権論石埼学／アファーマティブ・アクションと正義穐山守夫／宗教に対する便宜供与山崎英壽／意見表明の自由の限界としての個人的名誉保護上村都／下級教育における個人情報保護伊藤良弘／放送の自由―その理念と制度鈴木秀美／アメリカにおける人種差別的ヘイトスピーチ長峯信彦／中国の「市民社会」研究について古川純／EU／ECの民主主義はどこまで可能か鈴木眞澄／ウェストミンスター・モデルの動揺小松浩／統治構造から見た日本国憲法史横尾日出男／憲法社会学的考察による沖縄県民投票の意義と問題点について中富公一／憲法運動の今日的課題奥野恒久／文化財保護法と松代大本営大日方悦夫／書評・武藤健一／立山紘毅

憲法理論叢書⑨

立憲主義とデモクラシー

本体二八〇〇円

国家・国民・憲法栗城壽夫／憲法規範の私人間適用と、私法規範の「憲法化」樋口陽一／イギリスの憲法改革元山健／人権保障における Bills of Rights の意義と役割江島晶子／現代フランスにおける憲法裁判と立憲政治蛯原健介／フランス革命期における「国民主権」原理と外国人参政権菅原真／優生政策と憲法学村山史世／日本国憲法の『原点』と『現点』横田耕一／平和主義をめぐる「改憲」と「護憲」の論理澤野義一／改憲と「改革」の底流と憲法学の課題小沢隆一／戦争非合法化論と日本国憲法河上暁弘／韓国の大統領制政府形態の進化と展望鄭永和／議院内閣制と大統領制近藤敦／日本の地方自治と「自治体憲法学」大津浩／韓国地方自治制の現況と課題李憲煥／朝鮮半島の統一の展望と課題閔炳老／書評・池端忠司／小山剛／江藤英樹

憲法理論叢書⑩

法の支配の現代的課題

本体二八〇〇円

現代イギリスにおける「法の支配」論**植村勝慶**／違憲審査制の活性化**市川正人**／変容する法の「支配」**大藤紀子**／ドイツにおける「憲法裁判権の限界」論**岡田俊幸**／アメリカ合衆国における住民投票制の現況と民主主義論**木下智史**／アメリカにおける妊娠中絶法理の現在**小竹聡**／学校図書館のパブリック・フォーラム性**前田稔**／最近のイタリア共和国憲法改正の動向**高橋利安**／国家・家族・セクシュアリティの間**齊藤笑美子**／法科大学院と憲法教育**戸松秀典**／法曹一元と非常勤裁判官制度**石村修**／教育基本法改正問題と《法の支配》**成嶋隆**／改憲への今日的潮流と「教育」像**寺川史朗**／政府の平和主義論**浦田一郎**／日米地位協定の立憲的統制**高作正博**／書評・**隅野隆徳**／**高見勝利**／**河上暁弘**

憲法理論叢書⑪

憲法と自治

本体二八〇〇円

「憲法的自治」の今日的課題（覚え書き）**小林武**／コミュニティと「自治」**糠塚康江**／「地方自治の本旨」の再検討**岡田信弘**／不文憲法の基本的構造**成澤孝人**／「国民」概念の限界と「市民」概念の可能性**佐藤潤一**／刑部荘と「国民による憲法改正」の技術**高見勝利**／学問の自由と大学の自治の新たな課題**中村睦男**／憲法の教育自治に対する先行性**坂田仰**／「大学の自律」と「教授会の自治」**松田浩**／司法制度改革と弁護士自治**今関源成**／マスメディアの自主規制と透明な社会**池端忠司**／「表現の自由」とポルノグラフィー**田代亜紀**／地方自治の憲法的基礎**杉原泰雄**／国家と自治体**仲地博**／国家と地方間の紛争解決システム**桑原勇進**／日韓シンポジウム韓国側報告・要約**金英千・玉武錫・崔承元・金南澈**／有事関連三法の批判的検討**山内敏弘**／にもかかわらず護らなければならないこと**馬奈木厳太郎**／書評・**愛敬浩二**／**本秀紀**／**平地秀哉**／**齊藤正彰**

憲法理論叢書⑫

現代社会と自治

―憲法理論研究会四〇周年記念号―

本体二八〇〇円

メディアの規制と自律―「市民社会の自治」の可能性**田島泰彦**／報道の自由と「ジャーナリストの自治」**内藤光博**／私学助成と大学の自治**石川多加子**／地方分権論と自治体再編論の異同**妹尾克敏**／生活保護と「個人の尊重」**押久保倫夫**／憲法における制度と人権**柏﨑敏義**／愛媛玉くし料訴訟について**草薙順一**／受任者名簿とプライバシー**奥島直道**／日本国憲法の平和主義と財政の諸原則**隅野隆徳**／有事法制と無防備地域条例制定の意義**澤野義一**／「セキュリティ」と憲法学**石川裕一郎**／ギールケのアルトジウス研究‥『共生と人民主権』から学ぶもの**笹川紀勝**／大臣の「責任」に関する覚え書き**佐藤修一郎**／憲理研四〇周年を迎えて**吉田善明**／憲理研四〇年に寄せて**山内敏弘**／研究会がなければ、研究できる？**浦田一郎**／ロースクール憲法の意義と可能性**棟居快行**／書評・**斉藤小百合**／**佐藤潤一**／**佐々木弘通**／**上脇博之**／憲法理論研究会四〇年小史

憲法理論叢書⑬

"危機の時代"と憲法

本体二八〇〇円

人類生存の憲法論覚え書**浦田賢治**／憲法にとって、何が「危機」なのか**水島朝穂**／松川事件**伊部正之**／危機の時代の「表現の自由」**大石泰彦**／アメリカにおける「アイデンティティの危機」？**志田陽子**／「国家による自由」の特質と問題点**榎透**／公安警察の暴走と脅かされる言論社会**内田雅敏**／ヒトゲノム・遺伝子解析研究の現場から**竹之下誠一**／「安全・安心」イデオロギーと統治の「危機」**清水雅彦**／司法の閉塞状況と裁判官制度改革**宮本康昭**／「マニフェスト選挙」論の背景と問題点**小松浩**／ヴァイマル憲法崩壊期の憲法救済的改憲論**植松健一**／今日の改憲問題の起源**金子勝**／今日における改憲論の諸相**結城洋一郎**／カナダにおける憲法改正とカナダ権利自由憲章三三条**佐藤信行**／書評・**市川正人**／**諸根貞夫**／**大藤紀子**

憲法理論叢書⑭

"改革の時代"と憲法

本体二八〇〇円

現代改憲論と憲法学**横田耕一**／グローバルな立憲主義のかたち**君島東彦**／憲法改正国民投票制をめぐる現況**井口秀作**／スイスにおける国民投票の現状と問題**奥田喜道**／なぜ政教分離なのか**長岡徹**／憲法裁判の『壁』を越えた亀川裁判**津留雅昭**／合祀はいやです**浦部頼子**／障害のある人の権利保障**植木淳**／「公私区分」再考**巻美矢紀**／政党政治の変容**上脇博之**／内閣法制局の憲法学は高度な政治学である**中村明**／プロフェッションの危機の時代と法律家**小沢隆一**／委任立法への事後的議会統制**田中祥貴**／財政の危機？**新村とわ**／書評・**西原博史**／**倉田玲**／**河上暁弘**／**江藤英樹**／**稲正樹**／**麻生多聞**

憲法理論叢書⑮

憲法の変動と改憲問題

本体二八〇〇円

日本国憲法六〇年と改憲論議の問題点**山内敏弘**／防衛省昇格問題と憲法九条**青井未帆**／ロシアの国民投票法**竹森正孝**／ポスト「冷戦」・EU統合時代におけるイタリア憲法体制の変容**高橋利安**／教育基本法の「改正」とその法的問題／**今野健一**／教育基本法改正問題への一視点**寺川史朗**／緊急事態と憲法**川岸令和**／ドイツの憲法変動**小山剛**／対テロ法制と不文憲法の「変動」**柳井健一**／障害者自立支援法と障害をもつ人の人権**武川眞固**／単独の個人以外の権利**高木康一**／ドイツにおける名誉保護をめぐる憲法論議と人格的尊厳**濱口晶子**／法の下の平等と格差社会**岡田順太**／信教の自由と選択的助成問題**福嶋敏明**／外国人の身柄収容とデュープロセス**大野友也**／えん罪の構図**水谷規男**／書評・**加藤一彦**／**佐藤修一郎**

憲法理論叢書⑲

政治変動と憲法理論

本体二八〇〇円

天変地異と憲法高見勝利／福島第一原発事故後の政治システムのあり方奥田喜道／民主党政権下における政治主導実現のための改革について曽我部真裕／「政治主導」と憲法――「国会中心」構想の可能性本秀紀／二院制研究の今日的課題岡田信弘／民営化における多元的行政の民主的正当化高橋雅人／市民立法の意義と課題大江洋／フランス憲法改正による議会手続の変容徳永貴志／刑事裁判への「国民参加」とは何か？今関源成／刑事裁判は変わったか？石塚伸一／「国民の司法参加」「裁判員制度」の教育をめぐる課題渡邊弘／刑事的正義と共和主義成澤孝人／司法という名の公共性の空間柳瀬昇／公務員の政治的自由と政治活動禁止規制の広汎性船尾徹／公務員の政治的自由――コメント石村修／憲法上の間接差別法理に関する予備的考察白水隆／イジメの憲法学中富公一／身近にある憲法問題山村晋／書評・毛利透／藤井樹也

憲法理論叢書⑳

危機的状況と憲法

本体三〇〇〇円

憲法学とリスク棟居快行／アメリカ憲法とリスク――テロのリスクとテロ対策のリスク大林啓吾／国家の環境リスク事前配慮と個人の権利――〈3・11〉後の原子力藤井康博／リスク社会と実定法としての憲法土方透／国家・賭け・個人蟻川恒正／貧困からの自由とは何か遠藤比呂通／「生存」権を超えて――二五条へのひとつの視座遠藤美奈／貧困からの自由と生存権――国際人権法の観点から申惠丰／ポジティヴ・アクションの合憲性辻村みよ子／「意味の秩序」と平等駒村圭吾／人権（論）の分岐点佐々木允臣／公教育の中立性と客観法的統制棟久敬／「靖国合祀取り消し訴訟」判決を問う菅原龍憲／合衆国判例における「動機審査」・覚書黒澤修一郎／比例原則における事実と価値淡路智典／日米における司法権発動の具体的要件の背景と枠組み成瀬トーマス誠／憲法解釈論としての四段階責任論と責任追及制論の提唱吉田栄司／中国の民事裁判における憲法の間接適用とその課題呉東鎬／スペインにおける憲法改正の実質的限界論野口健格／憲法の言語と社会の言語髙橋基樹／書評・浦田一郎／西原博史

憲法理論叢書㉑

変動する社会と憲法

本体二八〇〇円

ステイツ・オブ・デモクラシー――ポピュリズム・熟議民主主義・アーキテクチャ吉田徹／立法過程の法的統制――立法裁量・立法目的・立法事実木村草太／「政府の憲法解釈」の論理構造とその分析横大道聡／福祉・「平等」・憲法葛西まゆこ／大阪都構想と大阪維新上山信一／大阪都構想と地方政府の形態岡田順太／地方自治保障の憲法原理と大都市特別制度大津浩／象徴天皇制と憲法学横田耕一／原発と憲法草薙順一／日本とドイツにおける国籍概念の比較中村安菜／列挙されていない権利の保障は何を意味するのか中曽久雄／「人間の尊厳」対「人間の尊厳」押久保倫夫／多元化・重層化する表現規制とその規律――表現の自由・アーキテクチャ・パブリックフォーラム成原慧／受刑者の権利保障――国際人権の可能性河合正雄／イギリス障害者差別禁止法（ＤＤＡ）における平等取扱原則の意味杉山有沙／ＥＵ食品安全分野の予防原則における健康権の保障土屋仁美／アメリカ連邦最高裁における「保護されない言論」の考え方城野一憲／書評・岡田健一郎／岩切大地

憲法理論叢書㉒

憲法と時代

本体二八〇〇円

ドイツ基本法とその周辺―公論による正当化三島憲一／人権理論における「科学的方法」と本質主義の縛り西原博史／Leben und leben lassen!―平和の「科学」、自由の「哲学」西村裕一／戦後憲政史における主権・代表制・選挙権論辻村みよ子／実名報道の自由／知る権利？榎澤幸広／個人の尊厳原理から見た実名犯罪報道、及び、その憲法学上の位置づけ井上知樹／実名犯罪報道と無罪推定の原則飯島滋明／「少国民」世代の憲法研究者の願い杉原泰雄／参議院改革から立法府改革へ大山礼子／現代フランスの刑事法改革にみる法と政治の相互作用石川裕一郎／政治的意思決定における女性参加をめぐる議論彼谷環／適用違憲と違憲審査基準内野正幸／憲法の正統性の時間論的分節化吉良貴之／現代社会と主権―政治体の結合から門輪祐介／企業の社会的責任と人権尊重芹沢斉／イタイイタイ病裁判・裁判後の住民の闘い青島明生／イギリスにおける在外選挙制度宮内紀子／書評・福嶋敏明／實原隆志

憲法理論叢書㉓

対話と憲法理論

本体二八〇〇円

大学自治・制度的保障論・客観的価値決定論小貫幸浩／フランスにおける大学の自治と「憲法ブロック」南野森／アメリカの大学自治と制度理論中林暁生／市民・公務員・教育公務員安原陽平／学問の自由と「中央集権」堀口悟郎／公共領域における「地位の平等」の象徴的宣言巻美矢紀／家族、出自、ジェンダー問題をめぐる領域での平等吉田仁美／今回の風営法改正問題、実際の動き、これからの方向性斉藤貴弘／ＮＯＯＮ摘発の状況と弁護団の主張水谷恭史／ダンス営業規制をめぐる憲法論新井誠／復興事業としての用地取得と憲法菊池優太／フランスにおけるBaby Loup事件とライシテ原則適用拡大の試み中島宏／奴隷的拘束禁止の憲法上の意義小池洋平／多様性の価値とAffirmative Action茂木洋平／死刑・被害者・基本権千國亮介／マスメディアの情報操作の弊害藤井正希／書評・高橋雅人／尾形健

憲法理論叢書㉔

対話的憲法理論の展開

本体三五〇〇円

イギリス憲法における政治的立憲主義者の格闘成澤孝人／「立憲主義」の日独比較―憲政史の観点から赤坂幸一／アメリカにおける「立憲主義」の現在大河内美紀／世界のグローバル化と立憲主義の変容山元一／京都朝鮮第一初級学校威力業務妨害事件冨増四季／ドイツ憲法から考えるヘイトスピーチ規制毛利透／アメリカにおけるヘイト・スピーチ規制の歴史と現状奈須祐治／討議空間の均一化と「プレス」の「内部規律」水谷瑛嗣郎／「サイバーパトロール」の法的性質實原隆志／トランスナショナル憲法の構造西土彰一郎／法律制定後における立法者の憲法上の義務入井凡乃／フランス財政法制の転回と国家像岩垣真人／フランスにおける執行権の政治責任原理とその「刑事化」三上佳佑／イタリア共和国憲法における「地域国家」と連邦制芦田淳／ベルギーの第六次国家改革（二〇一二―一四）と連邦化のゆくえ武居一正／神奈川県臨時特例企業税条例事件について松本賢人／憲法二四条によるジェンダー差別是正の可能性川口かしみ／生殖補助医療における法の役割建石真公子／テロ戦争における手続的デュー・プロセス保障今井健太郎／憲法構成権力の概念浦田賢治／憲法と教育法の研究五〇年永井憲一／書評・小沢隆一／吉田仁美

憲法理論叢書㉕

展開する立憲主義

本体三〇〇〇円

緊急事態序説長谷部恭男／B・アッカマンのemergency constitution論・再考木下智史／フランスにおける緊急状態をめぐる憲法ヴォードヴィル村田尚紀／緊急事態に対する「行政による統制」?・高橋雅人／緊急権と「外見的立憲主義」長利一／裁判所における国際法規範の「参照」手塚崇聡／憲法の「拷問禁止」規範阿部純子／デュー・プロセスの概念史清水潤／憲法上の「権利」と利益について金原宏明／憲法における「私人間効力」論の現状分析平松直登／人民主権の実現と裁判所の果たすべき役割川鍋健／わが国における「司法審査と民主主義」論の経緯と展望市川正人／「反多数決主義という難問」の存在意義に関する若干の考察金澤孝／フランスにおける人種差別表現規制について光信一宏／「保護されない言論」と内容規制菅谷麻衣／同性婚をめぐる合衆国最高裁の「論理」的展開上田宏和／「患者の自己決定権」の憲法上の定位について牧野力也／生存権と責任辻健太／川内原発稼働差止訴訟について工藤伸太郎／書評・植木淳／西土彰一郎

憲法理論叢書㉖

岐路に立つ立憲主義

本体二八〇〇円

日本における憲法パトリオティズム論の展開斎藤一久／婚姻・家族とフランス憲法―解釈論への示唆齊藤笑美子／政治プロセスにおける衆議院解散の位置植松健一／司法権＝違憲審査制のデザイン宍戸常寿／憲法のデザイン横大道聡／司法部の立ち位置と最高裁憲法判例の展開千葉勝美／違憲国賠訴訟の憲法訴訟としての可能性井口秀作／ドイツ連邦憲法裁判所における「主張可能性の統制（Vertretbarkeitskontrolle）」の展開山本真敬／フランスの政治裁判権における司法官の位置づけ橋爪英輔／学校における信教の自由と裁量審査、合理的配慮栗田佳泰／私企業における労働者の信教の自由馬場里美／思想・良心の自由に基づく法義務免除森口千弘／公的機関の公益通報者保護の憲法的意義牧本公明／科学技術に関する規範形成過程における民主的正統性の意義小川有希子／日本におけるヘイトスピーチ斉藤拓実／楠瀬喜多と女性参政権公文豪／近代フランス憲法思想における法・法律・自由水林翔／書評・成原慧／新井誠

（＊価格は税別です）